新编21世纪高等职业教育精品教材·电子商务类

社群运营

主　编 / 李　平
副主编 / 吴晓晖　陈　杰　孟晋霞

立德树人　案例生动　内容丰富　资源立体

中国人民大学出版社
·北京·

图书在版编目（CIP）数据

社群运营 / 李平主编．--北京：中国人民大学出版社，2024.5

新编21世纪高等职业教育精品教材．电子商务类

ISBN 978-7-300-32706-8

Ⅰ.①社… Ⅱ.①李… Ⅲ.①网络营销-高等职业教育-教材 Ⅳ.①F713.365.2

中国国家版本馆CIP数据核字（2024）第067154号

新编21世纪高等职业教育精品教材·电子商务类

社群运营

主　编　李　平

副主编　吴晓晖　陈　杰　孟晋霞

Shequn Yunying

出版发行	中国人民大学出版社		
社　　址	北京中关村大街31号	**邮政编码**	100080
电　　话	010－62511242（总编室）		010－62511770（质管部）
	010－82501766（邮购部）		010－62514148（门市部）
	010－62515195（发行公司）		010－62515275（盗版举报）
网　　址	http://www.crup.com.cn		
经　　销	新华书店		
印　　刷	北京昌联印刷有限公司		
开　　本	787 mm×1092 mm　1/16	**版　　次**	2024年5月第1版
印　　张	16.25	**印　　次**	2025年3月第2次印刷
字　　数	343 000	**定　　价**	49.00元

前　言

随着互联网各大平台的用户数逐渐饱和，互联网流量红利正在消失，互联网行业进入存量运营时代。与此同时，互联网获客成本逐年递增，企业迫切需要寻找降本增效的方法。在此背景下，私域流量的概念应运而生，企业要想持续获利，必须打造私域流量池，把重心放在已有的用户身上，盘活存量，通过提供高品质的产品和服务来提高用户的满意度，再通过运营手段实现用户的拉新和转化，由此催生了全新的营销模式——“互联网＋社群营销”。社群覆盖了互联网、教育培训、电子商务、金融、企业服务、医疗健康、文化娱乐、生活服务等诸多行业。社群营销具有精准、高效等多项优势，已经成为企业市场推广的标配，“互联网＋社群营销”更是成为营销发展的趋势，具备精细化运营能力的社群运营人才越来越受到企业的青睐。近年来，社群运营总体人才需求处于上涨趋势。从长远来看，随着经济的快速发展，社群运营人才需求仍呈上涨趋势。

本书全面落实立德树人根本任务，贯彻落实党的二十大精神，用习近平新时代中国特色社会主义思想和党的二十大精神培根铸魂、启智润心。

本书是“岗课赛训”新形态一体化教材，遵循“基于工作过程导向”的课程建设理念，采用校企双元合作开发的方式，以社群运营流程为主线，根据工作岗位的典型任务进行模块化重组，将社群营销理念与实践相结合，构建社群数据化运营分析的知识技能体系。全书共分为六个项目，包括社群运营准备、社群定位搭建、社群内容运营、社群引流推广、社群活跃互动、社群营销转化，全面介绍了社群运营的要求、方法与技巧，旨在培养读者社群运营的系统化思维，使读者掌握社群运营的核心知识与技能。

本书既可作为中高职院校和应用型本科院校财经商贸类专业的教材，也可供社群运营从业者和相关社会人士阅读参考。

本书结构清晰，逻辑严密，案例新颖，“岗课赛训”融合特色突出，具有较强的实用性。为了便于教学，本书配套有视频、案例、SOP 表格等类型丰富的教学资源，以二维码方式呈现，供读者即扫即用。

本书由嘉兴职业技术学院李平任主编，吴晓晖、陈杰、孟晋霞任副主编。具体编写分工为：吴晓晖、陈杰、孟晋霞编写了项目一并负责教材配套资源建设，李平编写了项目二至项目六。嘉兴艾禾网络科技有限公司为本书编写提供了大力支持，并提供了部分编写素材。本书部分内容参考网络资源，在此向其创作者表示衷心的感谢，如有侵权请联系编者。

由于时间仓促，疏漏之处在所难免，欢迎读者批评指正。

目 录

项目一　社群运营准备

知识目标

1. 了解社群兴起的背景与发展历程
2. 理解社群的定义及组成要素
3. 掌握社群的类型
4. 理解社群用户生命周期

能力目标

1. 能够对社群的组成要素进行分析
2. 能够分析社群运营中的“四感”
3. 能够分析社群营销的价值
4. 能够分析社群运营职业能力

素养目标

1. 培养创新意识、创新精神，能够在社群的商业模式方面提出新的观点
2. 具备网络信息搜集能力，能够从网上搜索有关社群运营的新知识

3. 树立正确的价值观，关注积极向上的社群
4. 培养正确的职业道德，熟悉社群运营的各项工作
5. 培养法律意识，了解社群运营需要遵循的法律法规

情景引入

作为一名返乡创业的“00后”新农人，李小嘉经营着一家养鸡合作社，在他的农场，鸡不吃普通饲料，只吃玉米、谷子、小麦，其中还拌有专门研发的中草药。除了生长过程中几次必要的疫苗外，完全不使用抗生素，产品主打高端市场和网络销售。李小嘉一直关注着电商领域的发展，最近他发现社群经济发展迅速，家人和朋友都喜欢在各种群里购买生活用品，于是他决定深入研究，利用社群这一营销手段，开拓线上线下销售渠道，提升产品的推广效果。在网上搜索学习时，李小嘉想了解以下问题：

- 为什么电商领域社群突然兴起了？
- 社群是如何开展营销的？
- 从事社群运营工作需要具备哪些技能？

任务一　社群兴起的背景及发展历程

一、社群兴起的背景

微课

近年来，数字经济正在成为重组全球要素资源、重塑全球经济结构、改变全球竞争格局的关键力量。党的二十大报告强调："加快发展数字经济，促进数字经济和实体经济深度融合，打造具有国际竞争力的数字产业集群。"在数字经济背景下，消费也受到深刻影响，目前正处于结构优化升级的关键节点。作为数字经济最重要的组成部分，电子商务发展迅猛。移动互联网和微信的普及在给人们带来巨大便利的同时，也催生了一种全新的营销模式——"互联网＋社群营销"。社群营销具有精准、高效、渗透等多种优势，已经成为企业市场推广的标配，"互联网＋社群营销"更是成为企业营销发展的一大趋势。

用户的购物习惯发生了改变，企业面临着人口红利殆尽、用户增长难、获客成本高的困境；公域看似流量很大，却无法把控其流量进出，难以将流量转换成消费；线上竞争激烈，每千次曝光成本越来越高；多元化的消费选择、粗放式的流量投放，难以引起用户的注意；越来越多的用户为追求个性化、定制化的服务而买单，企业都在急切寻找转型发展的机会……在这些因素的影响下，私域流量逐渐兴起。

（一）公域流量

公域流量是指企业在互联网上可以自由获取的免费或付费的流量资源，包括但不限于搜索引擎、社交媒体、内容平台等渠道所带来的流量。公域流量来源有抖音、快手等视频平台，淘宝、京东等电商平台，百度贴吧、微博等社区平台，等等。公域流量具有以下特点：

（1）覆盖面广：公域流量是通过平台渠道获取的，可以覆盖大量的潜在用户，带来较高的曝光度和知名度。

（2）付费获取：获取公域流量需要投入一定的推广费用，如通过优化关键词、发布有吸引力的内容、投放广告等手段来增加公域流量的获取量，成本相对较高。

（3）黏性差：由于公域流量平台的开放性，各个企业都可以争夺同一份流量资源，竞争激烈，用户都是冲平台而来的，企业很难二次、三次触达这些流量。

（二）私域流量

私域流量是指企业通过自身渠道和资源积累形成的、可持续获取和掌控的流量。私域流量来源有公众号、企业微信、企微社群、公司官网、个人微信号、小程序或自主运营的App等。私域流量具有以下特点：

（1）内部掌控：私域流量是企业自身拥有和掌控的，企业可以自由决定如何管理和利用相应的渠道来获取流量。

（2）高度定制化：私域流量可以实现更加精准的定向和个性化，企业可以对已有的用户进行细分和个性化营销，提供更加符合用户兴趣和需求的内容与产品。

（3）高转化潜力：由于私域流量是企业已经建立关系的用户群体，这些用户对企业的品牌和产品有较高的信任度和忠诚度，因此，私域流量的转化潜力相对较高，企业更容易将其转化为实际的销售和业务机会。

（4）长期稳定性：私域流量是企业通过积累和维护自身渠道与用户的关系建立起来的，相对稳定而持久。与公域流量不同，私域流量不容易受到外部渠道算法、规则变动或竞争对手的干扰。

（三）社群与私域流量

社群是私域流量的一种组织形式，也是私域流量的落地形态之一。要保持私域流量的活跃度，商家有必要通过社群的方式把用户群体组织起来，并通过社群裂变来聚拢更多意向用户。如图1-1所示，社群兼具内容、社交、营销属性，是一个需要整合平台、商品、服务的运营体系。在社群中，产品与用户之间不再是单纯功能上的连接，用户开始关注附着在产品功能之上的诸如口碑、文化、格调、人格魅力等，从而建立情感上的信任。

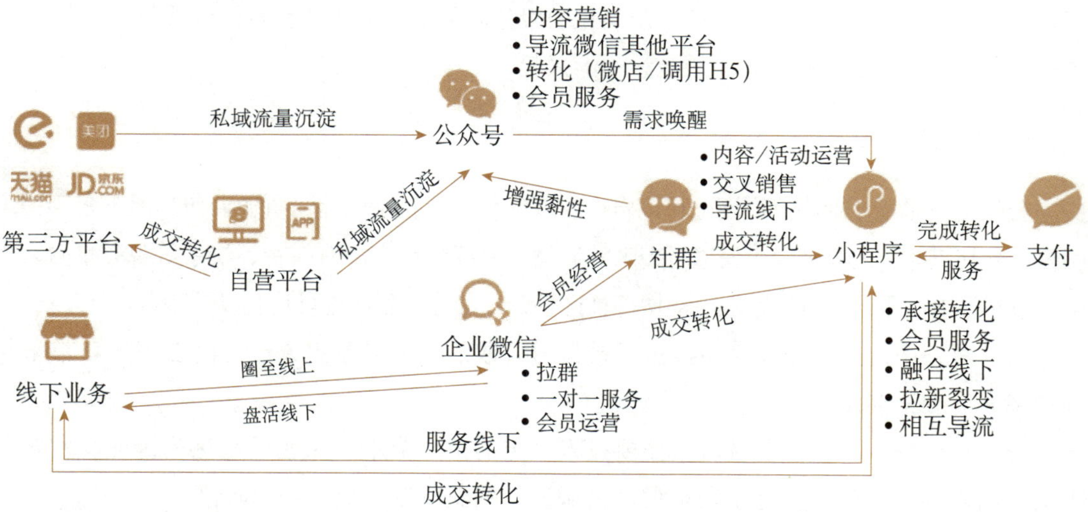

图1-1 私域流量体系下的社群

例如，奥康公司建立了以“公众号＋小程序＋企微＋社群”等渠道为核心的私域矩阵（见图1-2），并借助抖音、小红书等公域平台，实现公私域的引流转化并帮助品牌扩大声量。微信公众号主要承担粉丝沉淀、各平台导流等功能，关注奥康微信公众号，欢迎语中介绍品牌特性并附带注册会员的链接，公众号菜单栏链接旗舰商城入口及会员中心。奥康视频号以品牌宣传、产品推广等内容为主，首页设置公众号、企业微信引流的触点，用户添加企业微信后，通过精细化打造企业微信的客服福利官人设定位，通过朋友圈展示产品内容推广产品，将用户导流到企业社群，实现产品成交转化、会员服务、线上线下融合等功能。

图 1-2　某主播的私域流量布局

行业观察

数字经济助推消费结构优化升级

社交消费是一种通过社交生态来影响用户购买行为的销售模式，企业可以通过线上社交媒体等与用户互动，或通过关键意见领袖（KOL）和社群的方式与用户互动，以影响其消费行为。年轻一代是线上社交的活跃群体，也是社交消费的主要群体。各类社交圈、社交分享具有很大的影响力，社交 App 的出现也为社交购物提供了便利，企业可以利用碎片化的时间通过微信公众号和小程序与用户建立联系，通过朋友圈、社交圈形成社交引力，在数字经济时代通过社群传播让更多新奇的商品脱颖而出，吸引用户的眼球，建立用户的忠诚度，进而让用户产生购买行为。

扫码阅读全文

资料来源：任保平，杜宇翔．数字经济助推消费结构优化升级．(2022-08-23) [2023-12-20]. https://m.thepaper.cn/baijiahao_19587501.

二、社群的发展历程

社群是在人类社交需求的推动下出现的社交形式。社交是人类的本能，是人们运用一定的方式或者工具来传递信息、交流思想，以达到某种目的的社会活动。从手势动作到语言文字，再到现如今移动互联网模式下的社交网络，人类的社交形式在不断地发生变化。人们可以通过交流、信息沟通、建立关系等方式进行社交活动，以达到学习、创造、自我实现的目的。

当人们不再满足于一对一的社交，而是希望和更多的人在一起学习交流时，就出现了社群。社群其实是一种满足人们社交需求、尊重需求和自我实现需求的载体。

（一）社群发展的三次演变

1. 社群 1.0：历史悠久的线下实体社群

人是群居动物，类似社群的组织很早就出现了。比如在我国战国时期，道家聚集了一帮喜欢研究长生不老、崇尚无为而治的人；墨家是由一群以“兼爱”为使命、喜欢研究机关术的人组成的。

2. 社群 2.0：线上社群的萌芽和发展

1980 年前后，计算机和互联网兴起，极大地改变了人类交流的方式，早期的线上社群萌芽便随之出现，并且不断地发展壮大，如 MSN、QQ、贴吧、论坛等。

3. 社群 3.0：移动互联网时代的线上社群

智能手机的普及、微信的横空出世，彻底将线上社群推向了高潮，人们的交流方式更加便捷，选择也更多。

（1）混沌时期：2012—2013 年，微信开放社群能力，基础功能普及。

（2）微商社群：2014 年初，微信推出红包功能，微信群成为微商发红包引流的核心阵地。

（3）社群元年：得益于微信生态的成熟和庞大的用户量，2015 年知识社群、创业社群、亲子社群等商业社群大量涌现，让更多的人看到了社群经济的巨大潜力和可能性，进一步推动了社群经济的发展和普及，因此这一年被称为“社群元年”。

（4）社群经济：2016 年，迎来了有序的社群时代，诞生了许多优质社群，将线上与线下串联结合，打造出了超强黏性的社群。人们开始意识到社群管理的重要性，社群运营开始成为一门学问，出现了社群运营书籍和工具。

（5）“大厂”入局：2017 年，人口红利消失成为共识，越来越多的互联网企业开始寻找新的业务增长模式——尝试用社群辅助做用户留存。

（6）社群商业：2018 年，出现了流利说、长投学堂等以社群作为主要的用户服务和产品销售场景的企业，它们通过社群不仅创造了高额的营收，甚至还实现了上市。

（7）私域探索：2019 年，传统企业开始探索以社群为中心的私域流量的获取和经营方法，第三方社群运营工具繁荣发展。

（8）私域元年：2020 年，腾讯加强了微信生态的开放能力，企业微信具备了连接微信生态的能力，这让社群运营有了更安全的工具；同时也出现了天虹、百果园、波司登等来自零售行业的优秀私域案例。

（9）私域商业：2021 年，各行各业纷纷加入私域流量的获取和建设中，虽然社群变成了私域运营全链路中的一环，但是它依旧承担着非常重要的用户服务和用户转化的职能，社群被越来越多的企业关注，成为广泛应用的商业基础工具。

（二）社群未来的发展趋势

1. 垂直社群兴起

随着互联网的发展和用户需求的多样化，垂直社群将成为主流。这些社群会针对特定的行业、领域或群体展开运营，为用户提供更加专业化与精准化的内容和互动。

2. 社交电商融合

社交媒体和电子商务的结合将成为未来社群发展的一个重要方向。社交平台将提供更强大的购物功能和更顺畅的直播购物体验，使用户能够在社群中直接完成购买行为，促进社交和购物的无缝衔接。

3. 社群化运营

未来，社群将成为企业运营的重要方式之一。企业将更加注重建立和管理自己的社群，与用户建立更加紧密的互动和关系，借助社群的力量推广品牌、产品和服务，从而获得用户的口碑传播和忠诚度提升。

4. 用户参与度提升

未来，社群将更加注重用户的参与和互动。企业会通过各种方式激发用户的参与欲望，如互动活动、话题讨论、用户生成内容等，从而增强用户黏性，提高用户活跃度。

5. AI 技术广泛应用

未来，人工智能（AI）技术将在社群中得到更广泛的应用。例如，通过 AI 算法，针对用户兴趣和需求进行个性化推荐，提供更符合用户偏好的内容和服务；通过自然语言处理技术，实现智能客服和自动化互动等。

总体而言，社群在未来的发展中将更加注重垂直化、社交电商融合、社群化运营、用户参与度提升和AI技术的应用。这些趋势将推动社群成为用户互动、品牌传播和商业活动的重要场景，并对企业的营销和运营策略产生深远影响。

学以致用

你认为社群兴起的影响因素还有哪些？社群和电子商务其他营销手段相比有何异同点？

任务二　认知社群

一、社群的定义及组成要素

（一）社群的定义

微课

社群（Community）通常是指一群人在特定的时间和空间中，因共同的兴趣、目标、价值观、文化或活动等而聚集在一起所形成的一种互动和具有归属感的关系。该定义中包含了以下两个基本方面：

（1）共同纽带：共同纽带是个体与个体之间建立社交联系的决定性因素，这是人际关系的基础。共同纽带可以是相同的兴趣、爱好、价值观或者利益等，多个个体通过共同纽带联系到一起，组成社交群组。

（2）关联场景：关联场景即初步建立社群后，群体内的成员在特定场景下或通过特定工具进行持续的互动和交流，从而构筑稳固的联结。这些关联场景可以是具体的地理位置，如学府、会议场所、咖啡厅等，也可以是QQ群、微信群等线上平台。这些场景或工具成为群体成员交流的媒介，帮助保持社群的稳定性。

（二）社群的组成要素

一个成熟的社群应该包括以下几个要素：同好（相同的价值观、兴趣或目标等）、结构（良好的组织架构）、输出（持续的内容生产）、运营（合理的运作）、复制（可复制性）。

1. 同好

社群成员应该具有相同的价值观、兴趣或目标等。这是社群形成的基础和凝聚力的核心，能够吸引具有相似价值观、兴趣或目标的人加入社群。社群可能是某个同类群体，比如女性联盟；可能是为了共同进行某种行为，比如一起学习课程；也有可能是某家商店或超市高频消费的顾客的集合。同好主要表现在以下几个方面：

（1）共同兴趣：成员之间具有共同的兴趣点，对某个特定的主题、领域或活动有浓厚的兴趣。他们希望能够找到和自己拥有相同兴趣的人，以便能够深入交流、分享经验和获取更多相关的信息。

（2）知识与学习：社群成员往往对知识和学习的机会有一定的追求。他们希望与其他对同一主题或领域感兴趣的人一起学习、研究和探索，以提升自己的知识水平和技能。

（3）群体认同：社群成员希望能够找到与自己有相似之处的人，以建立一种群体认同感。他们渴望在社群中找到归属感，拥有互相理解的环境。

（4）交流和互动：社群成员渴望与其他具有相同价值观、兴趣的人进行积极的交流和互动。他们希望能够分享自己的经验、观点和见解，并从其他人那里获取新的灵感和思路。

（5）共同目标：社群成员往往有共同的目标或追求。他们希望能够与其他成员合作实现共同的目标，比如学术研究、创作、创业等。

2. 结构

社群需要有良好的组织架构和明确的角色分工，以及有效的沟通和决策机制，以确保社群的运作和发展顺利进行。

（1）组织成员。

1）运营者。运营者是社群阶段发展的主要推动者，主要负责规划、创建和管理社群，确定社群的定位和发展方向，招募和管理其他成员，制定运营策略，根据业务规划及用户需求在社群内做相应的营销活动、内容分享、意见收集等工作，分别从拉新、促活、沉淀、裂变这几方面进行运营。

2）管理员。管理员是社群中的管理人员，负责维护社群的秩序和规则，促进互动和交流，解决纠纷和问题。其职责具体包括：审核和管理成员加入社群的申请，管理社群内的内容发布和讨论，监督社群规则的执行，回答成员的问题和提供支持，处理成员的违规行为和纠纷等。

3）普通群员。普通群员主要可分为两类：一类是贡献者或活跃成员，他们通过发布内容、分享经验、参与讨论、提出问题等方式活跃于社群中，并为社群的发展和运营做出贡献。他们的职责是与其他成员互动，分享有价值的内容和资源，提升社群的活跃度和参与度。另一类是新加入者，新成员需要快速适应社群的规则和文化，参与社群的讨论和活动，建立与其他成员的联系和关系，并在社群中获得支持和指导。

（2）入群门槛。

入群门槛即加入社群的条件，比如交纳入群费、购买过商品等。

设定入群门槛的作用如下：

1）设定入群门槛可以帮助筛选符合目标群体要求的成员，有助于维护社群的质量和价值。通过要求成员具备一定的资格、经验或贡献，可以确保社群内的内容和讨论具有一定的专业性和深度，从而吸引更多优质的成员加入，提升整个社群的水平。

2）设定入群门槛有助于提升互动参与度，鼓励成员更加积极地参与社群活动和互动。当成员需要经过一定的审核或有贡献才能加入社群时，他们往往更有动力去参与社群活动和为社群做贡献，从而提升社群的活跃度和参与度。

3）设定入群门槛有助于增强社群凝聚力和认同感。当成员经过共同的申请、推荐或审核过程加入社群时，他们会感到彼此之间有一定的关联和认同，更有可能积极参与社群的活动和互动，从而加强社群成员之间的互动和联系。

4）设定入群门槛有助于控制社群的规模。通过设定门槛可以限制社群成员的数量，确保社群保持在一个适当的规模范围内，以便更好地管理和运营社群。过大的规模可能导致信息过载和社群管理难题。

（3）管理规范。

运营者需要不断完善社群规则并且严格执行，通过一定的规范统一管理社群成员的行为。社群规则的设定要以鼓励为主，宽严相宜，不能让社群成员觉得有太多约束，但如果没有约束又会导致社群出现诸多问题。

3. 输出

社群的价值就在于社群内容输出。一个可以稳定输出有价值内容的社群，才能获得用户黏性和忠诚度。在社群成员入群后，需要持续向他们输出有价值的内容。如果社群成员的价值需求在社群内得不到满足，那这个社群对于他们而言就失去了意义，那么他们就可能在群里胡言乱语，或者沉默不语，导致社群质量下滑。

社群输出的内容应依照产品和服务来定，如产品的使用方法、有趣的活动、免费的小礼品、有用的知识等。在输出内容之前，可以利用投票等方式进行社群调研，了解社群成员喜欢的内容和活动类型，找到连接社群成员的纽带，只有获得社群成员的积极参与和反馈，社群才能走得长远。

4. 运营

社群组建后需要持续进行运营。好的社群运营需要在社群内打造“四感”，即参与感、归属感、仪式感及组织感。做好社群运营的“四感”，让成员感受到社群的温度，有助于保持社群的热度，让社群获得长久的发展。

（1）参与感。

社群成员参与社群活动是增强社群黏性的必要手段。社群运营者要引导社群成员参与社群运营，让其产生参与感，社群成员在社群运营的过程中真正投入了心血、付出了努力，会对社群产生亲切感。

（2）归属感。

社群在运营过程中所聚集的大部分新成员都需要由老成员推荐而来，社群的口碑和信任是裂变的基础，通过前期参与感的培养，社群成员对于社群的亲切程度已不亚于社群的运营者，由此产生归属感，并愿意向亲朋好友推荐社群。运营者也可以组织一些线下或线上的活动，如生日会、粉丝见面会等，以增强社群成员的归属感，让成员真正把社群当成家来对待。

（3）仪式感。

运营良好的社群，成员从进群开始就会被满满的仪式感所包围，比如设置格式统一的群名片、按照统一的格式进行自我介绍等，整套流程容易让社群成员在精神上融入社群。现实生活中的新生入学开学典礼、高考之后升学的大学录取通知书，都是为了营造仪式感，让人们感受到被尊重。在一个极其严肃正规的场合，每个人都会不由自主地想要认真对待。所以，一个充满仪式感的社群，能给成员带来严肃认真的体验感，让成员心中产生对社群的敬意，这便是仪式感的意义所在。

（4）组织感。

组织感和仪式感所追求的目标基本一致，为的都是给成员带来不一般的社群参与体验，让成员在心理上重视所在的社群。一个组织井井有条的社群，各个步骤都条理清晰，不会让成员产生很重的心理负担。一个优秀的社群运营者，能够组织社群成员一步一步地完成活动步骤，从而实现既定的目标，在此过程中，社群成员相互协作、互帮互助，感受到组织的力量，从而愿意在社群中长期沉淀。

5. 复制

当把一个社群健康稳定地运作起来后，下一步要做的就是批量复制，增加社群的数量，以求尽可能多地囊括用户，积累起私域用户量。以微信群为例，一个群的人员上限是500人，而以社群的商业化来说，粉丝过万，甚至过十万都是有可能的。这时社群的可复制性就至关重要，一个好的社群模式是可以复制的，甚至不用改变策略，按照固定的套路即可实现社群规模的扩大。

当然，是否需要扩大规模，要根据发展规划来定，切不可没有目的性地盲目扩大规模，需要考虑是否做好了扩大运营的准备，如财力、物力、人力等。

他山之石

案例拆解：学习型社群构建

某导是一个专注于泛商科类专业的“在线教育＋教学管理”平台，致力于教学服务与用户技能的提升。为了服务某导平台，提升用户的活跃度，为平台培养更多潜在用户，某导网站安排了专门的工作人员组建并管理多个社群，以此协助某导平台做推广。

一、社群构建准备

（一）制定建群目标

某导平台连接着学生用户、教师用户与专家用户，致力于培养社会所需要的优秀专业人才，运营者组建社群也是为了更好地服务于某导平台的教师与学生，促进同专业学生、教师的沟通与交流。群内人员的目标一致，即更好、更便捷地进行专业教学或专业学习。

（二）确定社群核心

某导组建社群的领袖人物设定为“某导君”，在群中所起的作用就是指引方向，引导群的交流方向、话题及组织群内日常活动。

（三）设定社群成员等级

某导社群是学习类交流群，根据群成员的活跃性将成员划分为五个不同的等级，即“学神”“学霸”“学酥”“学弱”“学渣”，还会对表现特别优秀的成员给予“学委”的身份，引导其成为社群的管理者，帮助管理社群。

二、构建社群

（一）同好

某导的官网首页上把QQ群的信息及微信群的二维码展现出来，同时在一些线上、线下活动中将加群方式展现在海报上，这些都极大地方便了用户根据自己的喜好加群，保证了群内用户的同好，如视觉营销群、电商运营群。

（二）结构

某导社群主要从以下四个方面去设计群的结构。

1. 组织成员

群管理人员发现并号召那些拥有“同好”的人聚集起来组建社群，他们是社群最初的一批成员。

2. 交流平台

某导把重要的交流分享平台选在QQ上，目前拥有4个普通的学生群（每个群的群成员都近2 000人），以及9个教师群（每个群的群成员为1 000人左右）。

3. 加入原则

某导的加群方式设置为邀请制，可以是群管理员主动邀请，也可以是群成员推荐好友加入，申请加入的人员需要通过管理员的审核才可以入群。

4. 管理规范

一是群管理，某导先邀请大量的教师、学生加入，群成员积累到一定数量时，就由管理员对不同目标用户进行分组管理或者分群管理，如图1-3、图1-4所示。

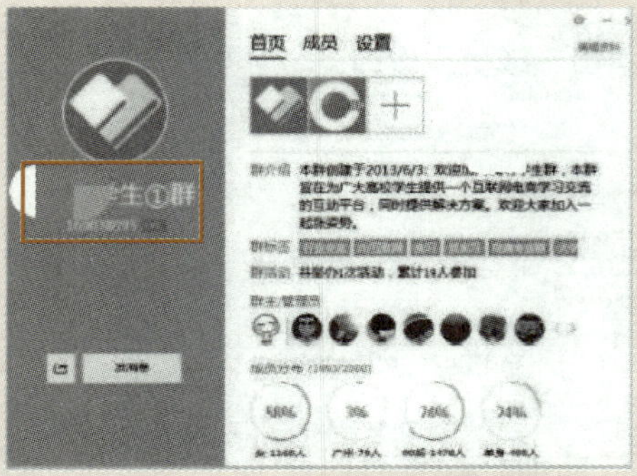

图 1－3　学生群管理

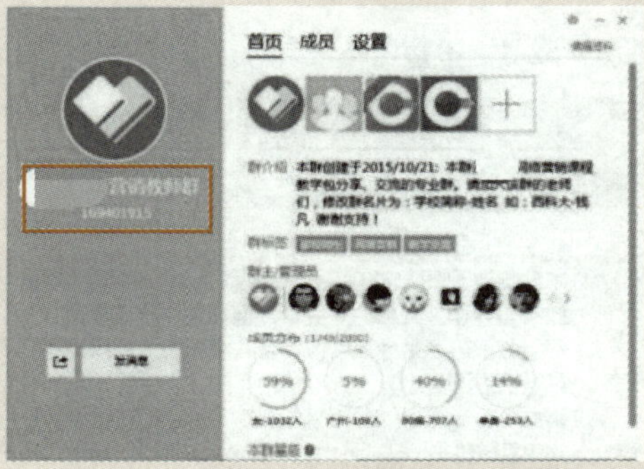

图 1－4　教师群管理

二是群规，对于违规的成员，群内一般采取以下几种方式：(1) 小窗提醒；(2) 公开提醒“晒”群规；(3) 私下警告；(4) 直接移除。群规中也包括了奖励机制，当社群成员在社群中表现优秀时，也会对成员进行奖励，并进行公开表扬。

某导群的置顶群公告，即本群须知，就是其管理规范，如图 1－5 所示。

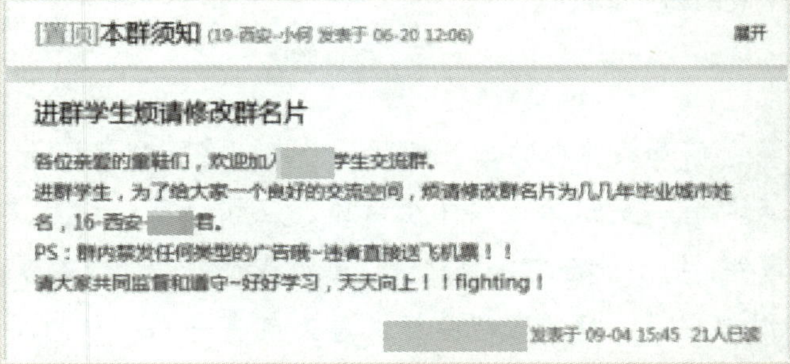

[置顶]本群须知 (19-西安-小何 发表于 06-20 12:06)　展开

进群学生烦请修改群名片

各位亲爱的童鞋们，欢迎加入　学生交流群。
进群学生，为了给大家一个良好的交流空间，烦请修改群名片为几几年毕业城市姓名，16-西安-　君。
PS：群内禁发任何类型的广告哦~违者直接送飞机票！！
请大家共同监督和遵守~好好学习，天天向上！！fighting！

发表于 09-04 15:45　21人已读

图 1－5　某导社群管理规范

（三）输出

学生进入某导平台可以学习海量免费课程，也可付费购买精品收费课程，完成学习后通过完成技能点下的训练任务，获得技能成长，在获取技能模块勋章后，就可承接企业实战任务，获得综合实践经验与经济回报。

（四）运营

(1) 建立仪式感：如新成员入群做自我介绍，老成员发言欢迎新成员等。

1) 群内统一的命名和视觉化。

以 QQ 群为例，对群头像、群名称、群资料进行统一设置。

2) 群设置的应用。

群设置体现了一定的入群门槛，图 1－6 所示是某导的群设置截图，从图中可以看出某导的加群方式设置的是“需要回答问题并由管理员审核”“允许群成员邀请好友加群”“无须通过群号就可以找到这个群”，在访问权限上设置的是“非群成员不可以预览资料卡相册和共享”“不允许非群成员访问”，此外还对会话权限、应用权限进行了设置。

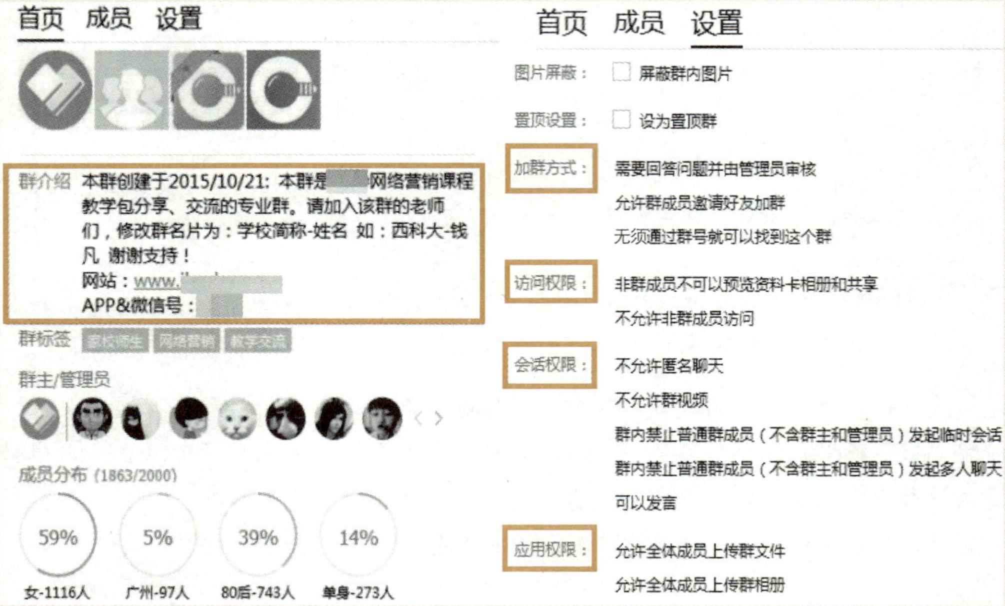

图 1-6　群设置

（2）建立参与感：例如某导群的每日话题、定期分享、公开课等。如图 1-7 所示，某导的学生群内每天都有一个话题，供学生讨论，互相分享；设置“今日荐读”，引导学生了解重大新闻事件；每月都会有一期课程，让群成员可以持续学习新知识。如图 1-8 所示，教师群内每周都有一小时的课程分享；每天都有一则“新闻早知道”，播报最新的某导动态与新闻大事记类内容；节日时提供 VIP 特权等。

（3）建立组织感：社群可以组织群员协作完成任务，例如某导群定期开展线上电子商务技能大赛，组织教师带领学生一起来做任务，在比赛中学技能。

（4）建立归属感：线上的生日会、线下交流、聚会等。

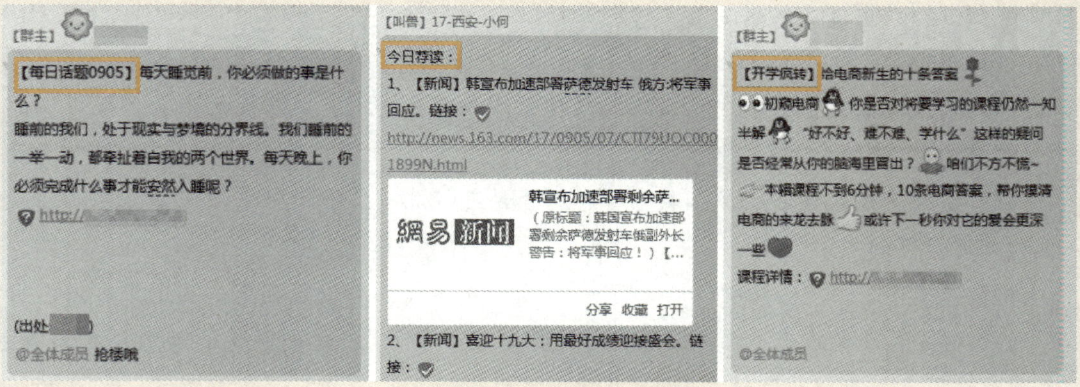

图 1-7　学生群常规活动

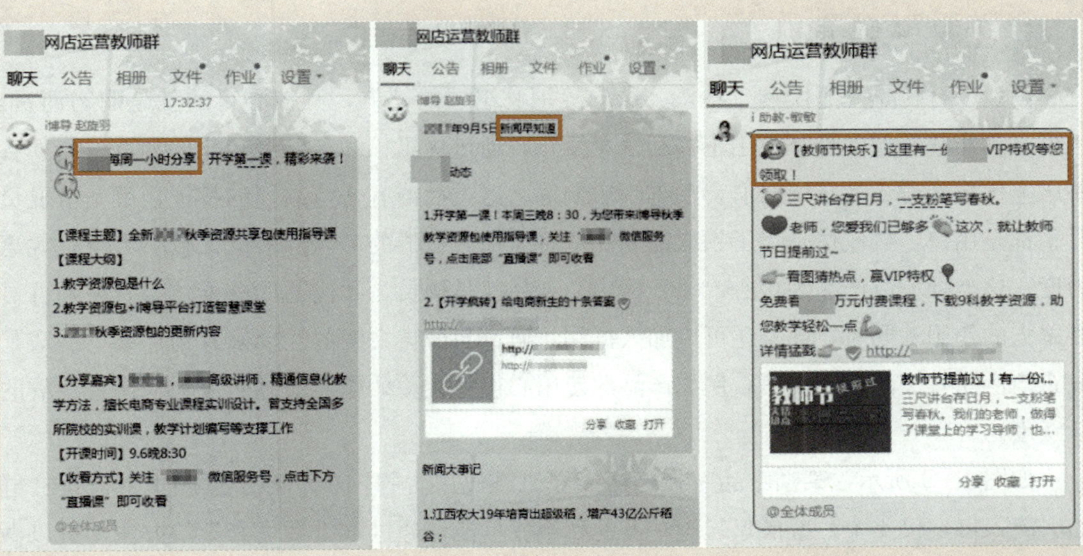

图 1-8 教师群常规活动

（五）复制

某导利用网络找到用户群，一方面在某导官网上导流，另一方面做线下的校园内部广告宣传。当第一个学生群运营进入良性循环，人数突破 1 500 人时，某导便开始第二个学生群的组建，首先通过内部小窗，转移了一部分老群员到第二个群，当第二个群快加满的时候，再建第三个群，然后交叉引入，以此类推，建更多的学生群。交叉法引入成员的好处是新老结合，既能让新成员产生亲切感，又能为群管理打好基础，群文化也自然得到了复制。

资料来源：弹老师．企业案例：i 博导社群构建与营销案例．(2020－09－08) [2023－12－20]. https：//max. book118. com/html/2020/0907/6045140032002241. shtm.

学以致用

1. 选择同学们频繁使用的一个商业社群，分小组对其同好、结构、输出、运营、复制进行剖析。

2. 请分析你最频繁使用的一个商业社群是如何建立"四感"的。

二、社群的类型

社群是丰富多样的，其类型也不是绝对的，同一个社群，可能是消费型的、知识型的，也可能是资源型的。一个社群往往有多种属性，将其归为某一种类型只是社群在某一点上表现非常突出而已。

（一）消费型社群

消费型社群是基于团购、秒杀、送券等福利组建的社群，其核心目的就是购物消费，也可以称作福利群，是企业用于福利信息发布，通过优惠福利来刺激转化的社群。比如各种店家优惠券群、社区团购群、咖啡门店群等。这类社群有一个共同的特征，就是群成员几乎都是用户，群成员是为了领取福利和消费才加入社群的，入群的最大吸引力就是优惠力度。这类社群以产品为核心，在社群中，产品就是群员之间沟通的桥梁，起着增强群员凝聚力的作用。同时，商家还可以加入群聊，通过与群员之间的互动来营销产品。一般是发布与产品有关的活动文案，例如产品的使用心得等相关话题，通过交流互动保持社群的活跃度。

如图 1－9 所示，某咖啡品牌在门店设立二维码广告牌，App 和小程序里也设置社群的引流入口，仅 4 个月就搭建起 180 万的私域流量池，通过群里发优惠券的方法，可以做到社群私域里一天卖出 35 000 杯咖啡。

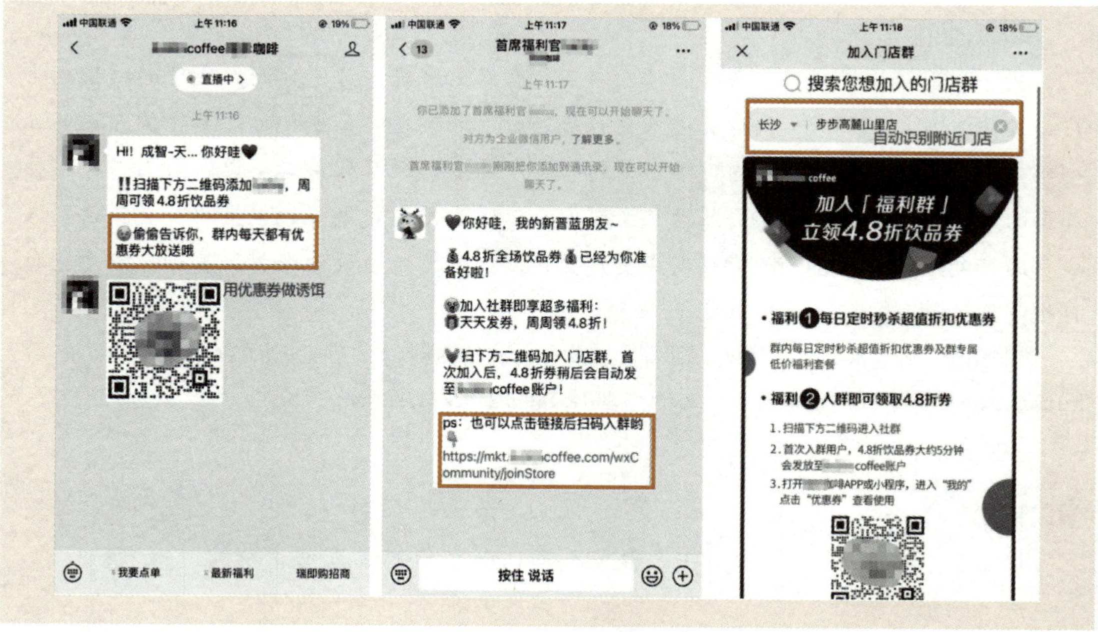

图 1－9　消费型社群

（二）知识型社群

知识型社群是以学习交流、获得知识为主要目的的社群，可以是由学习型的机构组建的，也可以是由有经验或权威的个人组建的。其本质类似于兴趣型社群，常见的有英语学习社群、考研社群、读书会、沙龙、自律成长营等。此类社群的主定位是学习知识或资源交流而非社交，社群不追求人多或讨论有多热烈，而是更加关注后续有多少人愿意续费，以及购买其他知识性的服务。所以，打造优质内容就成为该类社群运营的重中之重。内容可以是文字、视频、图画、课程等形式，还可以推荐书本或课程等。知识型社群如图 1－10 所示。

（三）品牌型社群

品牌型社群是社群成员认同某个品牌的理念，购买过其产品，从而聚集在一起形成的社群，如小米的社群、秋叶 PPT 等机构或个人的 IP 社群。这种社群是产品社群发展到后期的表现，群员能够通过相互交流互动产生对品牌的共鸣。这样的社群需要持续性地输出高质量的品牌产品（商品、服务、内容），用户黏性较强，而且用户越得到满足，忠诚度就越高。对于此类社群，运营者需要考虑群成员为什么加入社群，是为了获取品牌的产品或活动信息、结交好友、解答疑惑，还是为了得到优惠，然后“对症下药”，这样就能很好地维系社群并实现品牌的变现。品牌型社群如图 1－11 所示。

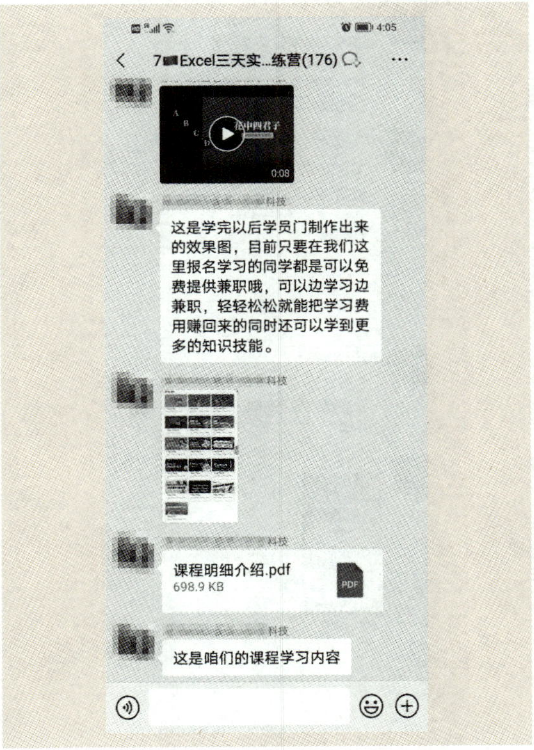

图 1－10　知识型社群

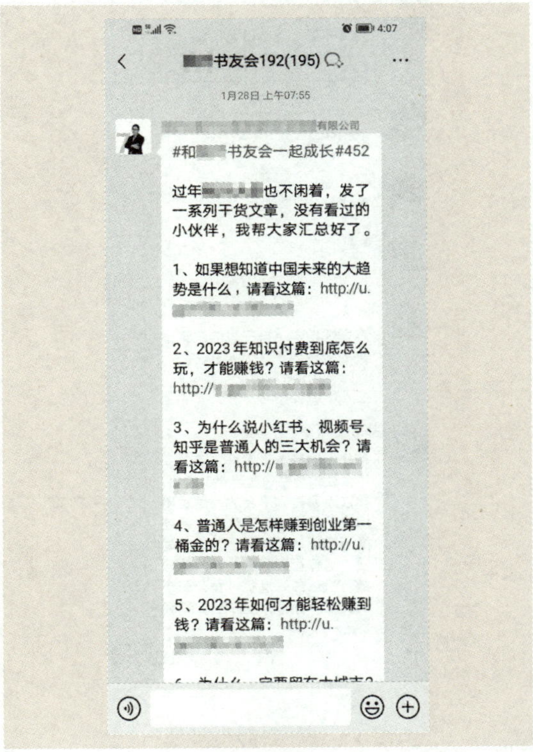

图 1－11　品牌型社群

（四）兴趣型社群

兴趣型社群是基于共同的兴趣爱好建立起来的社群。此类社群的组建是因为群成员有共同的兴趣和爱好，群成员之间交流的话题涉及兴趣和知识，所以内容是此类社群运营的核心。这类社群成员有一个特点是希望不断地获得进步，运营者可以在群里组织打卡分享，通过内容让成员感知这个群的价值，形成良好的正向循环。成员在群里获得的成就感会让其停留更长的时间。常见的兴趣型社群有游戏社群、母婴社群、粉丝群等。这类社群仅靠群成员的兴趣支撑，可以说是互联网时代的产物。兴趣型社群如图 1－12 所示。

（五）资源型社群

资源型社群是一种以资源置换共享为基础的社群模式，社群成员大部分来自相同或相似的行业，对行业的一手资讯、经营方法、项目动态、资源对接有着共同的关注。如美容行业社群、健身行业社群、家装行业社群、电商行业社群等，其目的和兴趣型社群相差不大，成员之间互相分享资源。资源型社群如图 1－13 所示。

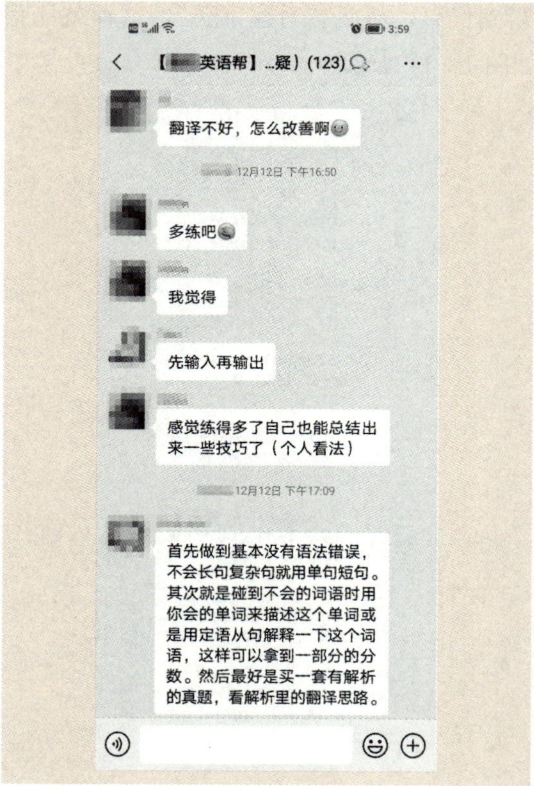

图 1－12　兴趣型社群

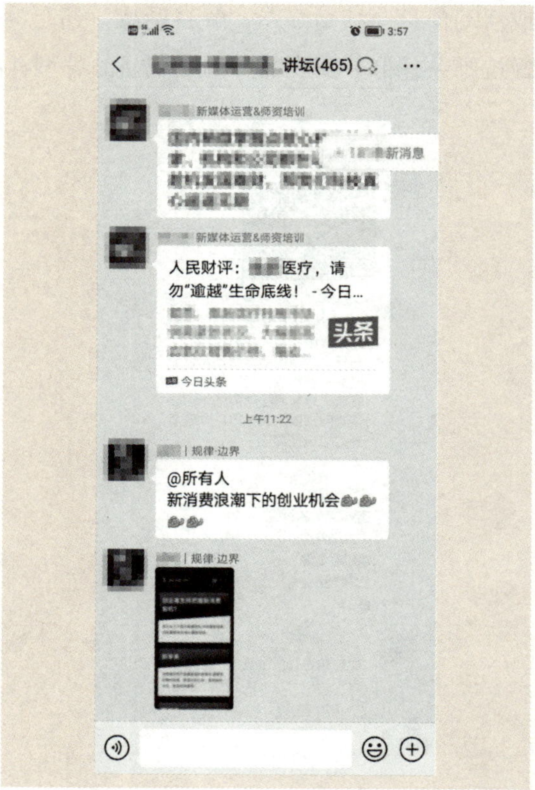

图 1－13　资源型社群

另外，从用户属性或用户黏性视角，还可将社群分为普通粉丝群、高活跃粉丝群、超忠诚用户群、用户服务群，可以依据用户是否消费、消费次数、客单价，分类邀请用户进入社群。从社群主题视角，可将社群分为福利群、会员群、快闪群。福利群，就是用于发布福利信息，通过优惠福利来促进转化的社群，比如美妆品牌的宠粉福利群。会员群，就是利用会员体系引导用户线上下单和复购的社群，比如 VIP 用户群。快闪群，则是引导意向用户快速成交的临时活动群，一般活动结束后就会解散，不会一直运营，比如课程抢购快闪群。快闪群的运营策略是在选定一个活动主题和集中发售日期后，邀请有意向参与的用户入群，然后在群内营造一定的氛围，促使用户在从众心理的影响下下单，达到批量成交的目的。

三、社群营销的价值与作用

（一）成本更低

社群组建方便、成本低，只要企业的产品好且营销得当，社群营销所产生的裂变效果是巨大的。比起传统媒体动辄百万元、千万元的投入，运营好一个社群一年的费用不过数十万元，适合中小企业采用。

（二）用户精准

社群营销是基于圈子、人脉进行营销的一种模式，成员间有一致的行为规范、持续的互动关系。简单来说，社群里聚集的都是具有共同需求的用户，也就是常说的精准粉丝。

（三）高效传播

社群的本质就是链接，即通过互联网将人与人联系在一起，并且这种关系往往是一种基于熟人的联系，如果能获得一个用户的信任，熟人间的传播力量往往超乎想象。社群营销是以目标人群的双向互动沟通为核心的，社群成员可以是信息的制造者，也可以是信息的传播者。相对于传统营销的单向传播，社群营销更加高效。

（四）沉淀用户

社群营销是网络营销里唯一能和搜索营销相媲美的精准营销方式，搜索营销是定向流量，社群营销则更强调定向需求、人际信任、口碑传播。相对于传统营销模式，社群营销可以把使用过产品或者购买过产品的用户联系在一起，沉淀在社交平台中，当有新产品推出时，用户基于信任而购买的概率会大大增加。

（五）价值延伸

深度挖掘社群成员的需求，可以延伸开发其他的服务，或者将原社群转化为其他的目标社群。比如，创建一个宝妈社群，建群初始的目标是推销婴儿产品或服务，后期可以开发宝妈喜欢吃的水果等产品或服务。

四、社群用户生命周期

社群用户生命周期就是用户从开始接触社群到离开社群的整个过程。可以利用社群用户生命周期模型对用户在从认知、体验、依赖到流失的核心过程中产生的价值进行评估。如图 1-14 所示，一个完整的社群用户生命周期可分为五个阶段：引入期、成长期、成熟期、休眠期、流失期。每个阶段的社群用户有不同的需求，对不同阶段的用户需采取相应的运营策略。

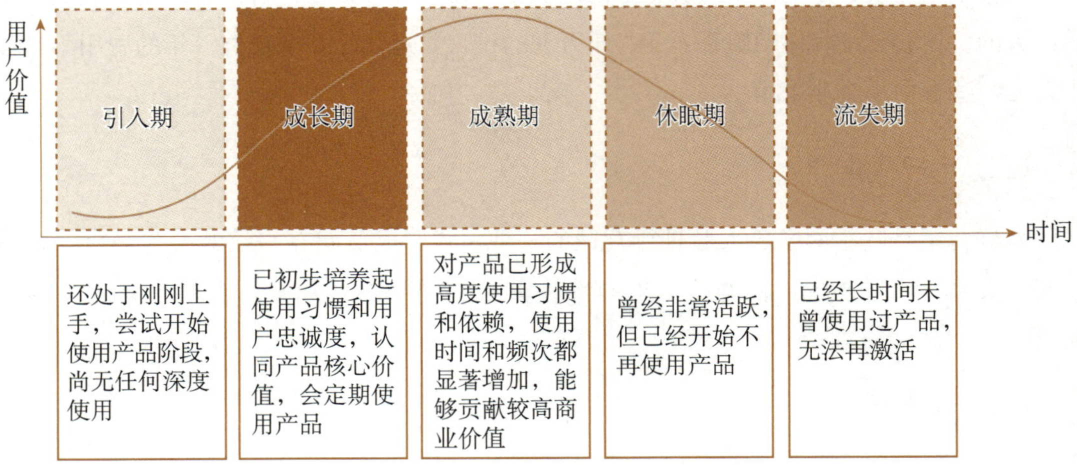

图 1-14　社群用户生命周期

（一）引入期

社群用户引入期的运营重点体现在价值认同、成员破冰、群规等三个方面。在社群建立初期，不断有新用户入群，且他们可能来自不同的渠道，如公众号文章、内容平台推广、官网文章等。因为每位用户入群时间不同，新加入的用户无法查看之前的消息，所以在引入期，需要设置入群欢迎语、群公告、关键词回复、常见问题 Q&A 等模块，清晰明确地告诉用户这个群的建立时间、群内内容输出等信息，让新进群用户明确本群能给他提供什么价值。同时，要告知群内用户此群的群规，明确奖惩机制。在最开始的引流群中，发广告、恶意诋毁等行为都是不允许的，可以在入群欢迎语中提醒用户。这个阶段是用户入群阶段，可先设置免打扰或只看群主。

（二）成长期

成长期的运营重点体现在用户裂变和用户促活两个方面。用户裂变就是设置任务机制，比如用户将固定文案＋海报分享到朋友圈，吸引更多人加入，邀请×位好友进群即可完成任务获得某项福利。设置福利活动，可以让用户以比较小的成本获得超值惊喜，促成首单转化并增强用户对社群的信任感。用户促活就是通过定期发布高质量的内容，包括文章、视频、音频等，吸引用户的注意力，建立用户之间的社交互动，如开展话题讨论等，增强用户的黏性。

（三）成熟期

成熟期的运营重点体现在设定固定栏目、打卡积分等与用户加强互动的手段上。成熟期是社群营销转化的关键时期，可通过限时限量优惠等手段提高社群商业价值。

（四）休眠期

休眠期的运营重点是挽留用户、延长用户生命周期，如设计有针对性的福利活动或服务，增强群内用户对社群的信任，提高用户忠诚度，对社群成员进行分流，尝试挖掘一些忠诚用户加入企业其他社群中。

（五）流失期

流失期需要继续维护社群，对群内用户违反群秩序、恶意捣乱等行为进行处理。实际上，用户流失会贯穿整个社群运营周期，所以在用户一进群的时候，就要尽可能地引导群内用户添加个人微信或企业微信，一方面可以防止用户流失，另一方面可以在用户退群后主动与用户沟通，咨询是什么原因导致用户退群，收集用户反馈，之后进行有效改善。表 1-1 所示为某社群用户生命周期运营思路。

表 1-1　某社群用户生命周期运营思路

用户生命周期	用户分类	基本定义	表现衡量	关键指标	运营手段	发展方向
引入期	新手用户	【相识】新用户与对象产品初步建立联系，即新用户进入产品对象流量池中的阶段	1. 注册会员 2. 首次登录	注册转化率	获客手段： 1. 内部手段 （1）未登录用户注册 （2）老用户裂变 2. 外部手段 （1）广告投放 （2）联名合作	主方向：引入【升值区】 1. 注册权益+短信通道 2. 内容推荐+VIP 体验卡
成长期	成长用户	【相知】用户与对象产品主营业务发生实际业务关系	1. 首次消费 2. 二次消费	1. 首单转化率 2. 二次转化率	1. 优惠：首单优惠 2. 内容：产品推荐	持续稳定消费

续表

用户生命周期	用户分类	基本定义	表现衡量	关键指标	运营手段	发展方向
成熟期	成熟用户	【相惜】用户与对象产品持续性保持主营业务关系	1. 高复购率 2. 高客单价 3. 高消费频次	1. 复购率 2. 客单价 3. 消费频次	复购手段： 1. 付费产品：VIP 2. 储值产品：游戏	1. 保持持续稳定消费 2. 提升客单价、提升消费频次
休眠期	沉默用户	【归零】用户与对象产品关系逐渐削弱	1. 消费频次低 2. 消费金额少	1. 客单价 2. 消费频次	1. 唤醒机制：流失预警 2. 唤醒手段：内容、利益	再次消费
流失期	流失用户	【归零】用户与对象产品几乎失去联系	90 天无消费	消费频次	召回机制： 1. 内容：熟悉产品推送 2. 利益：优惠刺激	再次消费

根据社群用户生命周期理论，每个社群都将经历五个阶段然后消亡，运营者可根据具体的运营目标、场景设计合理的社群运营周期。某社群运营周期如图 1－15 所示。

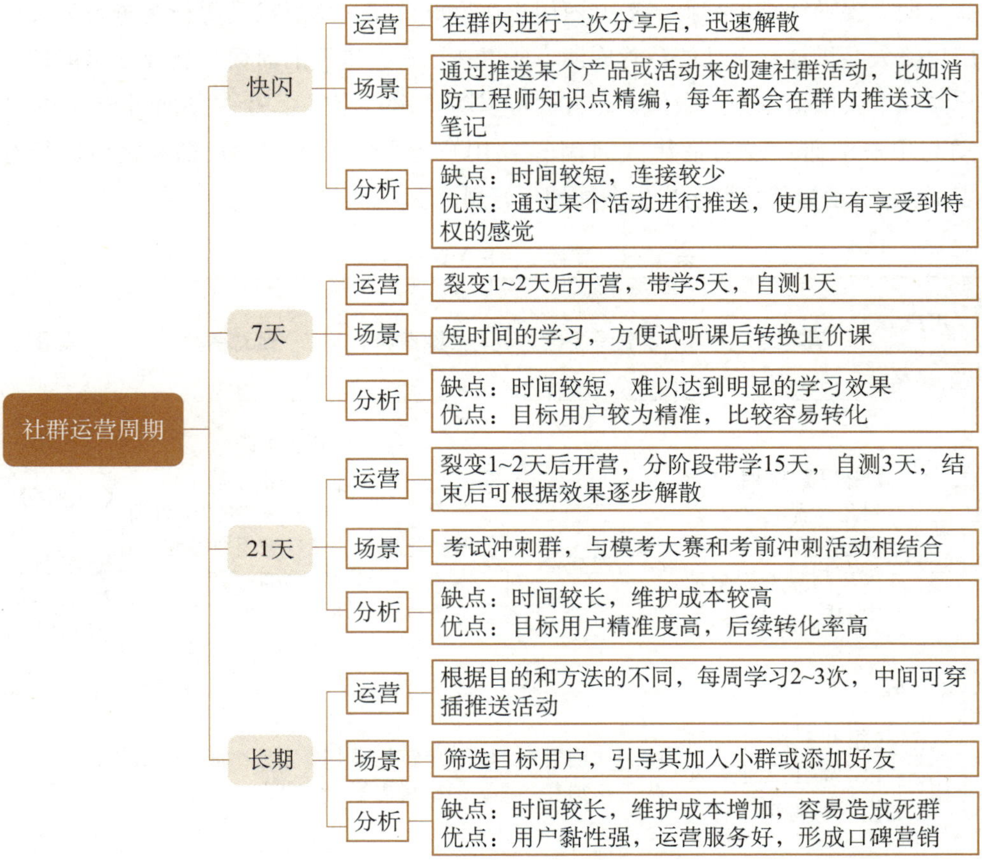

图 1－15　某社群运营周期

学以致用

请选择三个你加入的社群（微信、QQ、微博等均可），分析它们分别属于哪一类社群，营销方式是什么，以及当前处于用户生命周期的哪一个阶段。

行业观察

2022 年企业微信生态研究报告

企业微信（企微）具备“前端流量链接+后端用户运营”的双向价值，是私域营销的最佳载体。向前，企微可以与微信打通，触达微信 12.6 亿用户，以无侵入感的方式与用户建立紧密联系；向后，企微可以将来自多渠道的用户收拢，形成私域用户池，再利用数字化手段，赋能用户价值提升。基于企业微信，企业可以创新更多社交裂变私域玩法，提升服务质量，改善用户体验，建立以用户为中心的运营体系，实现商业增长。

资料来源：艾瑞咨询．2022 年企业微信生态研究报告．（2022-06-13）[2023-12-20]．https：//www.ooec.cn/home/detail--6613032.html.

扫码阅读全文

任务三　社群从业者职业素养

一、社群运营岗位职责及职业能力

（一）社群运营岗位职责

“社群运营”相关岗位包括社群运营专员、社群运营经理、社群运营主管、社群用户运营、社群运营总监、社群运营顾问等，人才需求量大、覆盖面广。可以说，现在各行各业都需要社群运营人才。以社群运营专员为例，其工作职责和岗位要求如图 1-16 所示。

微课

社群运营专员

职位信息

工作职责:

1. 负责私域客户社群运营管理，包括但不限于组建社群、产品促销、新品发布、客户关怀等信息推送，社群用户答疑，成为客户的***响应者；
2. 针对不同活跃度的社群进行客户分级分类管理，提高活跃客户占比和消费贡献；
3. 负责社群裂变、拉新，把握群内用户的细致要求，提高品牌知名度，提升客群转化；
4. 撰写相关营销文案、制作素材（图片、视频等），便于社群传播，促成销售；
5. 完成上级安排的其他事务。

岗位要求:

1. 本科以上学历，专业不限
2. 1年以上会员营销（私域）或CRM社群工作经验
3. 熟悉CRM流程、可帮助完善CRM管理体系者优先
4. 精通微信社区等营销方式，客户服务意识强。
5. 较强的沟通协调能力、沉稳耐心，良好的文案能力，数据敏感性强

职能类别：社区/社群运营

关键字：　社群运营管理　社群传播　组建社群　拉新

图 1－16　社群运营专员的工作职责和岗位要求

以下是某企业的社群运营岗位说明书：

社群运营岗位说明书

岗位名称	社群运营经理	所属部门	运营部	岗位定员	1
岗位编码	××××	部门编码	××××	薪酬等级	××
直接上级	总监	直接下级	专员	下级人数	5
工作综述	配合 CEO 管理工作，在 CEO 的战略指导下，推动公司新零售项目的落地执行，负责社交电商××商城及私域流量项目的整体运营和规划工作				
工作职责	1. 负责社群运营整体统筹推进工作，包括但不限于社群拉新、裂变等吸粉策划和执行；社群日常引流到商城，以及转化触达的策划和执行；社群日常客服统筹及标准制定等 2. 线上商城运营，确保微商城销售产出，包括但不限于拟订线上商城年度、季度、月度目标及达成计划（包括吸粉、转化、业绩指标）；商城日常货品上下架、营销策划，以及选品安排；商城日常直播的内容策划、执行跟进等 3. 整合电商与线下零售的数据，分析会员消费行为习惯，提升用户活跃度，增强用户对产品及品牌的黏性，有效实现流量及业绩转化 4. 平台电商、新媒体、新零售电商站外流量的推广，与各类网红、主播及相关机构合作，增加电商流量，提高品牌的知名度 5. 上级交办的其他工作事项				
协作关系	内部：公司各部门 外部：相关部门				
岗位要求	1. 具备大专及以上学历，年龄 35 岁以下，从事社群、微信运营工作 3 年以上 2. 具备一定的网络营销技巧和线上活动策划能力，善于制造话题并引导用户参与互动，擅长分析总结用户画像、深度挖掘用户需求，对维系社群活跃度有想法和热情 3. 具备较强的新闻热点敏感性，具备数据分析及管理能力 4. 具备良好的 PDCA（计划、执行、检查、处理）工作素养 5. 沟通、组织、协调能力佳，有较强的谈判能力和人际关系处理能力 6. 抗压能力强，愿意进取拼搏，有持续的内驱力和团队协作精神				

续表

任职资格	工作知识	具备丰富的专业知识，了解行业情况
	工作技能	熟练操作计算机办公软件
	素质要求	工作认真负责，具备良好的沟通能力、组织能力； 责任心强，工作积极主动，有团队合作精神； 有耐心，工作细致、认真、谨慎、条理性强
	个性品质	对公司忠诚，具有良好的保密意识
	职称证书	专业相关证书
	身体要求	身体健康
职业发展	总监	
工作环境	办公室、室外	
工作时间	每日 8 小时，每周 5 天工作时间	
使用工具	计算机	

（二）社群运营职业能力

社群运营工作繁杂琐碎，运营者需要具备较强的表达沟通能力、良好的亲和力和团队合作精神，能耐心、细心地为用户服务。具体来说，从事社群运营工作需要具备以下几种能力。

1. 社群运维能力

社群运营者只有具备较强的社群运维能力，才能做好社群的运营及规划工作。社群运营者需要对社群项目进行整体运营及规划，包括：分析目标用户需求，并根据用户需求进行社群规划，搭建社群产品体系；熟悉社群拉新、裂变等吸粉策划和执行全流程，熟悉社群引流、转化触达的策划和执行；分析用户消费行为习惯，提升用户活跃度，增强用户对产品及品牌的黏性，有效实现流量及业绩转化。

2. 活动策划能力

活动既是社群关键的裂变增长点，也是提升群内活跃度的重要手段。一场优秀的社群活动，往往可以为社群、为公司带来巨大的商业价值。裂变是低成本获取流量的重要途径，可以帮助社群源源不断地获取新的流量。熟悉和掌握裂变的各种玩法是社群运营的基本能力要求。同时社群运营者还需具备社群线下活动策划、筹备、宣传、执行、复盘的能力。

3. 内容输出能力

高质量的内容输出可以维持社群成员的活跃度与留存度，社群运营者需要具备较强的内容输出能力。内容输出能力包括：平台使用能力——社群建立在不同的平台，运营者需要熟悉这些平台的后台操作设置与功能使用；文案写作能力——能聚焦公司核心产品优势以及用户属性与需求，通过文字编排输出可以产生有价值的文案；图片设计、音视频剪辑能力——社群内容需要图文并茂，运营者应掌握 Photoshop 等常规的图片处理软件的使用方法，会对图片进行裁剪、调色等，并掌握 Premiere 等视频处理软件或手机视频处理 App 的方法，会进行音频和视频的处理。

4. 沟通协调能力

从工作环境来看，沟通占据了社群运营者 50%的工作量，社群的运营及转化主要就是通过沟通来完成的，线上需要语音文字沟通，线下需要面对面沟通。另外，社群运营者对外需要链接平台电商、新媒体、新零售电商等站外流量进行推广，与各类网红、主播及相关机构合作；对内需要与产品运营、售后服务、技术部门等进行协调。因此，沟通协调能力是社群运营者需要具备的基础能力。

5. 数据分析能力

社群运营者需要收集数据、分析数据并运用数据完成运营指标的拆解和落地。数据分析可以帮助运营者发现社群运营中的问题，增强对运营过程的优化和掌控，找到实现目标的最佳路径。数据思维是社群运营者需要具备的重要思维能力之一。

6. SOP 搭建能力

社群运营工作繁多复杂，一名社群运营者所管理的群聊数量往往有多个，所以必须要制定流程化的策略。标准作业程序（Standard Operating Procedure，SOP）可以通过标准化、流程化提高工作效率（尤其是可复制性强的业务），并沉淀经验，帮助以后持续改进、提升社群运营工作。

行业观察

社群运营师专业技能等级考试大纲（高级）

社群运营师分为社群运营师（初级）、社群运营师（中级）、社群运营师（高级）三个等级。三个等级均被纳入工业和信息化领域急需紧缺人才。

扫码阅读全文

二、社群运营法律法规和风险

党的二十大报告提出要“健全网络综合治理体系，推动形成良好网络生态”，当下正值网络经济风潮兴起之时，社群营销强势分摊市场，商界纷纷开始布局社群营销战略，形成了新时代促进市场繁荣的新动力，社群经济也将成为未来商业的一种重要形态。社群管理者和运营者一定要增强法律意识，在法律的框架内从事营销活动，懂法、守法、用法，这样不仅有利于企业业务的开展，更有利于社群及社群营销的增量拓展，使网络空间环境更加清朗，为社群实现社会效益和经济效益双丰收创造更好的条件。

（一）社群管理者的法律职责

国家互联网信息办公室于 2017 年 9 月 7 日发布了《互联网群组信息服务管理规定》《互联网用户公众账号信息服务管理规定》，于 2017 年 10 月 8 日起施行；2021 年 1 月又对《互联网用户公众账号信息服务管理规定》进行了修订。针对互联网群组和公众账号乱象，上述法规规定微信群、微博群等“谁建群谁负责”，因此，作为社群管理者的群主应当以身作则，树立正确的价值观，对社群内的文化气氛、信息交流进行引导。

1. 群主的监管职责

群主作为社群的管理者和权力拥有者，对社群负有监管职责。群主应规范群聊行为，维护群聊内容的合法性。对于发布违法内容的群成员，群主应予以警告，情况严重者应将该群成员踢出群聊。

2. 群主可能承担的法律责任

（1）民事责任：群主如果及时制止群成员发布侵犯他人合法权益的内容，则不会因存在过错而与发布不当内容的群成员共同承担民事责任。否则，就有可能承担连带责任。

（2）治安处罚：对群成员发布的尚不够刑事处罚的违法内容，群主如果不履行监管职责，则有可能面临共同的治安处罚。

（3）刑事责任：对群成员涉嫌犯罪的行为，群主如果不行使监管职责，放任群成员违法犯罪，在主观上有可能构成间接故意，从而与涉罪群成员构成共同犯罪。

（二）社群运营与广告法

《中华人民共和国广告法》（以下简称《广告法》）第二条规定：在中华人民共和国境内，商品经营者或者服务提供者通过一定媒介和形式直接或者间接地介绍自己所推销的商品或者服务的商业广告活动，适用本法。因此，在社群的产品推广和销售中，推送产品信息或服务信息应遵循广告法。

社群运营的广告宣传应当遵守法律法规，诚实守信，公平竞争；应当真实、合法，以健康的表现形式表达广告内容，符合社会主义精神文明建设和弘扬中华民族优秀传统文化的要求；不得含有虚假或者引人误解的内容，不得欺骗、误导用户。

1. 社群运营广告宣传应禁止的内容

根据《广告法》第九条的规定，社群中无论何种形式的广告，均不得有以下情形：

（1）使用或者变相使用中华人民共和国的国旗、国歌、国徽，军旗、军歌、军徽。

（2）使用或者变相使用国家机关、国家机关工作人员的名义或者形象。

（3）使用“国家级”“最高级”“最佳”等用语。

（4）损害国家的尊严或者利益，泄露国家秘密。

（5）妨碍社会安定，损害社会公共利益。

（6）危害人身、财产安全，泄露个人隐私。

（7）妨碍社会公共秩序或者违背社会良好风尚。

（8）含有淫秽、色情、赌博、迷信、恐怖、暴力的内容。

（9）含有民族、种族、宗教、性别歧视的内容。

（10）妨碍环境、自然资源或者文化遗产保护。

（11）法律、行政法规规定禁止的其他情形。

同时，法律、行政法规规定广告中应当明示的内容，要显著、清晰表示。在《中华人民共和国电子商务法》第四十条中同样有明确的要求：电子商务平台经营者应当根据商品或者服务的价格、销量、信用等以多种方式向消费者显示商品或者服务的搜索结果；对于竞价排名的商品或者服务，应当显著标明“广告”。

2. 社群运营中虚假广告的认定

根据《广告法》第二十八条的规定，广告以虚假或者引人误解的内容欺骗、误导消费者的，构成虚假广告。具体包括以下情形：

（1）商品或者服务不存在的。

（2）商品的性能、功能、产地、用途、质量、规格、成分、价格、生产者、有效期限、销售状况、曾获荣誉等信息，或者服务的内容、提供者、形式、质量、价格、销售状况、曾获荣誉等信息，以及与商品或者服务有关的允诺等信息与实际情况不符，对购买行为有实质性影响的。

（3）使用虚构、伪造或者无法验证的科研成果、统计资料、调查结果、文摘、引用语等信息作证明材料的。

（4）虚构使用商品或者接受服务的效果的。

（5）以虚假或者引人误解的内容欺骗、误导消费者的其他情形。

3. 社群运营中广告违法的法律责任

根据《广告法》第五十五条第一款的规定，发布虚假广告的，由市场监督管理部门责令停止发布广告，责令广告主在相应范围内消除影响，处广告费用三倍以上五倍以下的罚款，广告费用无法计算或者明显偏低的，处二十万元以上一百万元以下的罚款；两年内有三次以上违法行为或者有其他严重情节的，处广告费用五倍以上十倍以下的罚款，广告费用无法计算或者明显偏低的，处一百万元以上二百万元以下的罚款，可以吊销营业执照，并由广告审查机关撤销广告审查批准文件、一年内不受理其广告审查申请。

根据《广告法》第五十六条第一款和第二款的规定，发布虚假广告，欺骗、误导消费者，使购买商品或者接受服务的消费者的合法权益受到损害的，由广告主依法承担民事责任。广告经营者、广告发布者不能提供广告主的真实名称、地址和有效联系方式的，消费者可以要求广告经营者、广告发布者先行赔偿。关系消费者生命健康的商品或者服务的虚假广告，造成消费者损害的，其广告经营者、广告发布者、广告代言人应当与广告主承担连带责任。

因此，社群管理者和运营者在社群运营活动中要遵守广告法，保证社群运营行为的合法性和规范性，这样才能促进社群的平稳发展。

（三）社群运营与知识产权法

知识产权法指中华人民共和国保护知识产权的制度及执法体系。从 1980 年中国加入世界知识产权组织（WIPO）以后，我国相继制定了《中华人民共和国商标法》《中华人民共和国专利法》《中华人民共和国著作权法》《计算机软件保护条例》等法律法规，从而形成了完整的知识产权法律保护体系。

在社群运营过程中，需要注意以下知识产权法的相关规定：

（1）著作权：确保社群中的内容，如文字、图片、视频等，没有侵犯他人的著作权。避免使用没有授权的图片、音乐、视频等。

（2）商标权：避免使用他人注册的商标，防止侵犯他人的商标权。如果要在社群中使用他人商标，必须获得权利人的许可。

（3）专利权：在社群运营中，不要发表或传播侵犯他人专利权的内容。

（4）反不正当竞争：在社群运营中要遵守反不正当竞争法的规定，不得采用不正当竞争手段，如虚假宣传、诋毁他人，不得损害他人的合法权益。

（5）保护商业秘密：对于社群中可能涉及的商业秘密，应该采取适当的保密措施，防止泄露给未经授权的人员。

受社群的普遍性和营销的特定渠道的影响，加之群主的知识水平、法律意识和管理能力存在巨大差异，社群运营中涉及侵犯知识产权的推广行为并不少见。例如，在社群中大量分享网络上付费连载的小说或电子版图书，可能存在违反著作权法的相关规定等问题。此外，一些社群运营者通过制造营销噱头等手段吸引公众关注，存在违反法律法规、破坏公共秩序、损害营商文化和社会道德风尚的风险。

案例分享

鲜花电商社群运营

扫码阅读全文

鲜花行业所面对的是一些对生活有特殊要求的人，要想赢得这些人的关注，就需要找到适合的发展道路，增强用户信任感，培养忠实粉丝。本案例分享的是鲜花企业如何利用社群与用户建立强联系，逐步扩大品牌影响力。

资料来源：晏涛．案例解析｜花加在私域里做出高复购率营销案例分析．(2023-03-16)[2023-12-20]. https://www.cmogo.cn/12184.html.

职业技能训练

一、社群运营人才需求调研

1. 实训背景

通过网络信息收集和分析，进一步掌握地区社群运营人才的需求情况和岗位职责，并总结社群运营人才的就业前景。

2. 实训任务

(1) 全班学生自愿分组，每组2～4人。

(2) 每组指定一个地区，访问智联招聘、前程无忧等招聘网站，搜索社群运营人才相关数据，整理成Excel表格，并做成图表进行展示。

3. 实训步骤

(1) 教师演示通过招聘网站查找信息的方法，介绍不同招聘网站的特点。

(2) 学生搜索的关键词包括但不限于："社群运营专员""社群运营助理""社群运营主管""社群运营"顾问等。将收集的信息填入调研数据表（见表1-2），样本数不少于20个。

表1-2　社群运营人才的需求情况和岗位职责调研数据表

序号	招聘网站	单位名称	单位所属行业	需求岗位名称	需求人数	需求专业	学历要求	岗位要求	提供待遇	工作地点

(3) 结合表格中的信息，归纳各个地区社群运营人才的需求情况，总结社群运营岗位的就业前景。

(4) 对照岗位说明书和搜索结果，你觉得自己适合从事社群运营工作吗？请根据社群运营人才SWOT分析表（见表1-3）进行分析。

表 1-3　社群运营人才 SWOT 分析表

<table>
<tr><th colspan="3">自我分析</th></tr>
<tr><td rowspan="2">内部
（组织）</td><td>S——优势</td><td>W——劣势</td></tr>
<tr><td></td><td></td></tr>
<tr><td rowspan="2">外部
（环境）</td><td>O——机遇</td><td>T——威胁（挑战）</td></tr>
<tr><td></td><td></td></tr>
<tr><th colspan="3">我的对策</th></tr>
<tr><td colspan="3"></td></tr>
</table>

二、社群观察报告

1. 实训背景

考虑到学生缺少商业化社群的运营经验，而各大平台又有很多社群在实际运营中，因此设计此项实训，目的是让学生从真实社群案例中积累知识和技能。

2. 实训任务

学生加入各种商业化社群，观察一个社群从建群到消亡的完整生命周期，按要求记录和总结社群的运营情况。

3. 实训步骤

（1）教师演示寻找和加入各大社群的方法，以及观察社群的要点，并提醒学生注意甄别诈骗等不良信息，保护自身安全。

（2）学生根据自身兴趣加入不少于 3 个社群，进行观察。

（3）社群观察结束后，每人提交一份文字或 PPT 形式的社群观察报告，提倡采用截图＋文字描述的阐述方式。观察报告的提纲如下。

××社群观察报告

报告人：××

一、基本情况

观察点：什么类型的群？哪个公司组建的？群里的情况如何？用什么软件和平台？群里有管理员吗？管理是怎么分工的？

二、社群引流流程

观察点：如何设置群公告？用什么方式引流？引流效果如何？如何设置海报及优惠？用到了哪些小程序或软件？

三、社群日常管理

观察点：每天的社群内容有规划吗？社群是如何输出内容的？有哪些话术你觉得值得借鉴？

四、社群活跃

观察点：有新人破冰环节吗？采用了哪些活跃用户的办法（如分享、游戏等）？效果如何？用到了哪些小程序或软件？你觉得活动过程有什么值得学习或吐槽之处？社群有线下活动吗？

五、社群运营

观察点：社群通过什么方式来销售产品？产品从哪里来？社群管理员是如何激励群里的人购买的？转化效果如何？用到了哪些小程序或软件？

六、社群观察结果

对社群的运营过程进行评价，对其五个组成要素以及“四感”是如何体现的进行剖析。分析如果由你来运营，你会怎么做。

项目评价

职业素养、自我认知与评价表

<table>
<tr><td colspan="2">班级：</td><td>姓名：</td><td colspan="3">学号：</td></tr>
<tr><td colspan="6">项目一　社群运营准备</td></tr>
<tr><td colspan="2">评价项目</td><td colspan="2">评价标准</td><td>分值</td><td>得分</td></tr>
<tr><td colspan="2">考勤（10%）</td><td colspan="2">不无故迟到、早退、旷课</td><td>10</td><td></td></tr>
<tr><td rowspan="2">工作准备（20%）</td><td>了解背景政策</td><td colspan="2">熟悉社群发展现状及相关政策法规</td><td>10</td><td></td></tr>
<tr><td>准备相关材料</td><td colspan="2">准备好课程学习所需的材料</td><td>10</td><td></td></tr>
<tr><td rowspan="5">工作过程（55%）</td><td>优质社群识别</td><td colspan="2">能够说出 3～5 个参与过的优质社群</td><td>10</td><td></td></tr>
<tr><td>社群基本要素分析</td><td colspan="2">能够针对某一成熟社群分析其组成要素</td><td>10</td><td></td></tr>
<tr><td>社群运营的“四感”分析</td><td colspan="2">能够针对某一成熟社群分析它在运营中是如何为成员建立“四感”的</td><td>10</td><td></td></tr>
<tr><td>社群分类分析</td><td colspan="2">能够分析社群的类型</td><td>15</td><td></td></tr>
<tr><td>职业能力分析</td><td colspan="2">能够分析社群运营职业能力，并对照自身条件查漏补缺</td><td>10</td><td></td></tr>
<tr><td rowspan="3">职业素养（15%）</td><td>创新意识</td><td colspan="2">具有打破传统思维模式，尝试用新技术、新方法解决问题的意识</td><td>5</td><td></td></tr>
<tr><td>网络信息搜索、分享</td><td colspan="2">具备在网上搜索、学习有关社群运营的新知识的能力，并和他人进行分享</td><td>5</td><td></td></tr>
<tr><td>职业道德、法律意识</td><td colspan="2">树立正确的价值观，培养正确的职业道德，有意识地学习社群运营需要遵循的法律法规</td><td>5</td><td></td></tr>
<tr><td>合计</td><td colspan="5"></td></tr>
<tr><td rowspan="2">综合评价</td><td>自评（20%）</td><td>小组互评（30%）</td><td>教师评价（50%）</td><td colspan="2">综合得分</td></tr>
<tr><td></td><td></td><td></td><td colspan="2"></td></tr>
</table>

项目二 社群定位搭建

知识目标

1. 了解社群项目调研的内容和方法
2. 理解社群产品体系的构成
3. 理解用户画像的定义及应用
4. 理解社群定位的内容
5. 理解社群框架的构建要点
6. 了解不同社群平台的优势及用户属性

能力目标

1. 能根据项目需要进行社群项目调研
2. 能根据项目需要分析用户画像
3. 能根据用户画像构建社群产品体系
4. 能构建社群完整框架，合理地制定社群规则、打造社群人设
5. 能根据项目要求选择合适的社群平台

素养目标

1. 具备团队合作精神，小组能够合理分工、协作完成任务

2. 具备创新意识、创新精神，能够对不同目标的社群提出有针对性的建议

3. 具备资源整合能力，能够借助外部资源进行社群规划

4. 具备社群工作流程标准化意识，能够实现社群工作流程标准化

5. 培养运用社群进行创业的意识

情景引入

经过前期的学习，李小嘉对社群有了初步的了解，他决定通过社群推广自家养鸡场的产品。由于缺乏社群运营的经验，他决定先尝试运营一个社群，理顺营销链路，锻炼运营社群的能力。当开始运营社群时，李小嘉遇到了以下问题：

- 如何进行社群定位？
- 社群的目标用户群体是什么？
- 如何选择和搭配社群销售的产品？
- 如何确定社群组织架构、社群名称、社群人设？

任务一　社群规划定位

一、项目调研

随着企业竞争的加剧、用户行为的变化，市场调研的重要性越来越突出。企业必须通过创造性的市场调研，满足自身多元化的信息需求，准确、及时地把握市场信息并制定相应的营销策略。

微课

一个新社群，需要进行市场调研和市场细分，选择目标市场，做好品类定位、社群定位、竞品分析，构思好社群运营的策划方案，再着手开始运营。社群项目调研主要包括市场调研、企业调研、竞品调研、用户调研、品类调研五个方面。调研维度可参考本书配套资料中社群运营SOP表格中“私域调研”的相关表格（见本任务“行业观察”中的“社群运营SOP表格”）。

（一）市场调研

市场调研是一项复杂的工作，有些项目会委托专业的公司或人员进行调研，大致可以通过行业研究报告、企业公开信息、其他公开信息、第三方数据、资深从业者这几个途径对行业进行初步的了解，以判断该行业市场情况，判断项目是否值得开展。下面以某公司进行水果销售的市场调研为例进行说明。

1. 行业研究报告

在搜索引擎输入“水果零售＋趋势研究”，找到水果零售行业发展相关报道和报告，这些资料提供了中国水果零售行业的发展趋势、渠道特征等信息。例如，某果园集团的研究报告显示，生鲜食品的重要性日益凸显，国内生鲜食品零售总额到2026年将达到8.48万亿元。线上电商和新零售一体化模式在水果零售总额中的占比从2016年的3.3%提升至2021年的19.0%，并且此市场份额将大幅提升，预计在2026年将达到至33.5%。

2. 企业公开信息

挑选行业头部企业，通过查看上市公司财报、访问企业官方网站、阅读微信公众号文章等了解企业品牌信息。例如，从某水果公司官方网站可知其线上、线下共有8 000万会员，分布在80多个城市，IT团队700多人，占公司员工人数的1/4左右，有200多个种植基地，31个配送中心；在企微体系内，有16 000个社群，600多万企微用户，1 360万微信公众号粉丝。

3. 其他公开信息

通过百度指数、360 趋势、微信指数等可了解用户大致的年龄、性别、区域分布等信息。如图 2-1 所示。

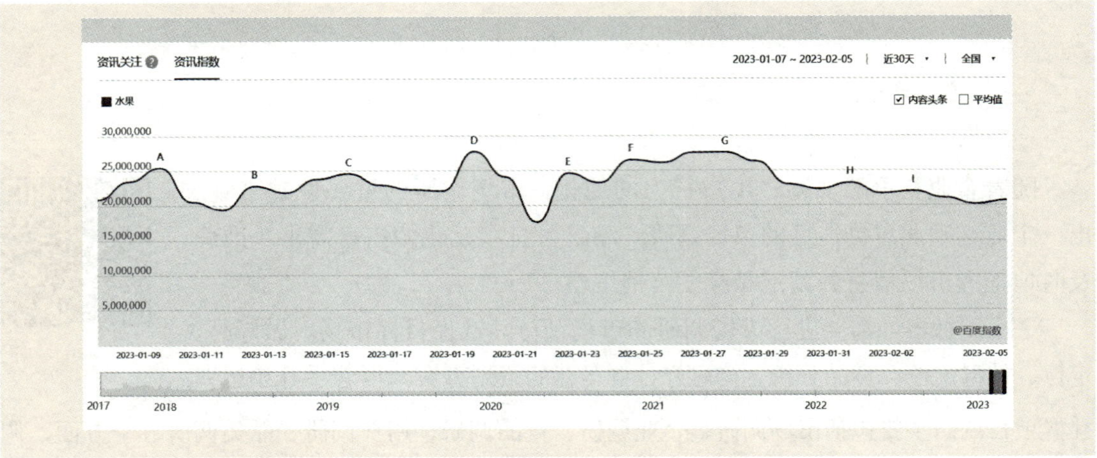

图 2-1　百度指数“水果”数据查询部分截图

4. 第三方数据

通过电商平台数据等第三方数据可对目标人群及其痛点进行分析。例如，根据商品评价可分析商品核心卖点与用户真正关心的问题；根据各电商平台官方发布的水果行业累计销售额榜单、“618”购物节报告等可分析销售数据和用户画像。如图 2-2 所示。

图 2-2　电商平台数据和用户点评

5. 资深从业者

寻找线下水果门店资深店员，面对面交谈或加为微信好友私聊并观察其朋友圈，留意其对行业的看法。

综合上述市场调研结果，即可得出水果新零售市场是否值得进入的结论。

（二）企业调研

企业调研包括渠道调研和组织架构调研。渠道调研中的用户画像、获客方式、销售数据是社群运营规划的基础数据。企业调研的目的是了解目标企业的整体情况，决定是否和目标企业进行合作。

企业调研的方法主要有以下几种：

（1）资料法：通过各种渠道收集已有的和企业计划决策有关的资料，进行分析整理。

（2）询问法：当面或通过电话、调查问卷等方式向被调查者提出需要调查的事项，以获得所需资料。

（3）观察法：调查者亲自观察顾客的购买行为，听取顾客的意见，并到产品使用现场，观察顾客使用目标企业产品的情况，了解顾客对产品的意见；或者到原材料、协作零件供应厂家观察其生产条件、技术水平、工艺过程，了解其供应目标企业的产品是否满足目标企业的生产要求。

（4）试验法：选定某一特殊市场，在特定时间投放一部分产品，进行销售试验，分析是否值得生产、生产多少。

（5）抽样法：从被调查者总体中抽查一部分样本，据此推断总体的情况。

（三）竞品调研

竞品调研的内容包括对行业头部产品的对比、核心优势与劣势分析等。竞品调研的步骤是确定目标、找到对标竞品、选择调研方法、确定调研维度，最后写出调研总结。竞品调研可通过竞品官网、社群平台数据分析、线下专卖店及销售终端实地考察等渠道收集信息。竞品调研可以帮助企业了解市场趋势、竞争对手经营状况和消费者需求，取长补短，优化自身产品设计，提升品牌形象，从而在市场竞争中获得更大的优势。

（四）用户调研

用户调研的内容包括典型用户分析、用户需求分析、用户消费行为分析、用户购物决策链路与消费链路分析等。用户调研的方法有问卷调查法、用户反馈收集法、SWOT 分析法等。通过深入了解用户需求、行为和偏好，企业可以优化产品设计，提升用户体验，制定更有效的营销策略。

（五）品类调研

品类调研的内容包括各平台品类分类情况分析、品类销量占比分析、品类市场热度分析、产品销售数据分析等。品类调研的方法有问卷调查法、大数据分析法、深度访谈法等。通过深入了解特定产品类别的市场状况、竞争态势和消费者需求，企业可以制定更有效的市场策略和竞争策略，提升市场竞争力并实现可持续发展。

他山之石

某果园调研案例

一、企业基本情况

某果园现在是水果专卖行业的龙头企业，线上、线下共有8 000万会员；App月活用户200万；微信公众号粉丝1 000万+；抖音企业蓝V排名第三；其80%的收入来自线下门店。

二、调研环节

（1）企业调研：包括组织架构、考核指标、用户画像、获客方式等，如图2-3所示（图中数据均为单店数据）。

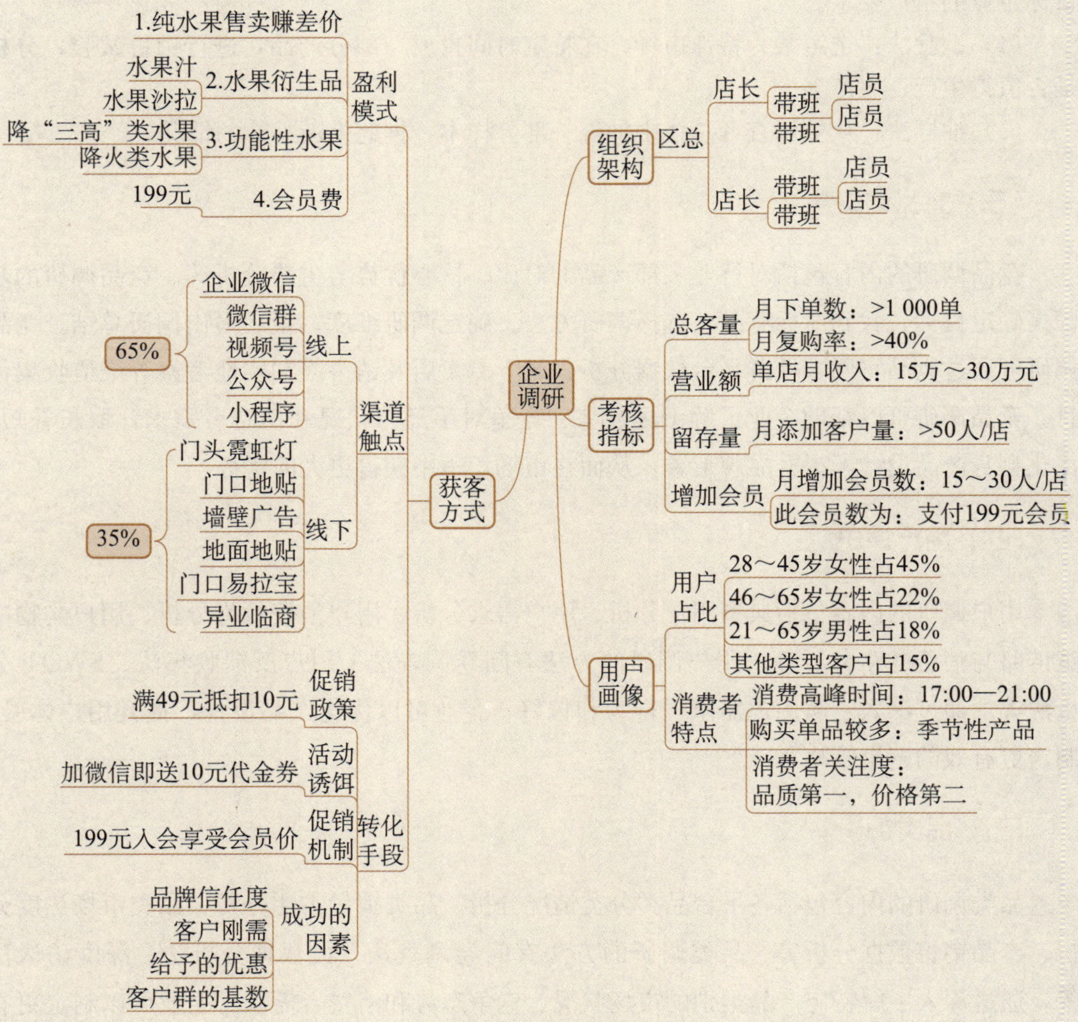

图2-3 企业调研

某果园现有的数据增长空间主要是在线下而不是线上，应通过线下服务增强用户信任感，联动线上社群运营。常见的线下活动方式有：以小区为单位做社区公益活动、针对会员每周做线下会员福利活动、针对现有用户做好周期性的赠送活动（比如鲜榨果汁、水果沙拉、定期的低价出货等）。其核心目的是通过更高频的复购提高用户对于品牌的忠诚度，从而发展出更多的“水果达人”帮企业做社区团购活动。

（2）竞品调研：包括定目标、定对象、选方法、定维度、定产品设计，如图2－4所示。

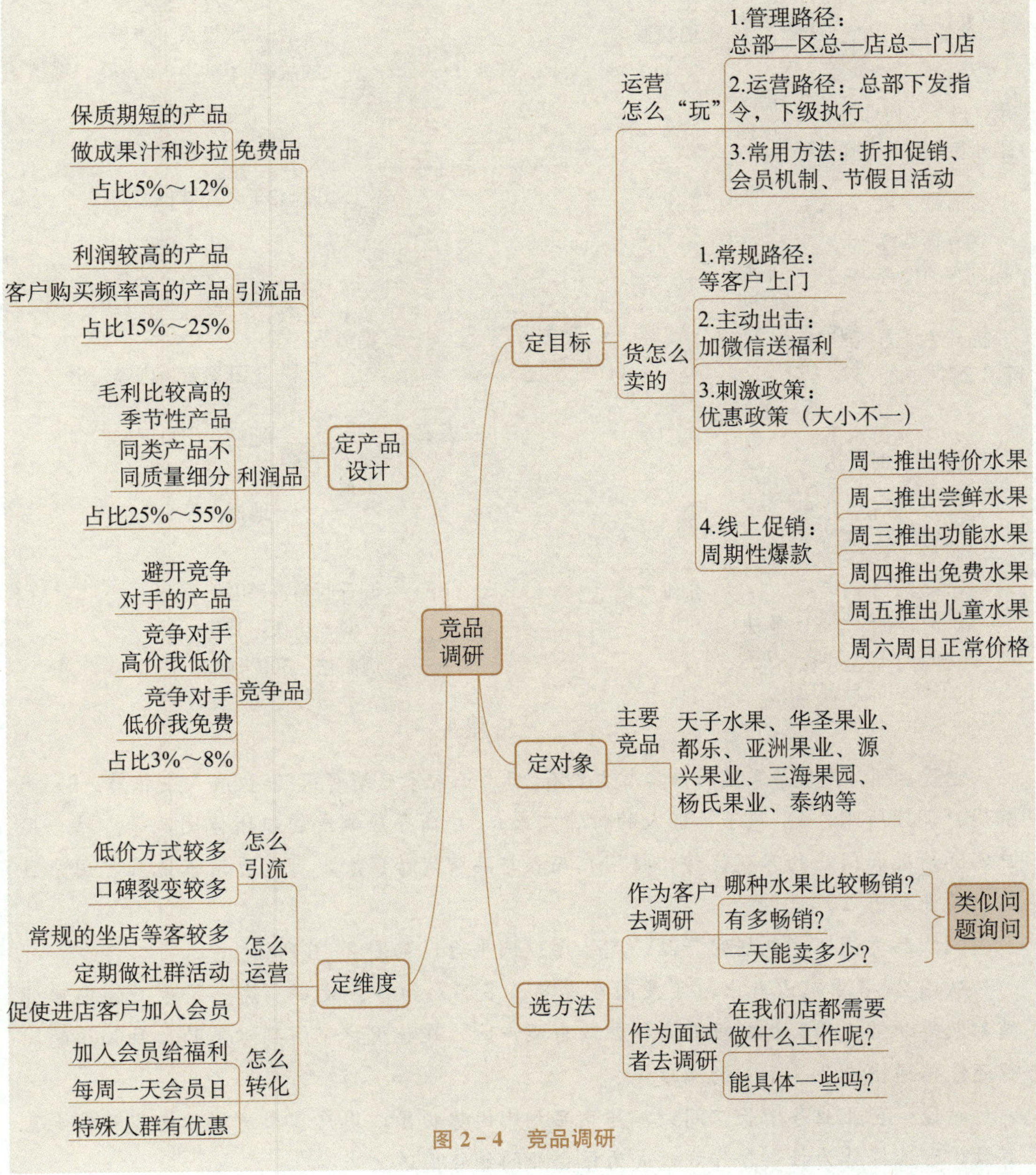

图2－4　竞品调研

通过竞品调研，发现目前某果园的竞争对手主要有以下品牌：天子水果、华圣果业、都乐、亚洲果业、源兴果业、三海果园、杨氏果业、泰纳。某果园的优势比较明显，但也可以参考竞品的策略进行迭代、测试和推进，范围包括但不限于营销策略、运营玩法等，受限于时间未进一步深入调研。

(3) 用户调研：包括定目标、定渠道、定方法、定维度、挖需求、验真假，如图 2-5 所示。

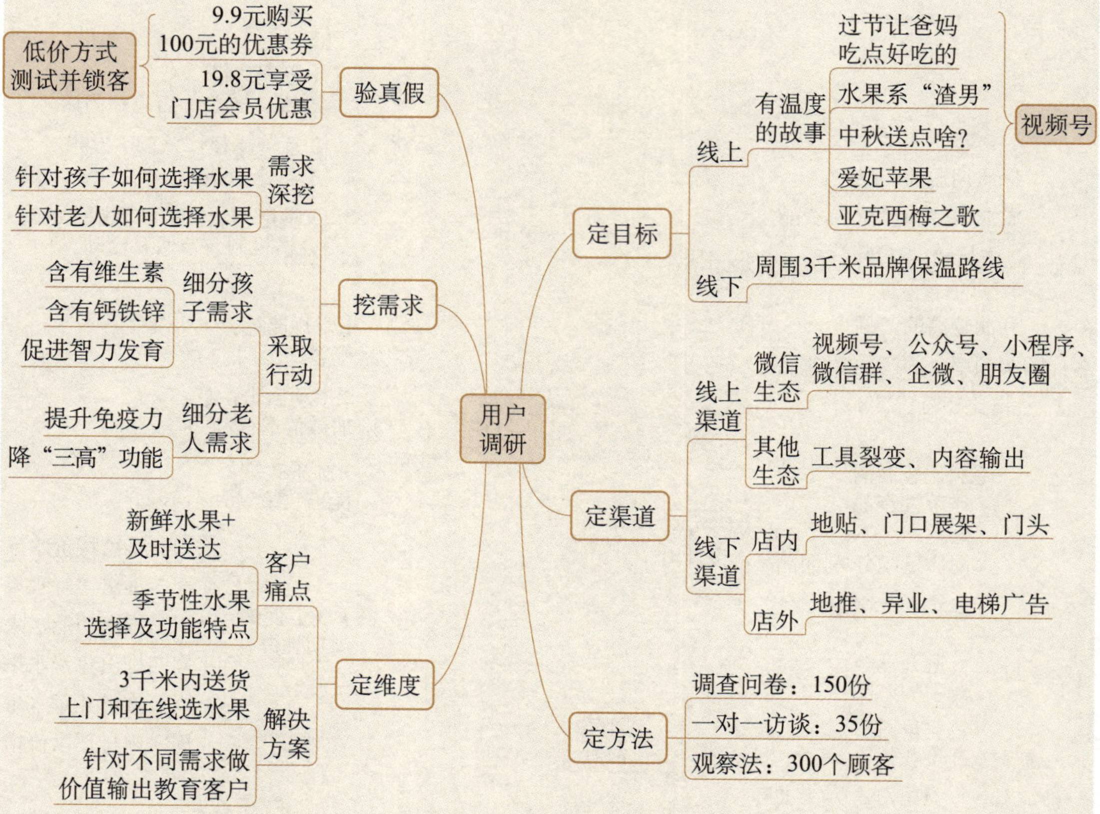

图 2-5　用户调研

通过调研，发现某果园用户需求主要有：1) 正常家庭消费；2) 权威人士推荐；3) 患病用户调理所需；4) 孩子、老人的特殊需求；5) 商务应酬或组织团体团购等。结合用户实际情况和门店的客观优势，将用户痛点与品牌优势匹配，可以更清晰地确定用户画像以及业务重心。

(4) 品类调研：包括定产品、定维度、选平台，如图 2-6 所示。

从图 2-6 中可以看出，某果园在单品、多品、组合、故事、热点等方面的内容营销都做得非常不错。视频画面素材都取自原产地，在让用户了解到水果的各种知识的同时还能传递出专业、用心的态度。

结论：企业业务增长空间大，与竞品相比优势明显，用户需求清晰，内容营销丰富有效，可选择作为社群合作方或成为该企业的销售渠道之一。

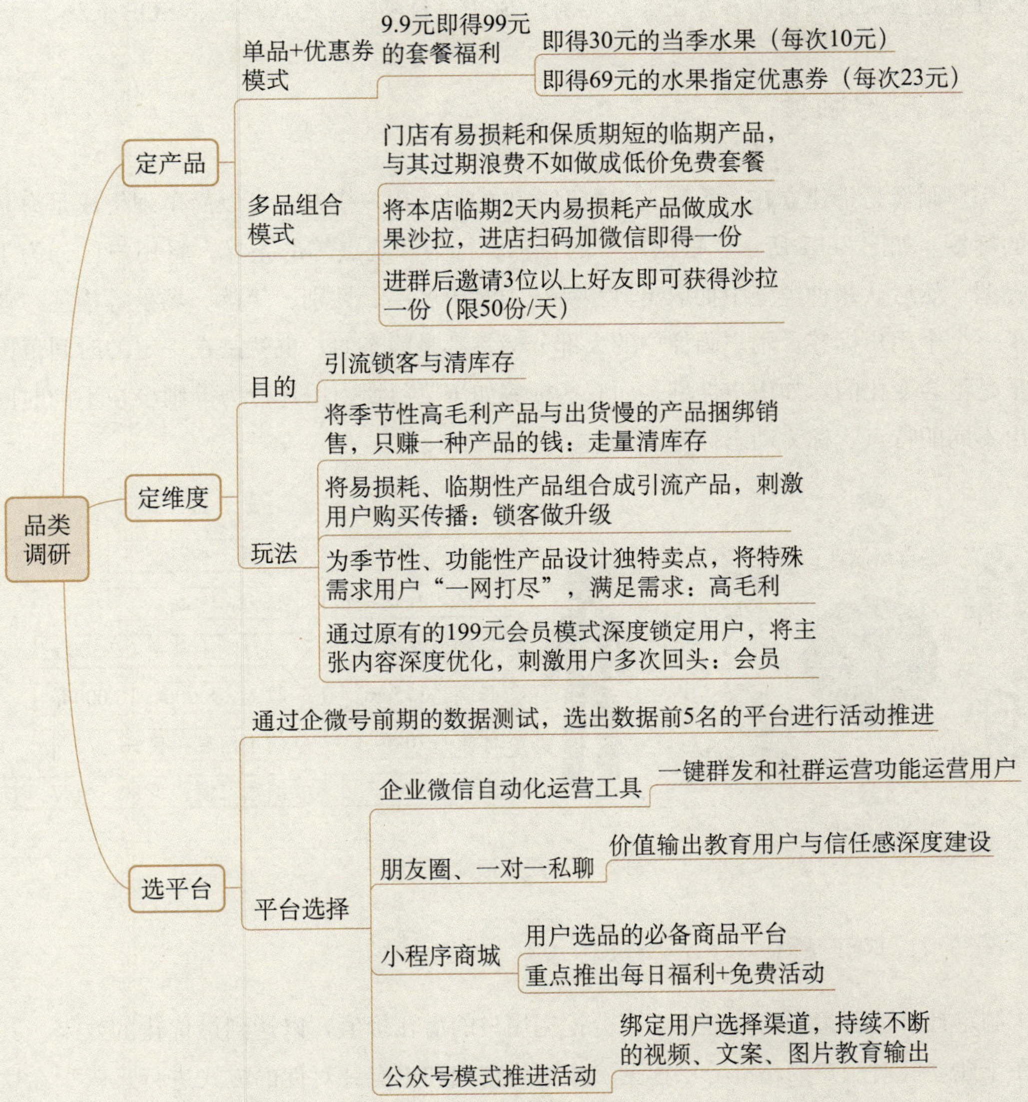

图 2-6　品类调研

资料来源：App 软件开发小胡．盘点百果园 8 000 万会员营销秘籍：沉淀式商业模式打法．(2021-11-27) [2023-12-20]. https://zhuanlan.zhihu.com/438347447.

行业观察

社群运营 SOP 表格

SOP 即标准作业程序，就是将摸索出来的经验，以统一的格式固定下来，用来指导和规范日常工作。社群 SOP 就是一个社群运维的标准化流

扫码阅读全文

程。社群运营人员应根据自身业务需要制定 SOP。扫码可查看社群运营 SOP 表格。

二、用户画像

用户画像是指建立在一系列真实数据之上的目标用户模型，可以简单理解成是海量数据的标签，如图 2-7 所示。根据用户的目标、行为和观点等的差异，将用户区分为不同的类型，然后从每种类型中抽取出典型特征，赋予名字、性别、年龄、场景等描述，便形成了一个个用户标签。用户画像中的大部分标签都是静态的，也就是在一定的时间范围内几乎是不会变化的，如用户性别。而有些标签如浏览习惯、用户行为等则会在不同时间呈现出不同的特点，称为动态标签。

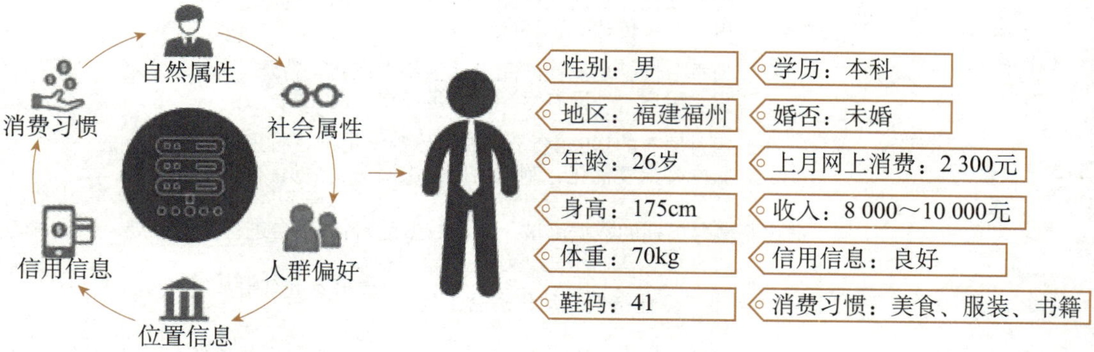

图 2-7　用户画像示意图

（一）社群用户标签

制定社群运营策略的关键在于充分挖掘用户的潜在价值，以达到最优化的效果。其核心在于建立针对用户的精准分层模型，以更为精细和更有针对性的方式进行运营。在这个过程中，精准的标签系统扮演着至关重要的角色，它不仅有助于界定社群成员的级别，还是社群活动策划的重要基础之一。

社群用户标签大致可分为三种类型。

1. 属性标签

属性标签涵盖了用户自然属性和社会属性的基本特征，包括但不限于性别、职业、年龄、身高、体重、家庭状况以及所在地区等。这些标签可以使运营者对用户的基本情况有一个初步的了解，也能在为用户进行产品推荐或关怀时提供初步的指引。各行业在收集用户信息时所注重的方面会有所不同，例如，餐饮业可能会更关注用户的口味、地域或家庭情况，而服装行业则更注重用户的身材、体型等信息。

2. 行为标签

行为标签主要来源于用户在社群小程序商城内的行为记录，包括搜索记录、加购物车、提交订单，以及对各类营销活动的参与程度、优惠券的使用频率，还有对特定品牌或商品的偏好等。这些行为标签能够提供有关用户的购买习惯、对价格的敏感度、对营销活动的反应以及消费趋势等信息。这类标签的应用有助于更好地触达用户，实现个性化的营销和服务。

3. 用户细分标签

用户细分可以帮助企业精准地把握用户的不同需要，对用户进行积极有效的独立管理和控制，充分发挥多样性收益的优势。可以通过设置社群积分、会员体系，为用户设置等级标签。划分等级的依据主要是用户的成长行为及传播行为。成长行为主要有用户的活跃度、购买频率、生命周期等。而传播行为则是指用户的传播量级，如乐于分享的 KOL 用户、只专注于价格漏洞的“羊毛党”、从未有过动作的低迷用户。用户细分标签能够有效帮助运营者进行用户分层及管理，同时通过精准营销策略，提升存量用户的复购率与留存率。

（二）用户画像的作用

用户画像的作用体现在以下几个方面。

1. 精准营销和个性化服务

借助用户画像，社群运营者能够更准确地了解用户的兴趣、需求和行为习惯。这为精准营销和个性化服务提供了基础，社群运营者可以以此为依据更加精准地向用户推荐产品、活动和内容，提高用户参与度和满意度。

2. 优化运营决策

用户画像为社群运营者提供了关键的用户洞察数据，有助于指导社群活动、话题选择以及运营策略的制定。通过深入了解用户的需求和反馈，可以更明智地做出战略性决策，实现更有效的社群运营。

3. 提升用户留存率和忠诚度

通过用户画像，社群运营者可以更深入地了解用户的动机和偏好，从而提供更符合用户兴趣的活动和内容。这有助于提高用户的参与度和在社群中的活跃度，最终提升用户的留存率和忠诚度。

（三）构建社群用户画像

用户标签的划分，原则上来说要遵循 MECE（Mutually Exclusive，Collectively Exhaustive）法则，即“相互独立，完全穷尽”。用户标签的分析维度如图 2-8 所示。

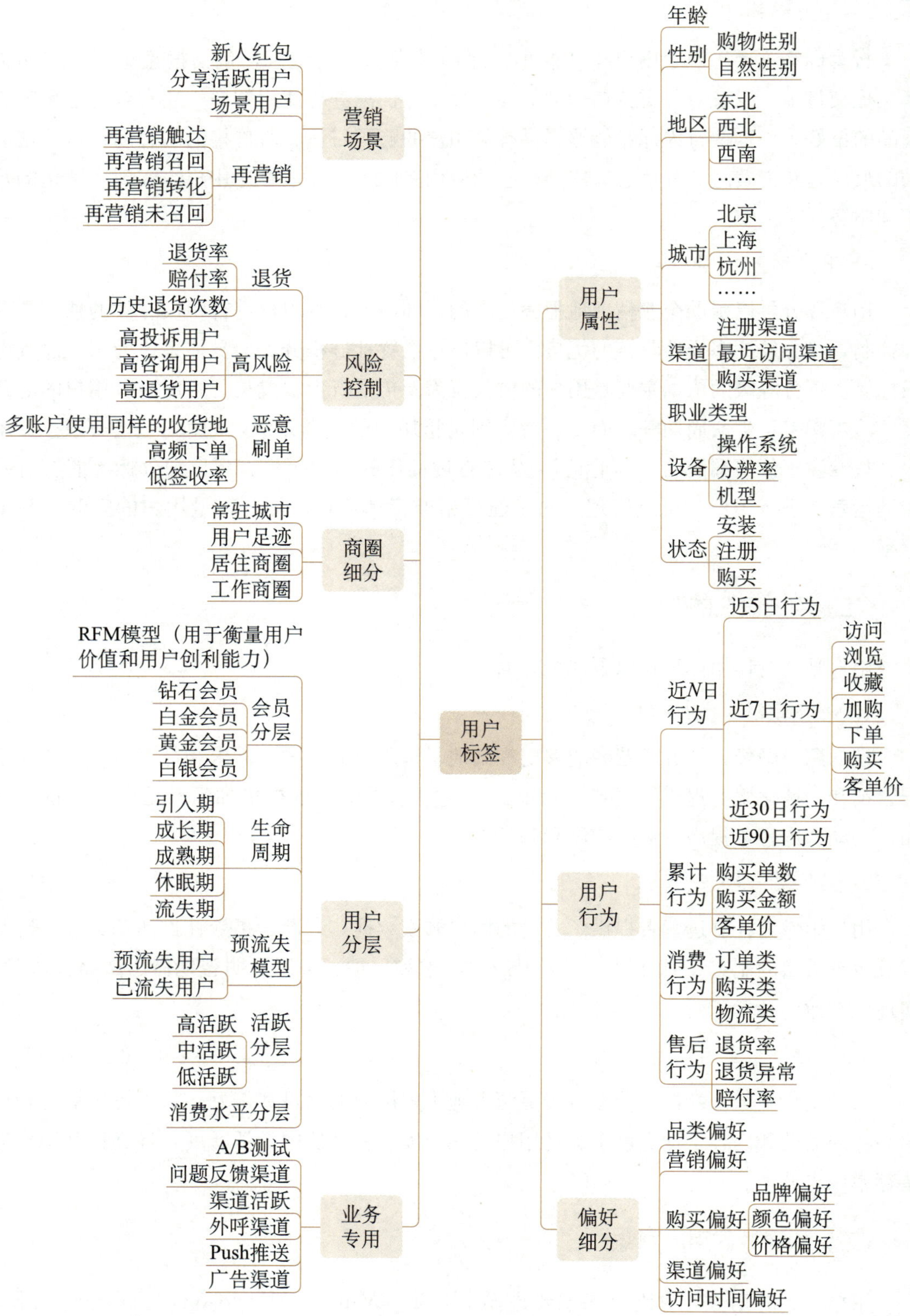

图 2-8　用户标签的分析维度

1. 寻找目标用户

社群的人数一般都是有限的，企业也不可能一次性将所有用户都设置成服务对象，而且无法服务所有人，所以要根据社群的定位，确定目标用户。目标用户精准度越高越好，虽然人数会相应减少，但是用户的共性特征会更多，可以极大地便利后续操作。比如发一篇海鲜知识分享的文章，让用户扫码进群，可能会引来很多看热闹的人；而如果让用户回复关键字得到二维码后扫码进群，就会筛选掉一大部分看热闹的人。总体而言，门槛越高，找到的用户越少，但同时也越精准。

2. 采集用户信息

如果用户的朋友圈对社群运营者开放，可以多看看用户的朋友圈，从他们发布的内容里大致了解一些基本信息，比如喜好、风格、性格等，并对他们在一段时间内发布的信息进行梳理。

如果用户不发或很少发朋友圈，则可以选择直接私聊沟通，在聊天的过程中引导用户对某些信息发表意见。直接的沟通是了解用户最有效、最快捷的手段。

采集用户信息可以尝试以下方法：

（1）问卷调查法：将用户聚集在一个群里发放问卷进行调查。采用这种方法要注意问卷设计的科学性和便捷性，问题不要太多，可以为真正完成问卷的人提供一些小奖励，以提高用户参与度和完成度。

（2）趣味活动法：可以结合当下的热点设置一些趣味活动，如问答闯关，通过活动获取用户信息。

（3）会员注册法：尝试让群成员进行会员注册，通过成员注册时填写的内容来了解社群用户喜欢的内容。

完成用户数据收集后，商家可以进入用户管理系统或企业微信等社群管理工具，通过“打标签”的功能对用户数据进行记录，以后每当查看用户详情时，便可看到该用户所对应的标签信息。

3. 分析用户数据

用户数据是构建用户画像的核心。整理和分析用户在社群内的行为数据，如发表的评论、点赞、分享等，可以了解他们的活跃度和参与度。此外，还可以通过小程序商城的数据了解用户的购买行为、偏好品类等。这些行为数据可以帮助运营者更准确地刻画用户。

4. 用户画像应用

用户画像目前被广泛地应用在经营分析、精准营销及个性化推荐服务等方面，如图 2-9 所示。其中经营分析方面的应用最为深入，主要体现为以下几点：

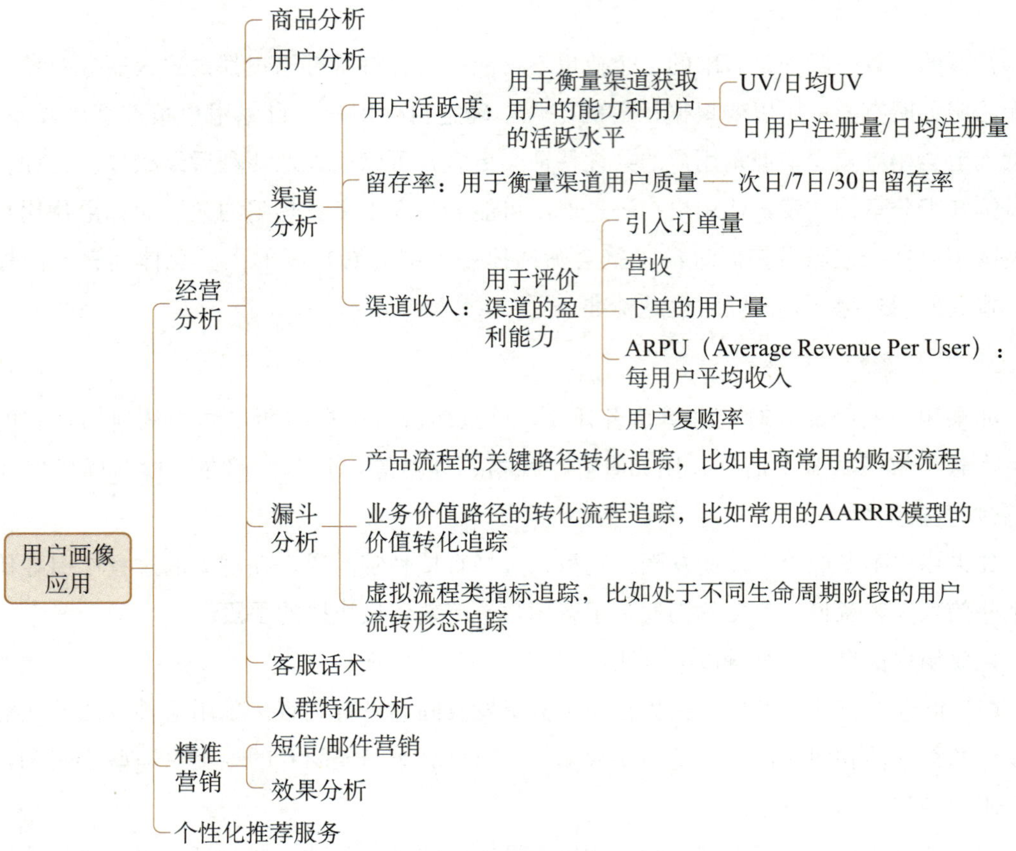

图 2-9 用户画像应用

（1）通过商品分析，快速定位爆款产品，进一步分析购买爆款品类的用户在各个维度上的特征。

（2）通过用户分析，了解性别、年龄、职业等各维度的用户量分布特征。

（3）通过渠道分析，了解各个渠道用户的活跃度、留存率及渠道收入信息。

（4）通过漏斗分析，了解产品流程或关键节点的转化效果等。

（5）通过客服话术，了解用户关心的问题，从而优化客服的响应和问题解决方式。

（6）通过人群特征分析，了解用户的消费习惯、兴趣爱好、购买能力等特征，从而采取有针对性的营销策略，为用户提供个性化服务。

学以致用

为自己设计一幅用户画像，再选择一位小伙伴为他/她设计一幅用户画像，最后进行对比。

三、产品体系

（一）社群产品选品

1. 社群产品选品分析

从消费频次和用户对产品的认知两个维度来分析，可将产品分为四大类，如图 2－10 所示。

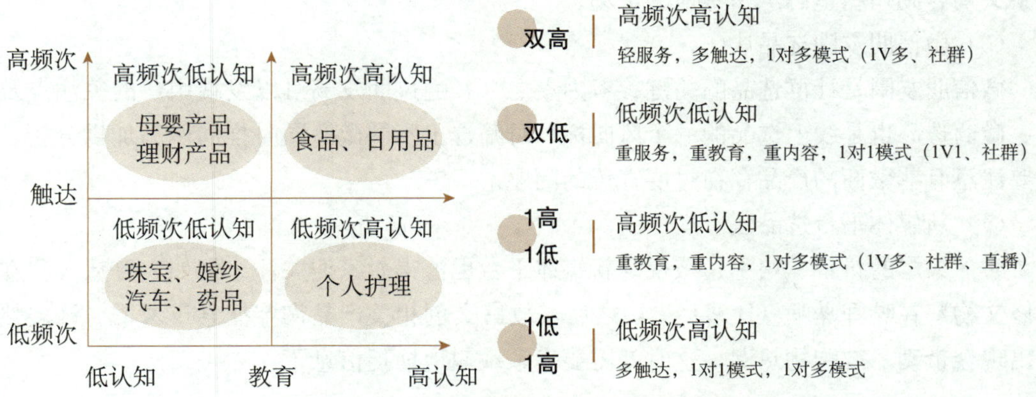

图 2－10 产品消费频次和用户认知维度分类

第一类为高频次高认知产品，如食品、日用品等。此类产品用户决策快、使用周期短，和社群多触达、1 对多的属性相契合，配合小程序、微店等载体适合作为社群销售产品，但产品附加值一般比较小，适合薄利多销。

第二类为高频次低认知产品，如母婴产品、理财产品等。由于用户对产品的认知度不足，因此需要辅以优质内容对用户进行教育，让用户对销售方产生信任，激励用户做出决策，具体可采用直播、公众号、课程等手段配合社群产品销售。

第三类为低频次高认知产品，如个人护理产品。这类产品用户对社群的情感链接、内容链接要求更高，可用社交和服务给用户带来更好的群体体验，同时配合 CRM（客户关系管理）、会员等载体进行 O2O 模式转化。

第四类为低频次低认知产品，如珠宝、汽车等产品。社群可作为品牌营销或售后维护手段，重点是留存老用户，加强与用户的互动，激励 KOL 创造更多的 UGC（用户生成内容），建立一个相对固定的受众集群，促进售后市场的商业转化，降低市场成本。

2. 社群产品选品方法

（1）跟款选品法。

跟款选品，顾名思义就是跟随大商家、成功商家的脚步来选款，那些大量销售的产品，其价格、款式、面料、风格等都是经过市场检验的。当然，跟款选品不是绝对的拿来主义，而是要学会分析竞争对手的运营节点、活动节点或者数据提升节点等，根据自身的情况来操作。如果在竞品分析中发现了对手的漏洞和不足之处，应进行完善，找到能弥补其不足且更具优势的产品。如果已经积累了大量忠实客户，企业可以进行测款，即同时推出多款产品，对比转化数据，最终留下转化率最优的产品。

（2）线下选品法。

虽然社群做的是线上生意，但是线下各种实体店销售的产品也具有参考价值。选品是一个了解市场的过程，掌握的数据越多，越能分析出有把握经营什么产品。可以考察本地大型商超、批发市场、实体店的畅销产品，也可以去产品集散地考察，比如做童装的可以考察义乌、湖州织里、广州等地的市场。

（3）微信朋友圈选品法。

微信朋友圈是社群选品的关键参考因素之一，通过朋友圈可以发现用户的关注点及需求。微商选品也是线上选品的一个风向标，可筛选出不同微商同时推的产品加以分析。但需要注意有些微商的产品存在过度宣传的问题。

（4）新媒体平台选品法。

时下火爆的抖音、快手、微视等新媒体平台也值得卖家们关注。例如，自从《我在故宫修文物》在哔哩哔哩（B站）火了之后，故宫文创相关产品淘宝搜索量暴增。许多热点的出现会带动一波购物热潮，这时就需要卖家敏锐地捕捉信息了。

（二）社群竞品分析

确定行业和产品后，可以按照竞争对手调研策略进行竞品分析。竞品分析包含客观和主观两个层面。客观分析是从竞争对手或市场同类产品中，选择需要考察的方面，通过调研等方法了解真实情况。主观分析则是对客观信息进行评估，判断其优劣，进而制定策略。社群竞品分析主要包括三个步骤：竞品确定、竞品调查和竞品 SWOT 分析。

1. 竞品确定

竞品分析的首要步骤是选定合适的竞品。合适的竞品通常包括以下两类：

（1）相似竞品：与自身的实力、影响力、类型、环境等因素相似的产品。

（2）顶级竞品：在同一行业内表现最佳、知名度最高的产品。

这两类竞品有助于社群运营者明确社群定位和运营策略。在实际应用中，可以通过以下步骤来确定这两类竞品：

第一步，确定目标行业，提取关键词。

第二步，在开放平台上对关键词进行搜索，找到社群相关的个人号或者公众号。

第三步，通过沟通或加入社群的方式进一步获取信息。

2. 竞品调查

（1）调查社群背景。

社群背景主要包括社群运营方的组织架构、社群用户总数等。

了解社群运营方的组织架构，包括公司、公众号矩阵、App、网站等，有助于描绘社群生态。运营者可以从推广软文、营销活动等渠道了解公众号名称，通过新榜等工具查询该公司旗下完整的公众号矩阵规划，也可以通过以上方法找到对应的App和网站。并非每一个社群都有上述信息，运营者需要根据目标社群实际情况进行收集。

社群用户总数可以根据“用户总数＝社群数×平均每个群人数”得出。其中，社群数可以向管理员询问获知；平均每个群人数可以通过自行加入多个群，统计人数并计算平均人数而得出。

（2）调查社群基础信息。

社群基础信息包括社群管理结构、社群配套工具、用户属性、运营目的、核心优势等。

社群基础信息的调查可以采用以下方法：重点观察10个左右的群，观察群内人员头像及行为，推测出管理结构。同时观察是否有第三方工具或机器人辅助，如果有，要看使用了哪些第三方工具，判断是否需要采用类似工具。最后结合所知的所有信息，综合判断该社群体系的用户属性、运营目的、核心优势等特性。分析前应通过网络查询、请教专业人士等方式积累足够的经验，以确保所得信息可靠。

（3）调查社群运营动作。

社群运营动作包括群内活动、发言规律、管理员言论、用户言论等。

社群运营动作的调查可以使用以下方法：在社群内对其运营动作进行一个月左右时间的观察，分析社群的活跃度，寻找其中的KOL，统计发言人数和发言时间，统计运营动作的频率，最后判断出这个社群的运营情况和管理情况。

（4）调查社群用户满意度。

通过添加群内用户为好友，或在社群内进行问卷调查等形式，获取群内用户对该社群的感想、满意度和反感点等信息。

3. 竞品SWOT分析

SWOT分析即基于内外部竞争环境和竞争条件的态势分析，具体来说就是将与研究对象密切相关的主要内部优势、劣势和外部机会、威胁等，通过调查列举出来，并依照矩阵形式排列，然后用系统分析的思想，把各种因素相互匹配起来加以分析，从中得出一系列相应的结论，而结论通常带有一定的决策性。

采用SWOT分析法做竞品分析的具体步骤如下：

（1）整理归类，为各个竞品制作出单独的SWOT表格。

（2）整理自身社群的内部优势、劣势和外部机会、威胁，做出自身社群的SWOT表格。

（3）把竞品的优势作为自身社群的劣势，把竞品的劣势作为自身社群的优势，整合进社群SWOT分析表中，如表2-1所示。

表 2-1 社群 SWOT 分析表

SWOT 分析	优势（S） 列出优势 1. 2.	劣势（W） 列出劣势 1. 2.
机会（O）	SO 战略	WO 战略
列出机会 1. 2.	发挥优势，利用机会 1. 2.	利用机会，克服劣势 1. 2.
威胁（T）	ST 战略	WT 战略
列出威胁 1. 2.	利用优势，回避威胁 1. 2.	减少劣势，回避威胁 1. 2.

（4）依据分析得出全面的应对策略和计划。

（三）构建社群产品体系

在构建整个产品体系时，需要对产品进行不同的定位，即确定哪些品类是用于获取用户基础信任的产品，哪些是热门产品，哪些是利润产品，以及如何在不同产品之间进行用户筛选和转化，不断提高不同品类的用户转化率。社群产品体系应包括五大类产品：流量品、活动品、裂变品、利润品和拓展品。社群运营者要根据产品体系，设计流量获取体系和转化体系。

1. 流量品

定义：流量品是指那些具有较强流量吸引力的产品，通常以较低的价格作为卖点，能够吸引大量的用户，在产品体系中用于与用户之间建立信任关系。

特点：在同品类中有着较高的品质、相对较低的价格，受众广，能够快速成交。

以鲜花类社群为例：某鲜花平台推出了一款特价鲜花套餐，包含一束鲜花和一个精美花瓶，价格比同类产品低 20%。这款特价鲜花套餐在社群中一经推广，便吸引了大量用户购买，提高了社群的活跃度，增强了用户黏性。

2. 活动品

定义：活动品是与特定的营销活动相关的产品，平时不销售，只有做活动的时候才会上线。

特点：活动品具有高转化率、低利润的特点，主要作用是激发用户的购买欲望，提高社群的销售额。

以鲜花类社群为例：某鲜花平台在母亲节这天推出了限时折扣活动，购买指定鲜花可享受 8 折优惠。这个活动吸引了大量用户购买鲜花，提高了社群的销售额。

3. 裂变品

定义：裂变品是指能够激励用户自主传播的产品，例如分享产品获得积分、邀请新用户获得奖励等。

特点：裂变品具有高价值、低性价比、低复购的特点，主要作用是促进用户的裂变和增长，帮助社群快速扩大用户规模。

以鲜花类社群为例：某鲜花平台推出了一个生日送花的活动，用户邀请 3 名好友入群即可在生日当天获赠一束鲜花。这个活动激励了用户主动邀请更多的朋友加入社群，从而扩大了社群的规模。

4. 利润品

定义：利润品是指能够为社群带来主要利润的产品，是用户在与品牌方建立信任关系后购买的产品。

特点：利润品具有高利润、高客单价的特点，是社群的主要收入来源。

以鲜花类社群为例：某高端花艺品牌提供定制花艺服务，价格较高，但花艺作品精美，深受消费者喜爱。这项服务是该社群的主要利润来源。

5. 拓展品

定义：拓展品是指在社群销售中起到拓展作用的产品，例如搭配销售的周边产品、服务产品等。

特点：拓展品主要服务于同一类型的用户群。与用户建立起足够的信任关系后，针对同一类人群，可以考虑进行产品品类的拓展。

以鲜花类社群为例：鲜花类社群的拓展品可以是与花艺相关的周边产品，比如花艺在线课程、花艺教材等，这些产品能够吸引对花艺感兴趣的用户购买，同时也能增加社群的利润。

图 2－11 所示为某宠物类社群产品体系图。

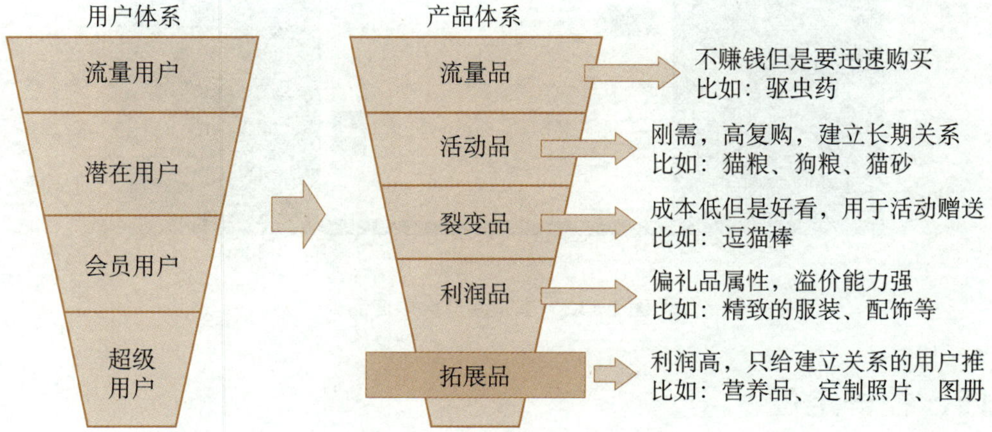

图 2－11 某宠物类社群产品体系图

多学一招

电商 CPS 平台选品方法

在电商平台商家越来越多、竞争越来越激烈的今天，商家想要推广商品，就要付出一定的推广成本。CPS（Cost Per Sales）就是商家让利给推广者，并通过设置隐藏优惠券等福利给购买者，从而进行商品推广的渠道。具体来说，就是商家通过电商 CPS 平台上架 CPS 产品，推广者从平台获取推广链接分享给用户，用户通过推广链接完成商品购买，平台识别到推广商品订单后给推广者与商家结算。购买者获得隐藏优惠券，推广者获得佣金，商家提升销量，电商 CPS 平台提升商品交易总额（GMV），实现多方共赢。

淘宝、京东、拼多多、美团、苏宁等主流电商平台都逐渐推出了 CPS 推广平台。

以京东为例，京东联盟（https：//union. jd. com）是联合广大媒体合作伙伴帮助京东推广商品、扩大品牌知名度的合作平台。经京东许可的任何个人或公司加入京东联盟成为会员后，获取相应推广代码或链接进行推广，当用户完成有效购买行为时，京东联盟会员即可获得佣金。

推广者用京东账号登录官网，阅读协议后点击“开通京东联盟”，即可进入后台页面，其中有全套的商品、结算等工具。如需在微信中推广商品获利，可在“推广管理”下的导购媒体管理中绑定，或在“商品推广”中选择想要推广的商品，点击其下方的“我要推广”或“一键领链”，将弹出的优惠券链接和推广链接复制到推广工具中，即可实现商品推广，如图 2－12 所示。

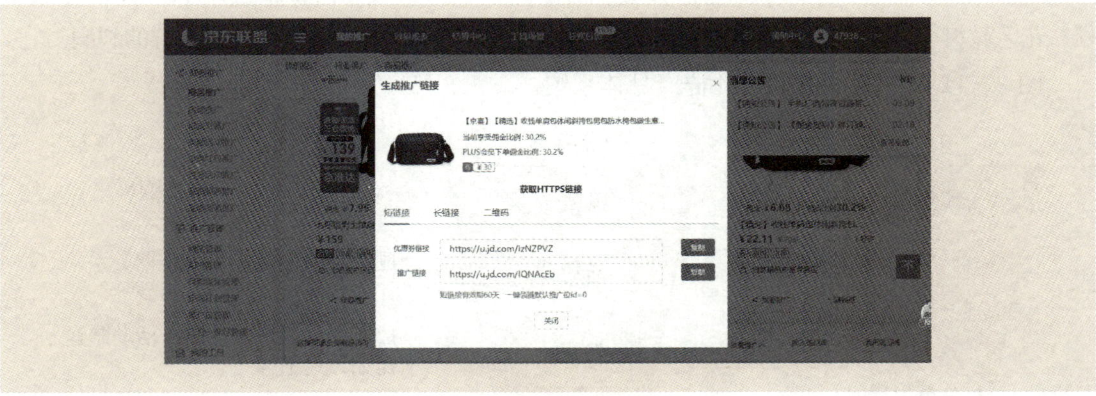

图 2－12　京东联盟推广商品

四、社群定位

做好社群运营的关键是要先明确社群的定位，如果社群定位不明确，那么后续的规划和运营一定也是不明确的，甚至是无序的。社群定位描述如表 2－2 所示。

表 2－2　社群定位描述

社群名称	社群定位	目标用户定位
正和岛	高端人脉与价值分享平台	知名企业创始人、高管
天马帮	企业家“互联网＋”学习型社群	传统中小企业老板、管理者
桔子会	社群电商学习平台	社群电商从业者
罗友会	“罗辑思维”自媒体的粉丝社群	“罗辑思维”粉丝群体
运营研究社	运营从业者们的交流学习平台	运营从业者和爱好者，以拥有 5 年以内从业经验者为主
黑马会	创业者分享、交流、互助、资源对接平台	创业者

在对社群进行定位时，需考虑以下七个方面。

（一）社群运营目标定位

社群所聚集的用户肯定会有一个共同的强需求，而成立社群的目的就是提供满足这一需求的产品或服务，这是社群最核心的长远目标和价值体现。实现社群价值的手段包括提升品牌的知名度、增强用户的黏性、设计互惠互利的商业模式、进行销售转化等，后期还要对核心用户进行维护。当然，社群在每个阶段都会有不同的任务，也会有阶段性目标，这些任务和目标都应该是服务于社群运营目标定位的，是社群文化的体现。

（二）社群生命周期定位

建立和运营社群前要先明确社群的服务时长，比如一年、一个月或一周。社群的生命周期由社群运营目标决定，有的社群是短期目标群，如：考研、考证、小活动福利发送等；有的社群是长期目标群，如：运营技能成长、文案训练等。一个社群的目标实现了，它的价值就用尽了，那么这个社群必然会沉寂。当然，如果在短期目标实现之后把短期目标替换成长期目标也是可以的，比如考驾照群变为自驾游群，这样就可以把短期社群变成长期社群，同样的群、同样的人，还有了更多方向和话题。

（三）目标人群定位

社群目标人群尽量垂直细分，用户画像尽量清晰具体，包括年龄、性别、职业、所在城市、收入、兴趣爱好、学历等，并清晰分析目标人群聚集在哪些平台、哪些渠道。

（四）社群类型定位

社群运营其实就是通过微信群、QQ 群等社交媒体建立一个或多个组织，进行有效的价值传播，建立某种联系或者合作关系。社群的类型有很多，不同的社群类型，运营的方向有差别。如会员社群的运营要点是会员数字化门槛、会员稀缺性特权、会员群体性等级、会员淘汰与晋升、会员社群产品化等；课程社群的运营要点则是课程设置、课程招生、学员分组、课程开营、打卡学习、作业点评、课程结营等。

（五）内容输出定位

社群内容体系包括内容生产和内容分发两方面。

社群内容是社群运营的载体，内容生产首先要在产品内容、品牌内容、服务内容的基础上，形成一个社群内容体系。产品内容包括产品理念、产品介绍、服务细节等；品牌内容包括品牌故事、用户故事、大牌背书等；服务内容包括新客破冰、老客维护、活动信息等。其次需要在结合社群属性的基础上，明确内容形式是图文、视频还是音频，根据用户属性确定内容调性，并对内容做出整体规划。

内容分发需要结合社群用户的浏览习惯，确定发送的时间、发送的内容以及发送后的预期效果，建立多种路径链接社群用户，综合考虑社群与公众号、直播等内容分发渠道的配合，引导用户参与到内容讨论中来。

为了实现统一的社群内容输出，需制定社群内容 SOP。社群内容 SOP 可以指导和规范日常工作，提升运营者的工作效率，指导新员工快速了解工作内容、掌握工作技巧。社群内容 SOP 包括发送时间、发送频次、发送形式、推荐产品时间、强仪式感的体现等。内容发送时间一般为用户空闲时间，如中午、下午、晚上，具体时间点可根据社群成员活跃数据分析结论进行测试。发送频次根据社群定位和属性来选择，一般是每天 1～5 次。发送形式可选择文字、图片、视频、淘口令等，也可以多种形式相结合。推荐产品可固定时间，使用户养成习惯，促进转化。一般采用早安、晚安等问候体现强仪式感。

（六）社群服务定位

根据社群运营目标和用户需求，确定社群的核心服务，如解答咨询、教育培训、互动交流等，制订详细的服务计划，包括服务内容、时间安排等。例如，对于教育类社群，可以选择课程来丰富社群的内容；对于品牌的粉丝群，可以选择发放优惠券或互动的方式吸引用户；对于活动策划类社群，可以按照轻、短、高频这几个原则给社群输出内容。

（七）变现模式/盈利方式定位

社群商业变现模式都是围绕产品、内容和服务进行的，社群提供极致的产品、内容和服务聚集用户，被共同的价值观和兴趣吸引来的用户变成社群平台最宝贵的资源。常见的社群商业变现模式如下：产品类社群主要是通过入口级产品获取用户，把控流量，最后通过流量变现来获取盈利。内容类社群主要是努力增强用户黏性，通过组织线上线下活动、授课、讲座、培训、沙龙、行业大会、论坛等各种形式变现，同时给用户带来更有价值的信息及资源。服务类社群主要是通过微信公众号、微信群、朋友圈、微社区、兴趣部落、QQ群、微信二维码、邀请码、软件等工具，获取用户信息，沉淀用户池，从而带来销售转化。

学以致用

如何将社群定位和用户画像联系起来？

任务二 社群平台选择

一、社交媒体类平台

（一）微信

微信（WeChat）是腾讯公司推出的一个为智能终端提供即时通信服务的免费应用程序，支持跨通信运营商、跨操作系统平台通过网络快速发送免费语音短信、视频、图片和文字，同时用户也可以共享流媒体内容的资料，还可以使用基于位置的社交插件“摇一摇”以及“朋友圈”“公众平台”“语音记事本”等服务插件。

1. 个人版微信

（1）人数限制。微信群加群目前只支持定向邀请和二维码扫码加入两种方式，一个微信群最多容纳500人。微信群人数超过200人后无法使用二维码进群，只能通过群主或群内成员邀请才可以进入。微信群人数超过100人时，若邀请对方进群，对方需通过实名验证才能接受邀请。

（2）群结构。群成员权限结构分为群主、群管理员、群员三个级别。只有群主可以“踢人”，群员可以“拉人”。群主可以设置3个群管理员，群管理员有设置进群方式、发布群公告、修改群聊名称等权限。微信群的其他群员权限平等。

（3）营销手段。微信群可通过微信生态圈功能如朋友圈、社群、企业微信、公众号、小程序等形成一个营销闭环，和图片、文案、视频等相结合，这是品牌销售和产品运营的一个强大渠道。但是微信群不支持群发邮件或文件，屏蔽了某些电商网站跳转链接。

(4) 社群功能。

1) 群公告。群公告是一种社群通知服务。只有群主或群管理员才能发布群公告，发布后每一位群员都会收到消息通知提醒。

2) 群通话。群通话是一种群体语音服务，在微信群内可以实现多人在线视频或音频通话，方便多人一起讨论问题或者聊天。

3) 位置共享。位置共享是微信的一个生活类功能，打开它就可以将用户的位置实时共享给所有微信群成员。

4) 群红包。微信群红包的本质是通过微信钱包进行的转账交易。微信群红包分为两种：拼手气红包和普通红包。

5) 群名片。群名片本质上是一个链接，微信群可以自行生成群名片，用于发给其他微信好友或微信群。

6) 群二维码。群二维码的形式是一张图片，微信群可以自行生成群二维码，可将其发给其他微信好友或微信群，用于邀请新群员。一个群二维码的有效期为 7 天。

2. 企业微信社群

企业微信主要向企业用户群体开放，可提供与微信一致的沟通体验。要使用企业微信，需安装客户端或 App，并进行注册和相应设置。

(1) 人数限制。企业微信支持创建内部群、外部群；发起群聊时，若只选择企业通信录人员，则为内部群；而发起群聊时，若同时选择企业通信录人员以及外部联系人/用户/微信联系人，则为外部群。企业一般创建外部群作为社群运营的手段。

目前内部群群聊人数最多支持 2 000 人，群个数无上限。全员群人数最多支持 10 000 人。企业微信用户创建的外部群人数最多支持 500 人。

(2) 群结构。企业微信外部群群主和群管理员的人员设置与个人微信群基本一致，但是企业微信可以设置更多群管理功能。

(3) 营销手段。支持添加用户的微信，在单聊、群聊、朋友圈、视频号、微信客服中为用户提供持续的服务；同时还集成了文档、日程、会议等协作工具及打卡、审批等 OA（办公自动化）应用，提供丰富的第三方应用。

(4) 小程序、公众号、视频号。小程序是一种无须下载、不占内存、无须注册即可打开使用的应用，就像是一个轻量型的 App。小程序将电商和社交完美结合，能够在社交圈实现裂变营销。微信公众号与视频号有强内容、强留存、强促活的优势，与小程序的用完即走、低留存正好形成互补。电商平台可通过公众号和视频号的内容运营，打造内容生态，提升平台的用户留存率和活跃度。在公众号推文中还可以直接进行内容型导购，为小程序获得更多流量。

多学一招

企业微信功能

1. 注册

电脑端：在企业微信官网（https：//work. weixin. qq. com）点击“立即注册”，注册时，需要填写企业信息（企业名称、行业类型、员工规模）、管理员信息（管理员姓名、管理员手机号、短信验证码、管理员用绑定了实名银行卡的微信进行扫码），勾选“我同意并遵守《腾讯企业微信服务协议》《隐私政策》《红包使用授权协议》”，如图 2－13 所示。

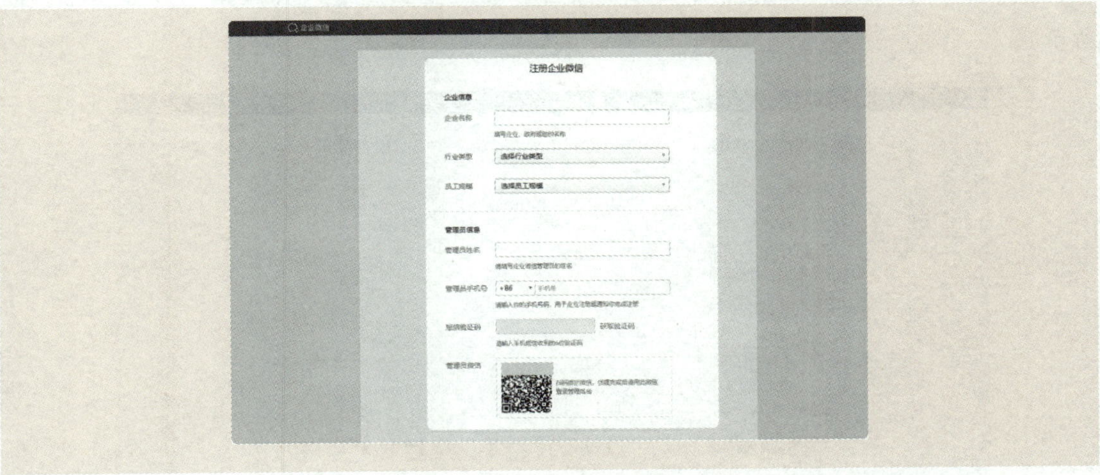

图 2－13　电脑端注册企业微信

手机端：企业微信 App 消息页面→左上角三横→右下角设置按钮→管理企业→全新创建企业，如图 2－14 所示。

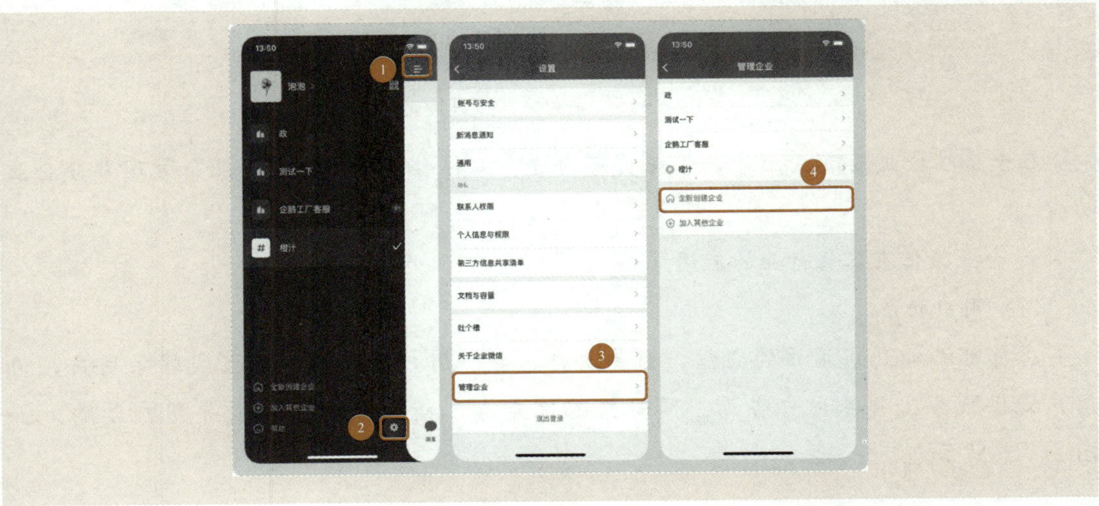

图 2－14　手机端注册企业微信

企业微信目前免费使用。如果需要认证，由腾讯收取300元一年的费用（与微信公众号统一管理，公众号认证资质可复用）。

2. 登录

注册企业微信后，就可以登录使用了。注册人就是企业微信的创建人，默认创建人为企业微信的超级管理员，支持设置其他管理员以及添加企业成员。管理员在电脑浏览器打开官网，点击页面右上角“企业登录”，这时会生成一个登录二维码，可通过企业微信App的“扫一扫”登录，扫码后在手机端选择需要登录的企业，并确认登录，即可登录管理后台。登录后，可对通信录、企业应用等进行管理。或者管理员在电脑端登录企业微信后，点击企业微信界面右上角的头像，点击“管理企业”进入管理后台，如图2-15所示。

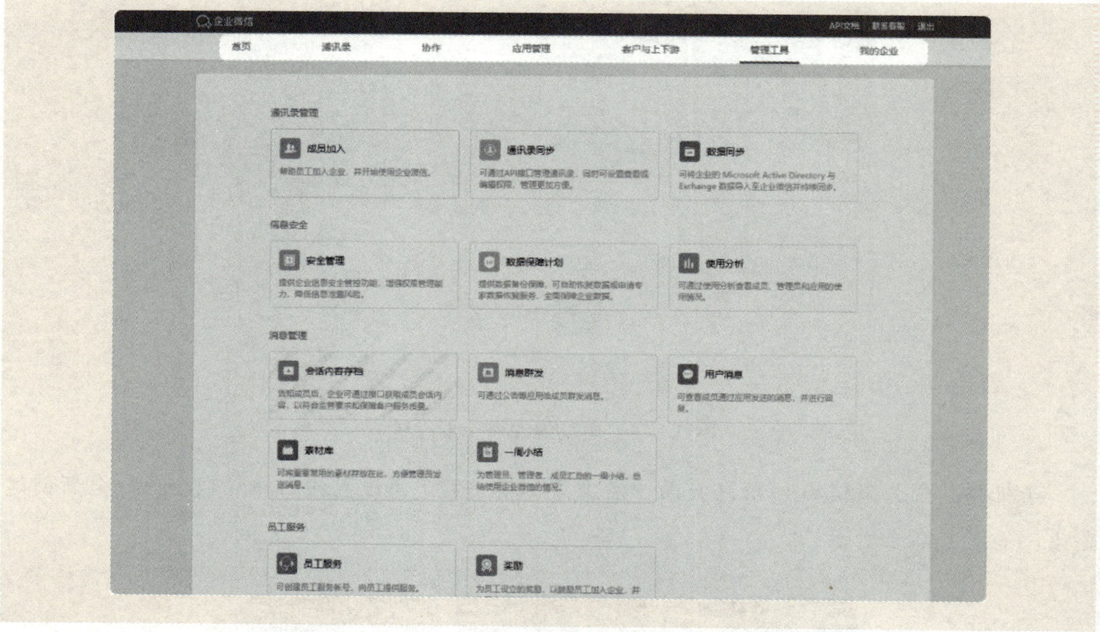

图2-15　企业微信管理后台

在手机端企业微信App中，管理员可通过“工作台”→“管理企业”管理部分企业功能。

3. 企业微信在零售行业的应用

（1）用户联系。

店员可添加到店用户的微信，引导用户入会。用户离店后，可在线联系用户，为用户提供服务，解答用户咨询。同时搭配优惠券、折扣等信息，引导用户复购。如图2-16所示。

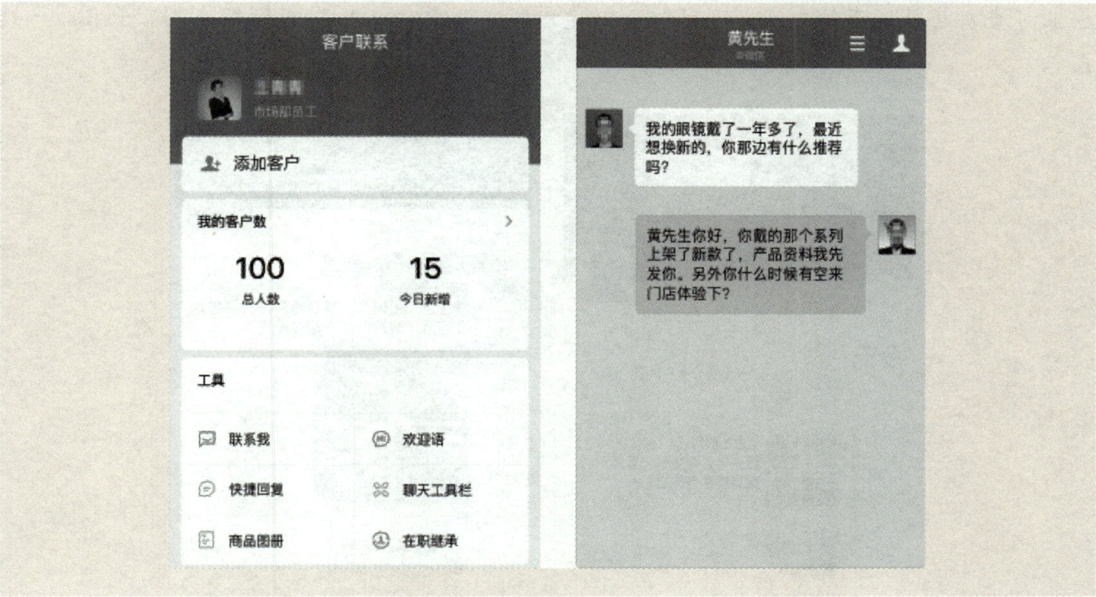

图 2－16　企业微信用户联系

（2）用户群。

店员可创建包含微信用户的会员群，用于社区团购、门店粉丝运营、服务履约等场景，企业还可统一管理用户群。如图 2－17 所示。

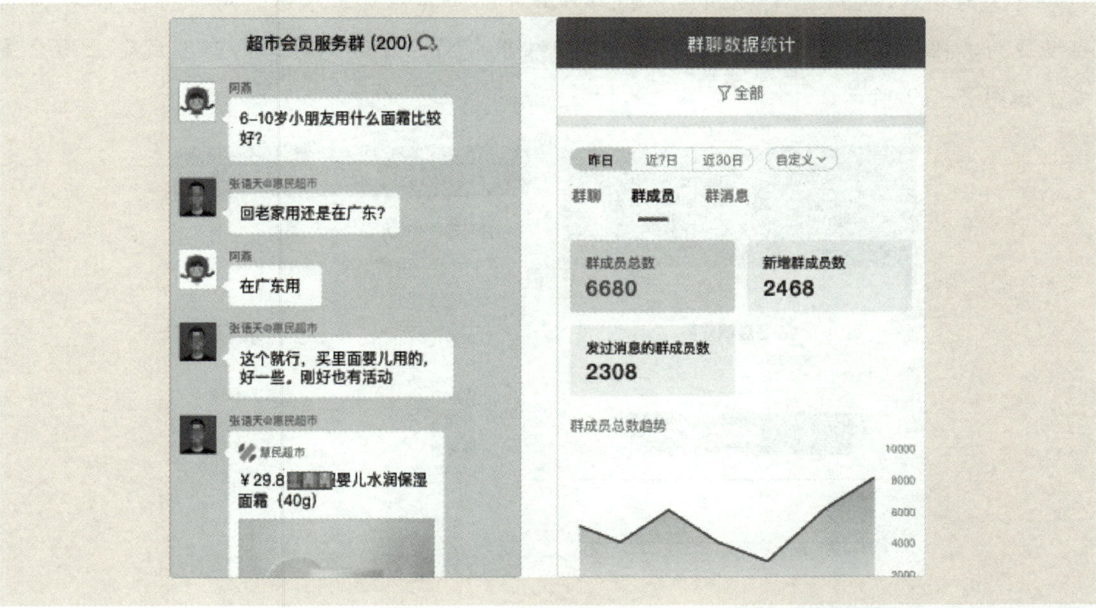

图 2－17　企业微信用户群

（3）朋友圈。

店员可在朋友圈发布门店活动、商品“种草”、专业知识等内容，吸引用户评论互动。

企业可查看店员发布的内容，也可统一创建内容，店员确认后发布到朋友圈。如图 2-18 所示。

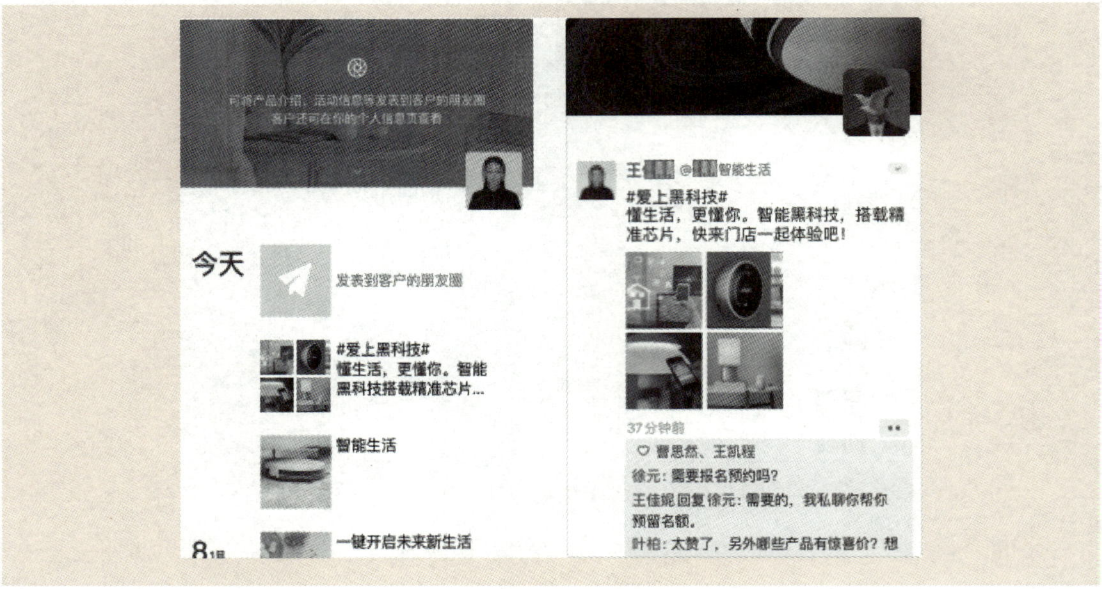

图 2-18　店员企业微信朋友圈

（4）离职继承。

员工离职后，企业可将他的用户和用户群分配给其他员工跟进。用户将在 24 小时后自动成为其他员工的联系人，用户群将立即继承成功，可避免员工离职造成企业用户流失。如图 2-19 所示。

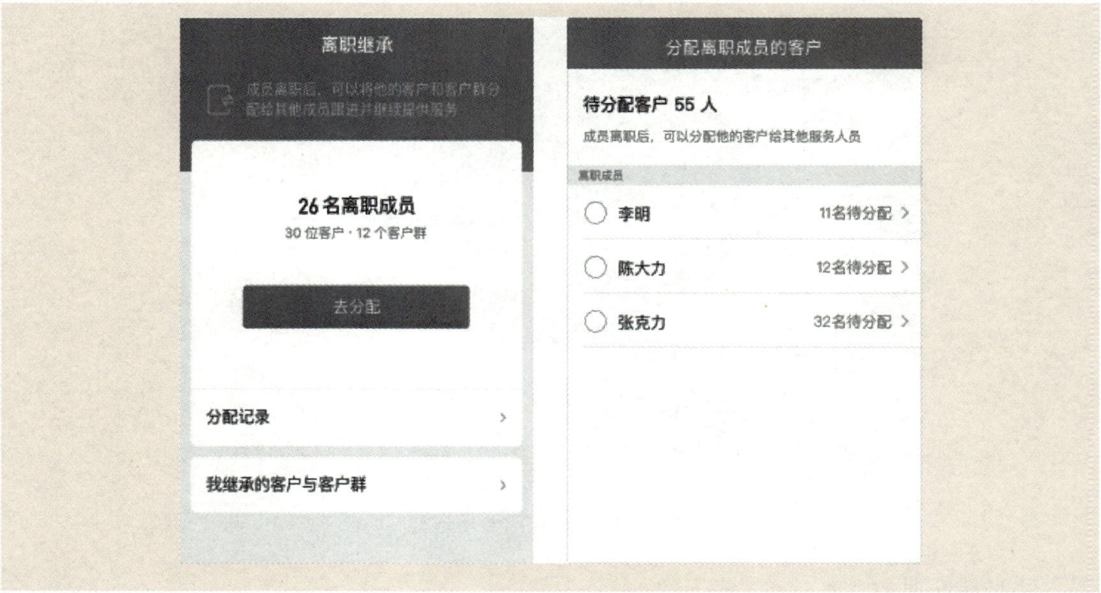

图 2-19　企业微信离职继承

（5）丰富的用户服务工具。

在群里可对用户进行打标签精细化管理，并可将企业的新品和活动信息通过群发助手及时发送给有需求的用户，帮助用户及时了解企业产品动态；还可使用快捷回复、聊天工具栏等工具提升服务效率，使用防骚扰、禁止改群名等工具维护群氛围。如图 2－20 所示。

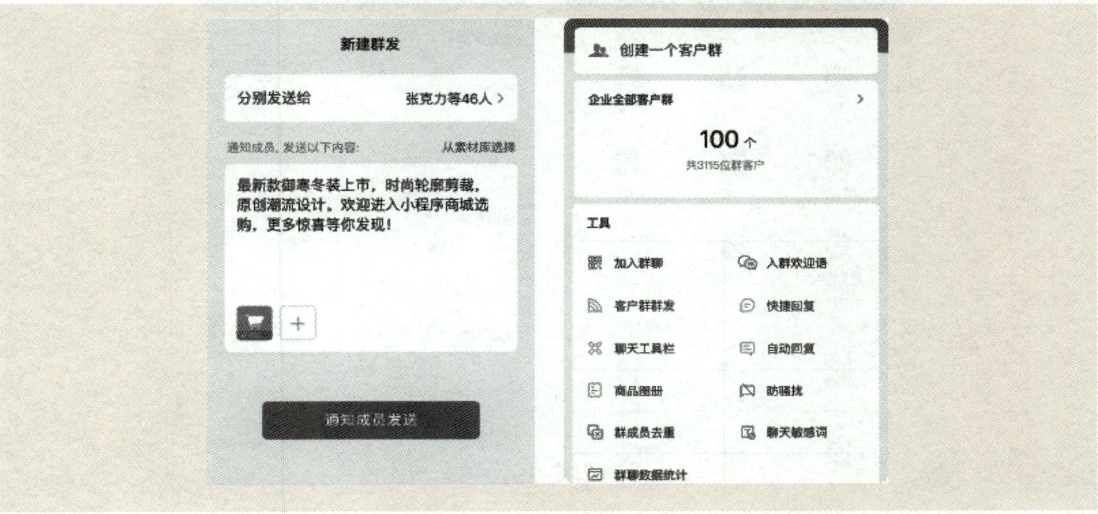

图 2－20　企业微信用户服务工具

（6）可管理的内部协同群。

企业可创建门店群、店长群、督导群等协同群，方便日常通知下发、快速响应门店问题等；还可设置不同员工的建群人数上限、聊天水印、群禁言等，避免员工随意建群，保证言论可控和安全。如图 2－21 所示。

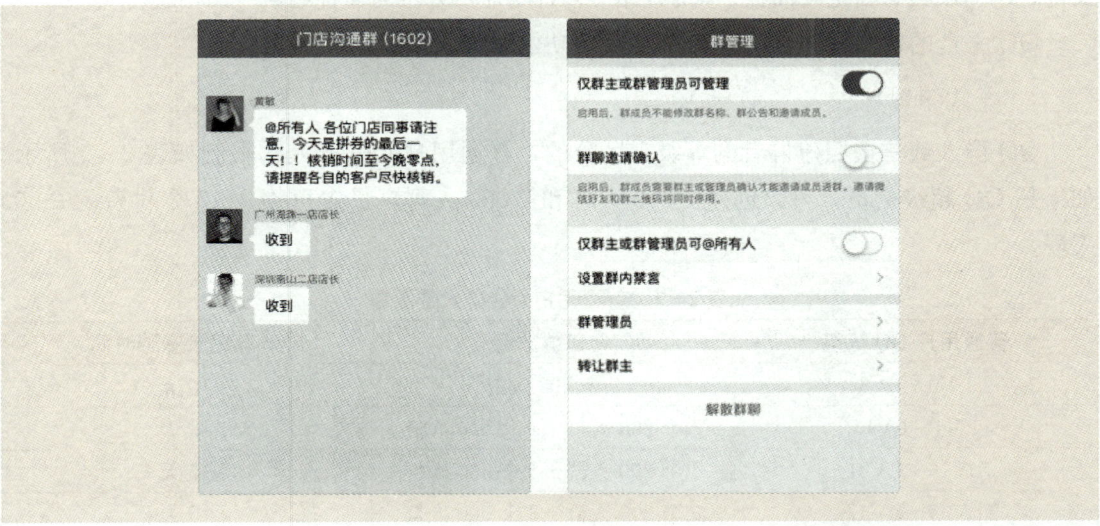

图 2－21　企业微信内部协同群

(7) 丰富的办公应用。

群工作台中提供打卡、审批、公告等 OA 应用，还支持 API（应用程序编程接口）接入自有应用。店员可在手机端便捷打卡（也可接入考勤机），提交请假、换班等审批，接收商品政策、营销活动等运营通知。如图 2-22 所示。

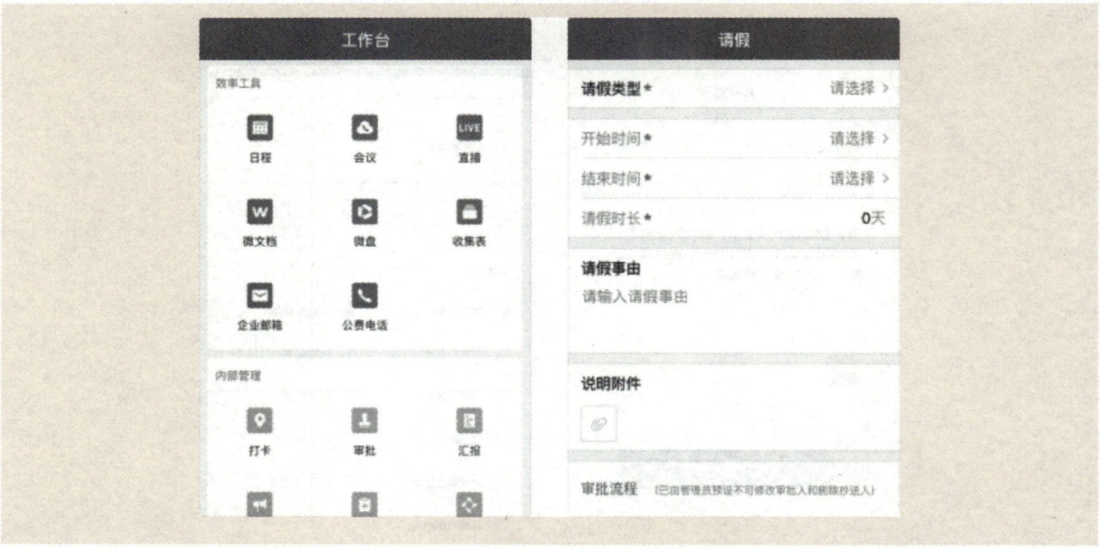

图 2-22　企业微信办公应用

(二) QQ

QQ，是腾讯 QQ 的简称，是腾讯公司推出的一款基于互联网的即时通信软件。其标志是一只戴着红色围巾的小企鹅。QQ 支持在线聊天、视频通话、点对点断点续传文件、共享文件、网络硬盘、自定义面板、QQ 邮箱等多种功能，并可与多种通信终端相连。

QQ 平台的优势在于年轻用户基数大、功能多样、运营形式多样。

1. 人数限制

QQ 群人数是按照建群者的等级来区分的，普通用户 QQ 群人数限制如表 2-3 所示。如果是 QQ 超级会员，可以创建 1 000 人群和 2 000 人群，最多可创建 15 个付费的 2 000 人群。

表 2-3　普通用户 QQ 群人数限制

普通用户 QQ 等级	创建群数量	消息记录漫游时间
LV0～LV3	5 个 200 人群	15 天
LV4～LV15	5 个 200 人群+1 个 500 人群	15 天
LV16～LV31	5 个 200 人群+2 个 500 人群	15 天
LV32～LV47	5 个 200 人群+3 个 500 人群	15 天
LV48 及以上	5 个 200 人群+4 个 500 人群	15 天

2. 群结构

QQ 群的人员权限结构分为群主、群管理员、群员三个级别。群管理员的个数根据 QQ 群类型的不同而不同，200 人群可以设置 10 个管理员，500 人群和 1 000 人群可以设置 15 个管理员，2 000 人群可以设置 20 个管理员。QQ 群内根据群成员的活跃度将其划分为六个等级，群主可以根据需要设置等级头衔显示与否并且可以更改头衔名称。群管理员可以添加/删除群成员、修改群资料、删除上传到群共享的文件、删除相册/相片等。

3. 营销手段

QQ 群针对加群方式设置了“允许任何人加群”“需要验证信息”“需要回答问题并由管理员审核”“需要正确回答问题”“不允许任何人加群”等多种条件，还将“允许群成员邀请好友加群”作为单独项列出。QQ 群的聊天面板拓展功能更适合日常运营，从基础的应用到课程、直播和作业，不同的拓展功能可以直接显示在 QQ 群群聊的顶部，通过项目或者事件的互动，可进一步增强群的凝聚力，提升群的实用性。

4. 群功能

（1）群公告。群公告是一种社群通知服务。群主或者管理员有权发布公告，让群里的成员看到公告消息。

（2）群相册。群相册是一个图片的合集，QQ 群的任何成员都可以自行上传或下载图片。

（3）群文件。群文件是各类文件的合集。QQ 群成员可以将希望与群成员分享的文件上传到里面去，也可以在里面找到其他人发的文件并下载。

（4）群应用。群应用是用于帮助社群扩展各类活动的功能，QQ 群应用中心广场页面有 QQ 群的各种内置应用程序，如群日历、群链接、作业、群聊精华等。群主可以添加或删除 QQ 群应用。

（三）微博

微博是一种基于用户关系的社交媒体平台，用户可以通过 PC、手机等多种终端接入，以文字、图片、视频等多媒体形式，实现信息的即时分享、传播互动。微博基于公开平台架构，提供简单的方式使用户能够公开实时发表内容，通过裂变式传播，让用户与他人互动并与世界紧密相连。国内的微博产业发展至今，新浪微博已经占据了绝大多数市场份额，甚至很多时候大众口中的微博就是特指新浪微博。

微博群，简称微群。群主可以根据需要任命或取消管理员，群主和管理员可以修改群资料（群头像、群名称、群介绍等），邀请和剔除群成员，开启或关闭群禁言功能等。

微博群分为公开群和私密群两种：公开群对所有用户开放，用户可以直接查看群内帖子和成员名单；公开群的内容可以被搜索，并且可以被分享到微博；公开群加群方式可以设置为问题验证和需要管理员审核；公开群适用于粉丝追星、职场行业交流、公司用户服务、兴趣爱好交流、同城交友等。私密群内的信息只有该微博群成员可见；私密群有群聊功能；私密群内的内容不可被搜索，也不可被分享到微博；加入私密群必须由群主或管理员审核通过；私密群适用于小圈子内部沟通、公司同事交流、隐私话题讨论等。目前公开群不支持转为私密群，私密群可以通过申请转为公开群。

1. 人数限制

普通群人数上限为 500 人。群主及管理员通过审核后的粉丝群上限为 1 000 人。

2. 群结构

微博群的人员权限结构分为群主、群管理员、群员三个级别。

3. 营销手段

微博群也有群公告、群红包、群签到、群名片等功能，和 QQ 群、微信群差不多。

4. 群功能

（1）邀请好友。可以通过群信息中的添加成员功能邀请好友入群，也可以通过分享群，将群分享给微博、微信好友等，还可以通过分享群二维码或群链接来邀请好友。

（2）群成员头衔。群成员按群内活跃度分为 LV1～LV7 共七个等级。群管理员可按照群特点设置专属头衔，来激励群成员积极参与互动。

（3）群微博。群微博类似 Facebook（脸书）的群组功能，一个群组可以是一个封闭的小圈子，用户可以在里面发言，外部无法看到，具有团队微博或企业微博的部分功能。

二、电商平台

（一）淘宝网

淘宝群是淘宝网 2016 年 11 月推出的基于手机淘宝的消息群，用于购物信息的沟通以及商品口碑的传播。相比其他平台的社群，淘宝群距离用户路径最近，是用户在消费需求场景下的沟通群；淘宝群内的买卖关系最活跃，群里卖家与买家之间的互动是商品口碑的互动；淘宝群超脱于交易本身，适合卖家用来进行店铺买家关系管理，例如 VIP 买家专属服务；淘宝群主动召回用户的能力最强，群内消息会在用户的手机淘宝首页右上角进行实时提醒。

目前淘宝群提供四大场景群，商家可根据店铺情况来选择。

（1）会员群：可用于沉淀优质会员，提升复购率与客单价，触达率高，天猫商家均可使用。

（2）快闪群：可用于沉淀大促潜客、新客，促进转化，触达率高，群等级 L3 以上＋大促特别申请商家可使用。

（3）直播群：可用于沉淀直播间铁粉，提升活跃度，触达率高，所有商家均可使用。

（4）商家群：可作为蓄水池沉淀各类用户，增强用户黏性，群容量超大，店铺近 30

天支付宝成交笔数≥90 笔或近 180 天成交金额≥100 万元才可建群。

1. 人数限制

商家等级不同，可创建的群数量和群容量也有所不同，如普通商家（L0/L1）可创建 20 个群组，共 10 万人群容量；群等级 L2 商家可创建 40 个群组，共 20 万人群容量；此外还有更高等级，最高等级商家有 50 万人群容量。店铺子账号可创建群组数量最多为 100 个，可管理群组数量最多为 100 个，可接收消息的群组数量最多为 20 个，可以退群，不可解散群；子账号建群成功后，默认店铺主账号是群主，子账号成为该群组的超级管理员。

2. 群结构

淘宝群的人员权限结构分为群主、群管理员、群员三个级别。

3. 营销手段

淘宝群提供了多种工具用于进行社群管理和营销，这些工具可分为拉新裂变类、签到留存类、群聊活跃类、用户召回类、非工具类玩法五类。

4. 群功能

可通过淘宝购后页模块、物流页模块、详情页腰封、直播间主播小卡等平台提供的众多渠道进行拉新，群内支持消息批量群发功能，支持定时或立即发送，提供设置入群门槛、装修社群等功能。

5. 淘宝群创建

进入新版千牛后台，在左侧点击“用户”，再点击“淘宝群”进入淘宝群运营平台，点击左侧“群组管理”，再点击“创建新群组”即可，如图 2－23、图 2－24 所示。

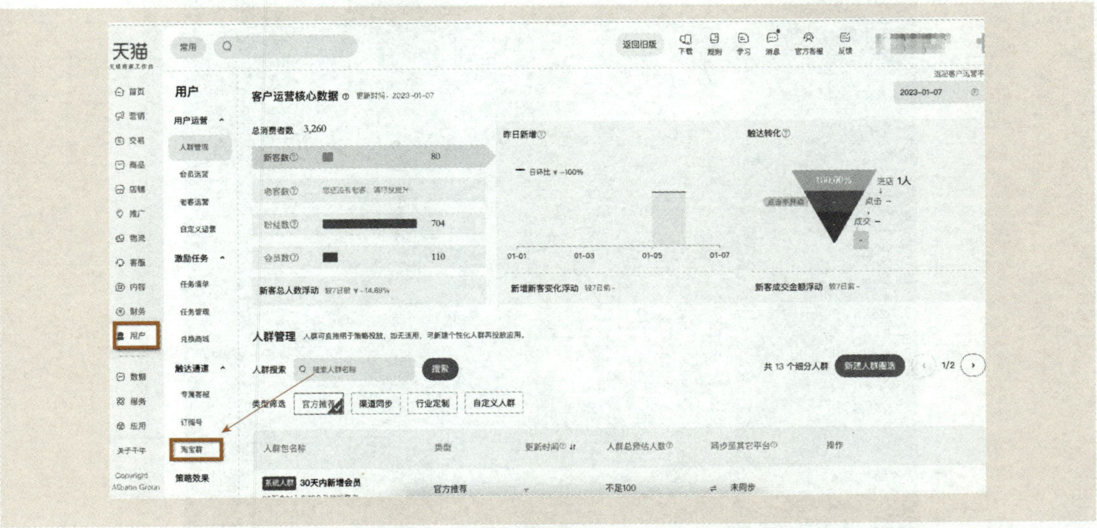

图 2－23　进入淘宝群运营平台

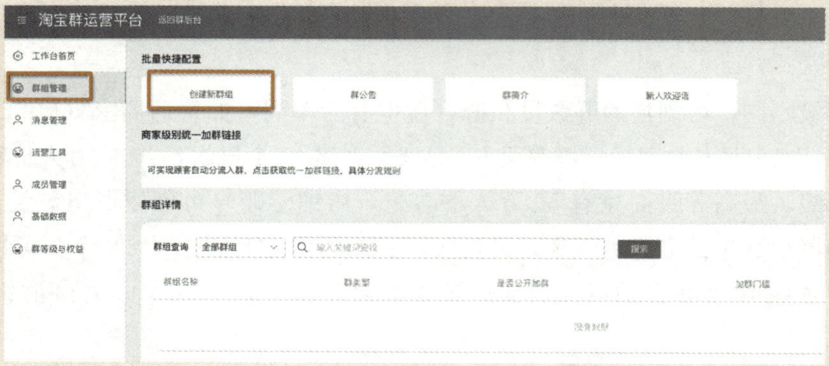

图 2-24　创建新群组

（二）抖音

针对企业私域效率提升难的问题，抖音私域提供了一套成体系的解决方案。和传统私域的相对封闭不一样，抖音的私域逻辑是“全域连接”，它具备三个特点：强获客、正循环、高转化。依靠抖音平台的流量优势和短视频、直播等内容形式，企业可以在抖音实现快速获客和涨粉。在抖音的生态下，私域和公域紧密连接，粉丝通过抖音巨大的公域流量自然沉淀，再在私域完成转化。私域运营得好，便可反哺于最初用来获取私域流量的公域，形成正向循环，让企业获得持续不断的优质流量。

1. 抖音粉丝群入口

抖音粉丝群可以直接显示在账号主页的商品橱窗旁边，用户可以点击申请加入社群，如图 2-25 所示。

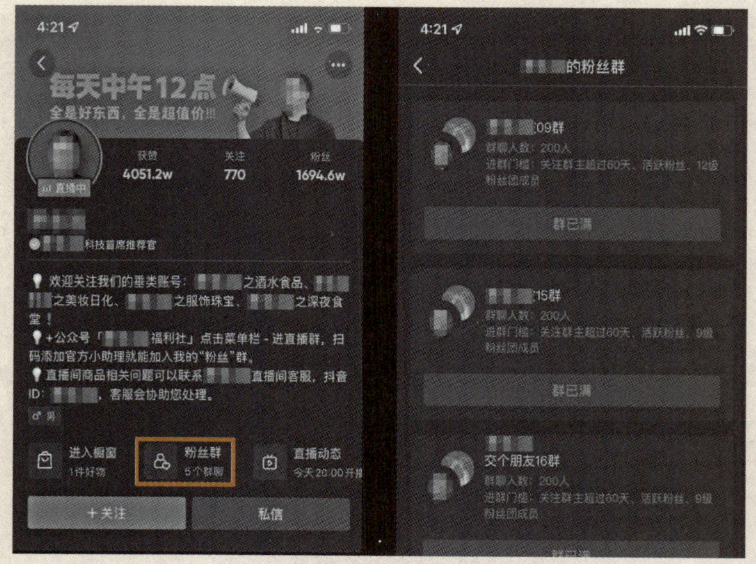

图 2-25　抖音粉丝群入口

对比微信体系的社群，抖音社群入群的门槛设置可以使社群内的粉丝属性更为精准。以某抖音用户账号为例，其粉丝群进群条件是：关注群主账号 60 天以上，且需要是 12 级以上直播粉丝团成员。同时具备这两个条件，才可以入群。在粉丝群中，除了聊天外，还可以发布商品、作品更新自动分享，以及直播提醒。可以看出，抖音的粉丝群更便于维护忠实粉丝，盘活用户，带动直播间人气，提升复购率。

2. 抖音粉丝群的玩法

直播时可以发布快速通知，有任何新作品、新动态，系统将第一时间自动通知粉丝；可以自由设置粉丝加群门槛，自定义加群条件，比如粉丝团等级，从而对入群的粉丝进行很好的筛选；重要信息群公告强通知，一键激活新老粉丝，不用担心重要活动粉丝会漏掉消息；群内支持各种活动玩法，如红包、连线、表情包，功能丰富。

3. 建立抖音粉丝群的步骤

商家进入账号主页，点击右下角“我”，再点击右上角的三条横杠，进入“创作者服务中心”；点击“主播中心”→“粉丝群管理”，再点击右上角“创建群聊”，然后进行群聊详情设置，包括：群口令（可以发给抖音用户邀请进群）、群聊名称、群头像、群号码（可用于搜索群聊）、群公告、我在本群昵称。

群建好后可点击“群管理”，对管理员、入群门槛等进行设置。入群门槛包括关注条件、活跃度、粉丝团等级，还可设置是否允许群成员邀请好友入群、新成员入群是否需要管理员审批。此外，还可设置直播开播群内自动提醒、作品更新自动分享等。

4. 抖音粉丝群运营

直播就是抖音粉丝群的纽带，商家可以利用粉丝群发放优惠、福利，发送直播提醒，从而聚合一批直播粉。其日常运营大致包括以下环节：

（1）开播前，主播可以在群内进行直播预告、开播提醒、直播话题和背景音乐征集，为本场直播做好准备。

（2）开播中，分享截屏、录屏到粉丝群，讨论 PK 战术，打比赛拉票，场内场外联动。

（3）下播后，进行日常生活分享、问题解答，和粉丝进行视频语音交流（群内自带美颜），树立亲近的主播形象。

学以致用

请参考不同社群平台的特点和优劣势，分小组讨论：哪个平台的用户会在未来五年内快速减少？为什么？

任务三　社群基础搭建

微课

一、制订社群构建计划

在社群构建阶段，标准化的运营流程可帮助运营者快速完成构建计划的制订，做好框架设计。表 2-4 所示是某汽车企业社群基础搭建 SOP，该案例中的细分项目可供参考，能够帮助运营者构建一个规范的社群。

表 2-4　某汽车企业社群基础搭建 SOP

序号	项目	内容说明	案例
1	社群矩阵	社群分类定位	根据企业用户画像规划社群矩阵体系： 会员群：实行邀请制，入群需要提供爱车的截图，非车主不得进入，入群需经群主同意；已知的购车用户能导多少到群里就导多少；会员专属群无费用门槛，进行福利干货分享 粉丝群：购车意向用户群体，待转化的用户的粉丝群；无费用门槛，进行干货讯息分享
2	社群组织架构	社群用户等级	普通会员（已购车）、初级会员（已购车＋群内参加活动）、KOC（已购车＋群内互动活跃）
		社群成员特权	售后问题、日常用车问题官方专业售后回复； 社群活动提供限量版福利，官方只送不卖
		标签管理	社群成员购车状态标签、兴趣标签、产品意向标签，便于查看用户留存、互动参与情况
		社群活动	活动前 3 天开始更改群公告、入群欢迎语进行预热宣传； 活动当天中午 12 点社群提醒； 活动开始前 2 小时、半小时做活动预热； 活动开始前 5 分钟进行倒计时提醒； 活动开始，活动环节开展
3	社群名称		体现社群核心定位、社群目的，如×××粉丝群（车型－地区－粉丝群）、×××会员群（车型－地区－会员群）
4	社群成员人设	强 IP	盟主（专家号）：专业知识过硬、经验丰富的老司机、老车友，对品牌非常热爱的本地人，充当品牌高级顾问，有时间也很有领导能力； 潮妹（购物助手）：爱玩车的酷酷的女生，开朗、爱拍照，充当品牌高级顾问，爱宠粉，经常发放各种福利，喜欢策划一些活动跟用户一起开心玩
		核心用户	群里面相对活跃的用户，数据后台监测到的持续关注、阅读、分享的用户

续表

序号	项目	内容说明	案例
4	社群成员人设	群托（气氛组）	积极回复群主问题，参与社群活动，带动群氛围； 群里有负面消息或用户进行消极情绪的发言时，及时对接，通过刷屏转移话题，维护品牌方
		普通成员	运营对象
5	社群平台	企业微信	选择理由： 进群码永久不用换，只需要一个码就可以后台关联多个群； 可以自由设置入群之后的 SOP 流程； 有自动踢人功能，比如可以设置群员发某些关键词或者刷屏就可以自动被踢出群； 能去重； 可群发消息； 可查看群数据
6	社群内容规划	群规范	会员群入群欢迎语示例： 欢迎×××的到来，入群须知： [庆祝] 进群修改群昵称：地区－昵称（如：北京－老金） [礼物] 社群专属福利： 私聊群主“××”，可以获得《汽车常见保养》手册一本，价值 99 元 戳链接：英雄所“荐”略同丨车主推荐购车有机会获得×××（附老带新的活动链接） 粉丝群入群欢迎语示例： ××，欢迎入群，入群须知： [庆祝] 进群修改群昵称：地区－昵称（如：黄浦区－拓海） [礼物] 入群专属福利： 福利：私聊群主，可以获得《如何选到好车牌号》攻略一本 福利：戳链接，还可以预约线下 VIP 免费试驾通道 欢迎群成员邀请车友一起进来交流讨论！
		内容输出	每周最少 1 次干货知识专题分享，比如怎么保养、充电的常见问题、改装的注意事项，以及一些汽车内饰的推荐，引出××产品等。 （1）基于产品生产内容是大方向，要以用户需求、用户关注的痛点为突破点，不要刻意去分享，擅长什么分享什么； （2）可以去其他平台的车友圈去看看车友们真正关注的问题
		产品输出	日常的答疑、干货分享、好物“种草”等，以实用、真实、多人推荐过的分享为最佳，可采用文字＋图片＋视频形式，要了解所分享的内容，以真实体验去分享转化率最高，也最容易展开、延续话题
		价值观输出	××企业文化的价值观输出、KOC＋群主的正向价值观输出
		互动内容	比如当地的天气、交通状况、今日热门话题、用车问题、改装问题、定期的社群活动等。 （1）前期可固定每日分享改装话题，这是目前最大的卖点，也是讨论度最高的话题，不要低估用户对于这方面的兴趣； （2）中后期可组织一些社群活动，如答疑互动讨论会、“晒”行车里程等
		服务	（1）不定期的社群福利活动、问答有奖（红包）等； （2）定期私聊回访，倾听用户对社群的感受和建议； （3）专业人士的响应准备，及时回复解答用户的提问、疑惑

续表

序号	项目	内容说明	案例
7	社群激励及价值	产品价值	提供满足用户需求的产品，为用户提供匹配需求的产品服务、想要知道的产品讯息、产品福利，以用户需求为核心，挖掘群成员的痛点，精准进行信息触达，激发行动力
		物质价值	针对活动参与者、话题发起人、创意提供人、积极进行社群维护答疑的用户进行物质激励，比如： (1) 不定时对积极答疑用户进行奖励； (2) 送礼物，比如口罩、车贴、优惠券； (3) 送首批新款车试驾体验机会
		精神激励	针对活动参与者、话题发起人、创意提供人、积极进行社群维护答疑的用户进行精神激励，比如： (1) 社群专属昵称，比如每周之星、分享达人、达人等专属称号； (2) 专属的个人活动专题，如专场问答讨论会； (3) 让用户发布最新的品牌消息； (4) 颁发最佳社群管理奖的奖状，并授予其辅助管理社群的权限

二、搭建社群框架

(一) 社群矩阵

在社群运营开始阶段，需规划搭建社群矩阵，搭建方法因行业、产品的不同而有所不同。

1. 根据岗位搭建社群矩阵

在某些垂直领域可以根据不同岗位搭建社群矩阵，例如运营知识分享类社群、用户运营类社群、活动运营类社群等。

2. 根据产品搭建社群矩阵

对于在线教育、知识付费领域以及有多条产品线的企业而言，可以根据不同的产品来搭建社群矩阵，比如美妆商家可以按照眼影、粉底、口红等产品分别组建社群。

3. 根据地理位置搭建社群矩阵

对于知识付费、有线下实体店以及有一定规模的企业，可以根据不同地理位置来搭建社群矩阵，比如不同城市的社群。

4. 根据用户与企业之间的不同关系搭建社群矩阵

通过用户路径图+关键行为动作（埋点）可以判断用户跟企业之间的关系处于哪个阶段。

用户路径图明确了如何运营引流群，对用户进行筛选、过滤，再把真正的目标用户引流到转化群，接着通过活动策划、内容输出等手段，实现用户转化。也就是说，用户路径图明确了从泛关系到弱关系再到强关系最后到利益共同体的转变方式，即从潜在目标用户到目标用户再到消费用户最后到产品代言人的变化路径。如图 2-26 所示。

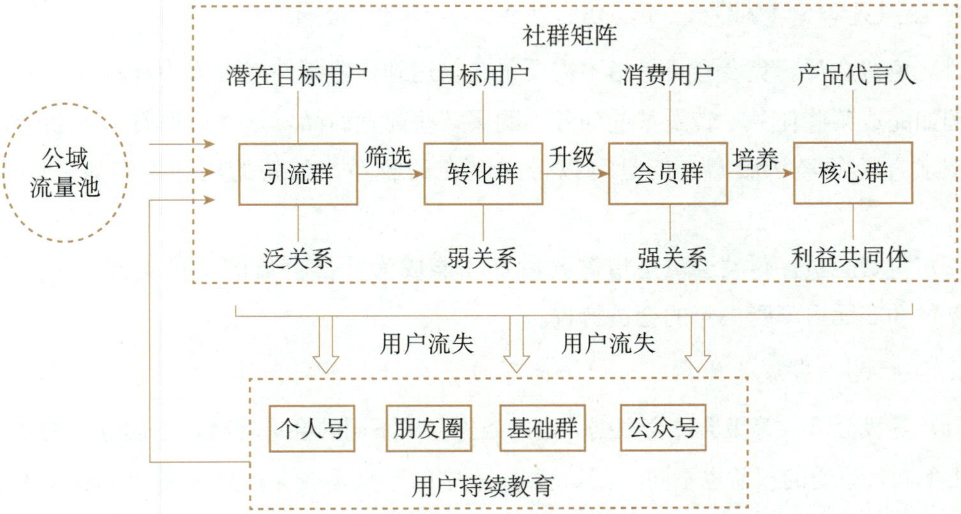

图 2-26 用户路径图

根据企业与用户关系的不同阶段设计关键行为动作，可以帮助企业判断目前和用户的关系处于哪个阶段。如图 2-27 所示。

管理模块	群管理			群制度			
	入群资格	入群方式	群名片	公告	鼓励行为	禁止行为	淘汰原则
引流群	无	扫码	城市-名字	不同社群，设置不同的入群事宜	讨论、咨询	广告	触及红线
转化群	用户标签	邀请	城市-名字		讨论、分享、晒单	广告、炸群	触及红线
会员群	购买产品		城市-工作-名字		讨论、分享、晒单		触及红线+规定时间内0次活跃
核心群	复购，会员	邀约、举荐	城市-渠道-名字		交流意见、战报		业务合作招标
内容模块	话题类			干货			
	常规话题	热门话题	众筹话题	资料	软文	直播	……
引流群	√			√	√		
转化群		√			√		
会员群		√	√			√	
核心群		√	√			√	
活动模块	常规活动				专题活动		
	投票	征集	有奖活动	……	分享会	主题活动	线下活动
投放社群	会员群	核心群	引流群、转化群		会员群	转化群	核心群
活动时间							
活动预算							
协同部门	市场部	品牌部	无				线下门店
活动规模	B级	A级	C级		A级	B级	S级

图 2-27 关键行为动作设计

（二）社群组织架构

不同社群自身情况不同，会员体系的设计和会员的准入门槛也不相同。下面从不同的角度对会员体系进行分类。

1. 按照是否需要付费，可以分为免费会员和付费会员

（1）免费会员。免费会员是指不需要付费，达到预置条件就可成为社群会员的会员类型。例如完成某些任务、转发某些任务、购买某些前置商品，这些虽然看似不会给社群运营者带来直接的经济收益，但是可以带来潜在的收益，如新的用户、产品复购率的提升等。

（2）付费会员。付费会员是指需要付费才能成为社群会员的会员类型。例如某读书会，支付365元可享受一年的会员特权。

2. 按照是否有成长体系，可以分为等级会员和无差别会员

（1）等级会员。等级会员会根据一定的条件分出不同的会员等级，不同等级的会员缴纳的费用不同，享受的权益也不同。例如表2-4中的某汽车企业社群需要用户购车才能加入会员群，并将用户分为普通会员（已购车）、初级会员（已购车＋群内参加活动）、KOC（已购车＋群内互动活跃）。

（2）无差别会员。无差别会员即所有会员的权益都一样，没有进一步的区分。大多数社群的成员都属于无差别会员，因为其运营成本相对较低。

有了会员体系后，运营者基于企业SCRM（社会化客户关系管理）系统、微商城数据及社群渠道活码等数据，可对群成员进行基础信息采集并根据用户在社群内的表现来打上标签（如人口标签、会员标签、交易标签、消费标签、来源标签等），对基础信息进行补足（如行为标签、营销标签、活跃度标签等）。

（三）社群名称

社群名称是用户与社群建立起一对一关系的纽带，一个好的社群名称可以使用户产生社群品牌联想，进而影响用户对社群消费的选择。

1. 社群命名的方法

（1）从核心或源头进行延伸起名，体现社群品牌或格调。如从灵魂人物延伸：罗胖——罗友会、万能的大熊——大熊会；从核心产品延伸：小米——米粉群、魅族——魅友家。

（2）根据目标用户群体需求起名，体现社群行为或目标。如行为：拆书帮；爱好：爱跑团；内容：干货帮；理念：趁早、BetterMe大本营。

（3）多种方法相结合起名，如×××书友会、秋叶PPT、×××会员群（车型—地区—

会员群）。

2. 社群命名注意事项

（1）定位精准。

社群名称是品牌的第一标签，从某种程度上来说决定了用户对社群的第一印象，需明确体现社群定位，如“大润发南湖店福利群 6”。用户更愿意加入志同道合的社群，以找到归属感与满足感，精准的社群名称可以吸引精准用户。

（2）适于传播。

社群名称适于传播非常关键，好玩、有趣、奇特的名称具有极强的传播属性，当名称成为用户的议论焦点时，既能建立社群品牌故事和品牌文化，又能满足社群用户交流和分享的需求。比如美食社群叫“温暖料理联盟”比“妈妈的厨房”更能吸引年轻用户的关注。社群名称中也可使用一些符号或谐音，如“【新媒体运营】3 期学员群”“零食开‘惠’群”。

（3）简单明了。

社群名称要尽量简单好记，朗朗上口。名称超过八个字时可能会被折叠，不利于传播；名称太拗口会使用户很难了解社群的定位；名称复杂会使用户进行口碑传播时很难把名称说对。好的社群名称就是要让人一眼看明白这个社群是干什么的并且印象深刻。

社群名称切忌出现生僻词汇，以免增加用户的时间成本，影响用户体验。切忌使用意义过于宽泛的词汇，比如“同城读书会”“上海车友会”等，最好加上一个独特的前缀，提高社群的辨识度。切忌频繁改名，改名会带来大量的修改、更新工作。

（四）社群口号

社群口号主要有以下三种：

（1）功能型：阐述各种特点或做法，用最具体直白的信息让所有人第一眼看到就知道社群是做什么的，比如“剽悍江湖”社群的口号是“读好书，见牛人，起而行，专于一”。

（2）利益型：阐述某种功能或者特点能够带给用户的直接利益或能够为用户实现某个目标做出的贡献，比如“秋叶 PPT”社群的“每天 3 分钟，进步一点点”。

（3）理念型：阐述追求某种利益背后的态度、情怀、情感，以及该利益升华后的世界观、人生观、价值观，比如“趁早”社群的“女性的活法”。

一般新品上市时，口号的焦点要放在功能和利益上，尽可能减少用户的认知障碍，迅速占领市场，而一旦成熟起来成为大众熟知的品牌后，就要着重体现口号的理念意义了。

（五）社群标志

社群标志可以延用公司品牌 VI（视觉识别），也可单独设计，如图 2－28 所示。社群标志可用作 QQ 群、微信群的群头像，给人一种规范的感觉，也能使社群更具有仪式感、统一感。

图 2－28　社群标志

标志的设计方法大概有五种：品牌名称图形化、文字标志（全称、简称、单字）、吉祥物标志、有意义的几何图形和品牌理念视觉化。当然，每种方法适合的情况不同，在设计的时候需要多对比，辩证地选择设计方法，以传播为目的去验证设计结果。

（六）社群规则

社群规则一般包括五种类型：加入规则、入群规则、言行规则、分享规则、惩罚规则。

1. 加入规则

对于加入社群的用户需要“设门槛”，避免不符合要求的用户占用群资源以及后期花费精力对其进行筛除。设置加入门槛就是对同频成员进行筛选，筛选其实贯穿社群运营全过程，只有找到同频的成员，才更容易建立群成员公认的群规并遵守。

常见的入群门槛有以下几种：

（1）身份门槛：用于筛选出拥有同一个身份、标签的人。比如上海本地群，只允许在上海生活的人进入；运营交流群，有材料（名片、文章、其他信息等）证明是从事运营的人才能进入。

（2）兴趣门槛：用于筛选出有共同兴趣爱好的人。比如美食群、跑步群、读书群等，需要有信息能证明有这个兴趣，才能进群。

（3）付费门槛：设置不同的付费门槛，付费后才能加入社群。

（4）综合门槛：多种门槛的组合。比如某心理学同城社群不仅要求是心理学爱好者，还需要付费才能加入。

根据不同的入群门槛可以采用不同的社群加入方式，如：邀请式（管理员及以上级别邀请才能加入）、推荐式（需要群内成员推荐方可加入）、活动式（需要参加某种活动才能加入）、审核式（加群时需要回答问题，通过后方可加入）、付费式（需要付给一定的费用才可加入）。如图 2-29 所示为某知识型 IP 训练营加入方式。

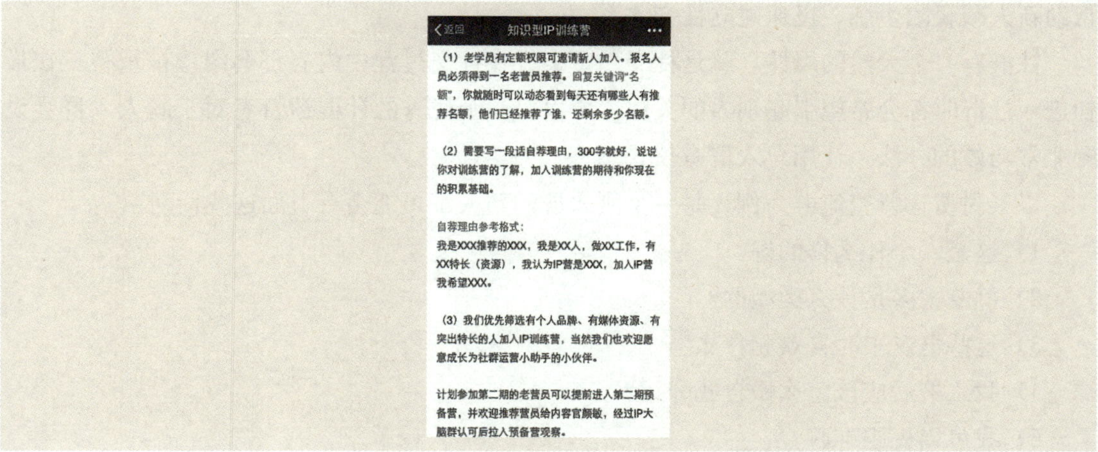

图 2-29　某知识型 IP 训练营加入方式

2. 入群规则

入群规则直接影响着新人对社群的第一印象。

（1）群昵称格式。大部分社群都会采用统一的群昵称格式，让新入群的人能直观感受到他/她是社群的一分子，建立归属感，方便群成员间的相互辨认且方便管理。

（2）欢迎语、群公告。欢迎语可以让新人感受到群的热情与亲切，充分体现人性化，更容易打动人心。群公告可以包含社群功能、社群福利活动、社群禁止行为等。企业微信群可以设置员工号自动发欢迎语，也可以设置入群后自动弹出欢迎语。如图 2-30 所示。

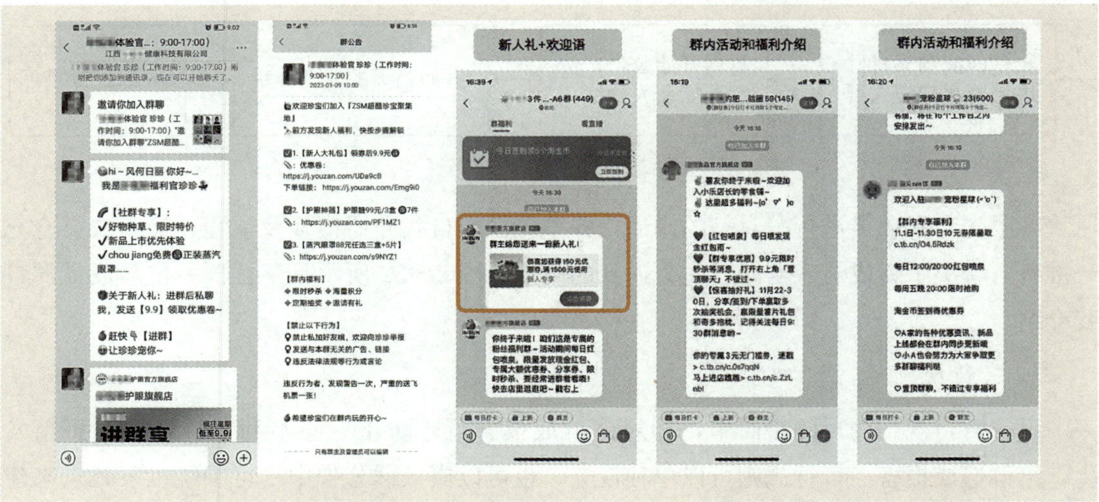

图 2-30　欢迎语、群公告

（3）自我介绍模板。

自我介绍相当于一个简化的破冰仪式，让新加入的成员按照模板进行自我介绍，可以帮助新人减轻陌生感，迅速建立社交关系。

社群有一个天然的属性，就是社交。每个人在社交过程中内心都会渴望被重视，在最初进入社群时都会希望引起别人的关注。所以，一个优秀的社群运营者对于新人入群会设置非常巧妙的办法，让用户入群有仪式感。

以某付费运营交流群为例，每一个刚入群的新人都可能会有下面这些疑问：

1）这是一个什么样的群？

2）群友大多是什么类型的？

3）这些群友平时喜欢聊什么？

4）我入群后应该怎么做自我介绍？

5）我可以先跟谁聊？

6）群内有哪些“大神”？他们分别擅长什么领域的运营工作？

社群运营者要先明确用户入群路径，如图 2－31 所示。

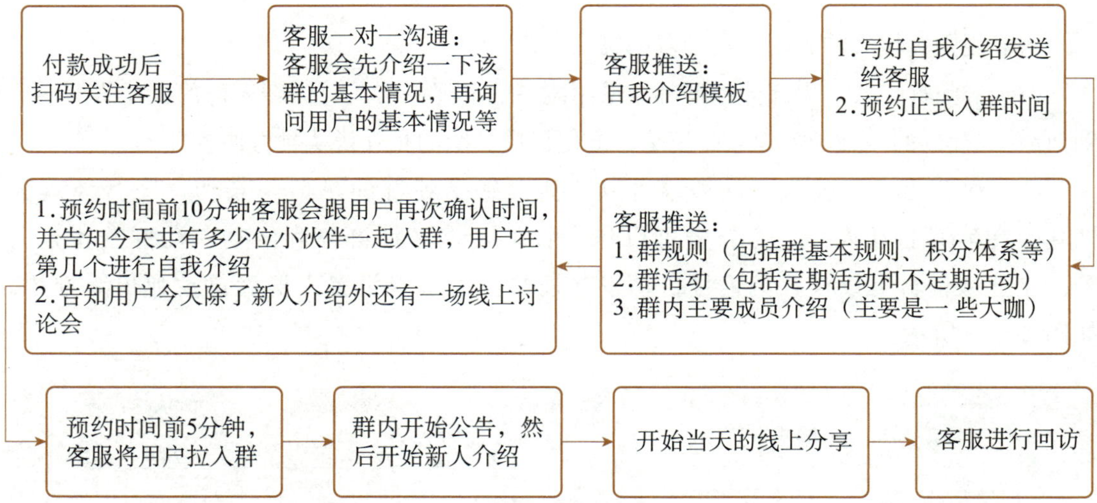

图 2－31　用户入群路径

客服先与新成员进行一对一的沟通，并事先设定自我介绍模板及流程，让新成员有充分准备，解决了新成员入群时可能会遇到的问题。图 2－32 所示是某社群一位新成员的自我介绍。

3. 言行规则

设置言行规则的目的很简单，即规范群成员言行，防止一些不利于群发展的事情发生，给群造成损害。言行规则可以单独设立，也可以嵌入群公告中。可围绕以下几点来建立言行规则：

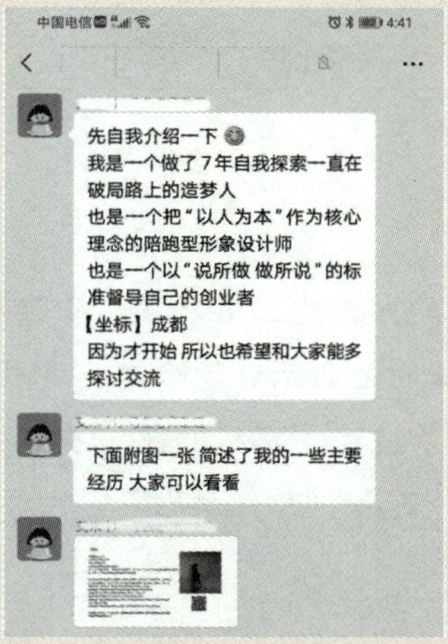

图 2－32　某社群一位新成员的自我介绍

（1）群内争吵，语言暴力；

（2）违法乱纪，扰乱秩序；

（3）连续或大量刷屏；

（4）频繁讨论与本群无关话题；

（5）群内打广告。

4. 分享规则

群内可定期开展分享活动，分享有价值、有意义的内容，这样不仅可以调动群成员参与互动的积极性，还有利于打造高质量社群。每个人都有擅长的领域，通过分享自己的经历、经验、思路、方法、见解，可以为部分领域知识薄弱或者刚入门的新人指点迷津，当建议被认可、被采纳时，还可以极大地增强群成员的成就感与自豪感，使群成员充分感受到自我价值。

在分享活动开始前，需制定规则，如分享前禁言、分享中配合、分享后提问等规则，保证分享顺利进行。

5. 惩罚规则

对于违反群规的群成员，可根据其违规情况的严重程度来决定惩罚的轻重。如果性质不严重，可以只做口头警告，或罚一个几块钱的小红包提醒他不要再犯；如果性质严重，比如多次故意刷屏、多次群内发广告、多次发布违规言论等，应当毫不留情直接踢出群。一定要及时、公正地做出相应惩罚，避免给其他群成员留下“不作为、故意偏袒、管理不力”的印象。群主及管理员要做好带头作用，以身作则，群成员才会跟着遵守。

学以致用

如何将社群规则融入社群理念、嵌入商品和活动链接？

多学一招

企业微信社群搭建

1. 发起群聊

企业微信可采用发起外部群的方式建立用户群，目前未验证且未认证的企业，建群总个数支持20个；已验证、已认证的企业无数量限制。用户群的发起方式有两种：一种是在手机端消息界面点击右上角“+”，点击“发起群聊”，然后选择用户即可，如图2-33所示；另一种是在手机端进入工作台，点击“客户群”，点击“创建一个客户群”，如图2-34所示。

图2-33 建立用户群（1）

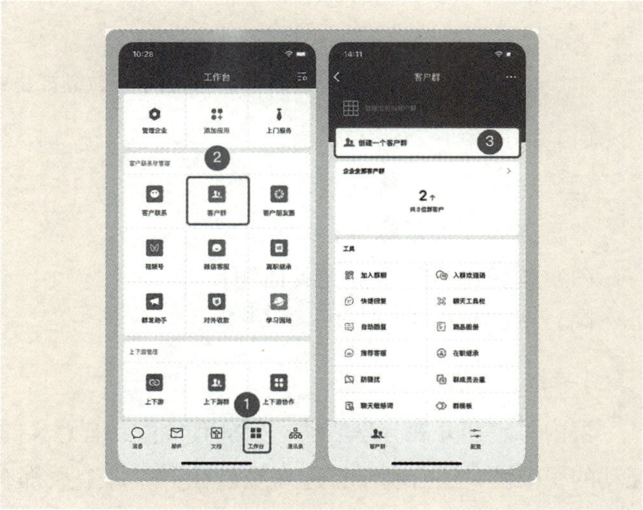

图2-34 建立用户群（2）

2. 群聊设置

建群后应及时对新建的群聊进行设置，点击群聊右上角的三个点，可填写群名，下载群二维码，设置群公告。当前群里只有群主一人，可通过点击“+”选择联系人加入群聊。企业微信群可以设置客服助理，实现群的一部分自动管理功能。点击“群管理”，可以设置禁止改群名和群聊邀请确认，并设置群管理员。可以设置入群欢迎语，可采用文字、图片等方式，实现社群成员入群的自动欢迎，为新成员营造良好的入群氛围。如图2-35所示。

为了避免有些人在群里发广告，破坏社群运营的整体环境，企业微信群可设置防骚扰模式，同时可以设置企业成员防骚扰规则，实现防广告骚扰功能，比如消息包含设定的关键词（如“私加我”“私聊”等，关键词可根据需求设定）、发图片、发网页、发小程序等，设置后群成员一旦发送以上内容就会被自动踢出群聊。另外还可以设置防刷屏功能，

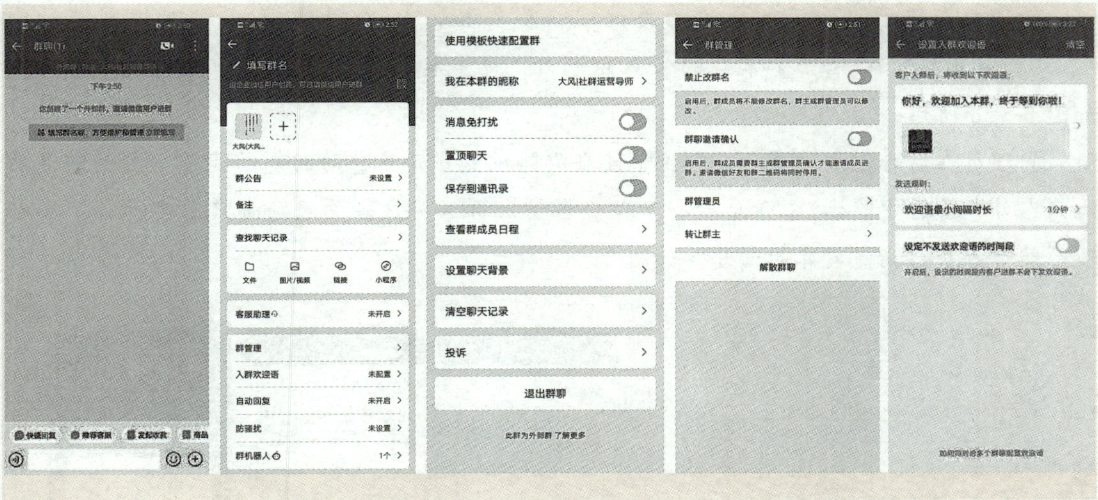

图 2－35　用户群群聊设置

比如消息长度超过 800 字、消息换行超过 80 行、10 秒内连续发送 10 条消息。开启后，一旦有人达到以上条件就被判定为刷屏，被自动踢出群聊。如图 2－36 所示。

3. 自动回复设置

在企业微信群中总是会碰到用户重复询问同类问题的情况，对此，可使用企业微信群自动回复功能，用户只需要在群内@小助理并提出问题，小助理就能自动发送预设好的回答，实现高效回复。

设置自动回复的方法是：登录企业微信管理后台，选择“客户与上下游”，点击“聊天工具”，找到“自动回复”，点击“配置”后创建自动回复的关键词和回复内容，如图 2－37 所示。

图 2－36　防广告骚扰和防刷屏功能

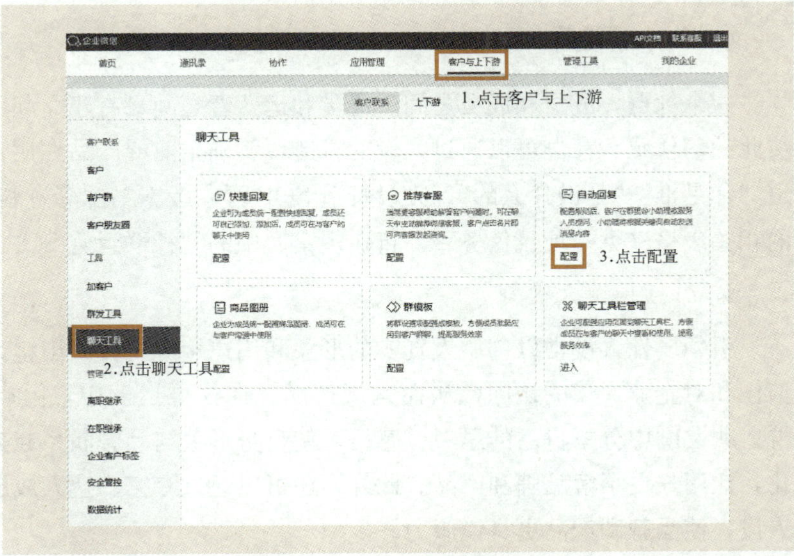

图 2－37　自动回复设置

管理员在配置页面填入合适的关键词（最多添加 10 个关键词），并对规则进行命名。“回复内容”部分除了常规的文本信息外，还支持添加图片、视频、链接、小程序。如图 2－38 所示。

管理员在后台完成设置后，群主就能在群聊设置中开启自动回复功能了（自动回复功能只在外部群聊中显示），开启后小助理会自动入群，用户咨询问题时只需要@一下小助理，就可以获得指定内容的回复。如图 2－39 所示。

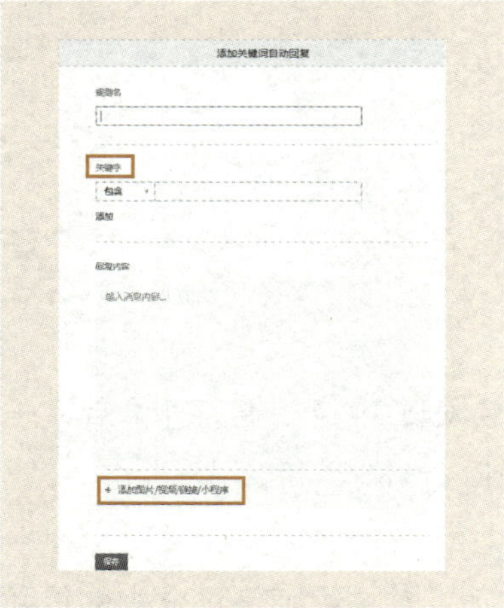

图 2－38　自动回复关键词和回复内容设置

图 2－39　开启自动回复功能

三、社群人设打造

（一）人设选择

一个社群，成员和成员之间、成员和运营者之间只有建立起朋友的关系，才会产生对彼此的信任感。社群可以通过人设的打造，明确企业或产品在用户心中的地位，让成员知道“你是谁”“是做什么的”。人设打造 SOP 可参考本书配套资料中社群运营 SOP 表格中的相关表格（见本项目任务一“行业观察”中的“社群运营 SOP 表格”）。

1. 引领属性人设

引领属性人设常以创始人真实的形象和用户接触，真人出镜，使用户建立起对产品的信任和对企业文化的认同，从而购买产品。在社群运营中，门店创始人、店长等可在社群、朋友圈中分享自己的思考、感悟，使自身形象与品牌联系起来，让品牌和产品更具象化，让用户更了解品牌和产品。此外，还可以通过专家、达人或朋友的形象打造引领属性人设，使品牌和产品更具说服力。

2. 助理人设

如果创始人无暇顾及，还可以衍生出一个助理人设，这个助理需要知道创始人的安排，给用户一种就是在和创始人沟通的感觉。例如某主播的官方粉丝群，群主人设就是主播的小助手，他会在朋友圈分享主播的直播预告、行程安排，在群内解决直播售后问题，组织晒好评赢积分、积分换购等活动，让用户感觉小助手就是主播身边的人，从而建立起用户的信任感。

3. IP 人设

IP 人设可以是虚拟的人设，也可以是真人出镜，无论哪一种，都需要贴近品牌和产品。例如，某美妆品牌社群运营的 IP 人设“小完子”，朋友圈分享的都是日常生活、美妆知识、产品活动，非常切近生活，能够很快吸引女性用户的关注。

（二）优质人设的特性

1. 亲和力强

社群成员是为了追求同一目标而聚集起来的，人设的打造不要高高在上，而应该融入成员之中，贴近用户，拉近和用户之间的距离，让用户感觉到品牌的温度。

2. 专业知识过硬

只有相关专业知识过硬，用户才能产生信任感，发布的内容才更具有说服力。所发布的专业内容要经得起考究，对不知道的内容不要做分享，避免“翻车”。

3. 情感真诚

人设也要有真情实感，发布的内容要充实，以增强可信度，让用户感受到社群的价值。

（三）优质人设的打造技巧

1. 头像设计

头像可以有很多种，比如打造 IP 人设的可以选择卡通头像，助理人设可以选择创始人的生活照。此外，还可以采用公司的 Logo、名称等作为头像。

2. 昵称设计

昵称里一般包含公司的名称，要便于记忆，不要全部使用表情包，这种昵称不方便记忆，也不便于查找。昵称的应用方式主要有以下几种：

（1）昵称＋身份，如“小安－买房投资顾问”。

（2）昵称＋功能，如“艾米－古典舞进阶”。

（3）昵称＋品牌，如“罗莉－××精油”。

3. 标签设计

要想很快被用户记住，就要打造一个有代表性的标签，具有较高的辨识度。

4. 内容输出

除了上述让人一目了然的设置外，人设的最大支撑点其实还是内容的输出。对内容要有明确的定位，如果每天换主题，一天是心灵鸡汤，一天是娱乐八卦，一天是产品介绍，会给用户留下虚假宣传的印象。每天输出稳定的内容，突出品牌的价值，才能引起和维持用户的兴趣。图 2－40 所示是人设内容输出的四个维度。图 2－41 所示是人设内容输出示例。

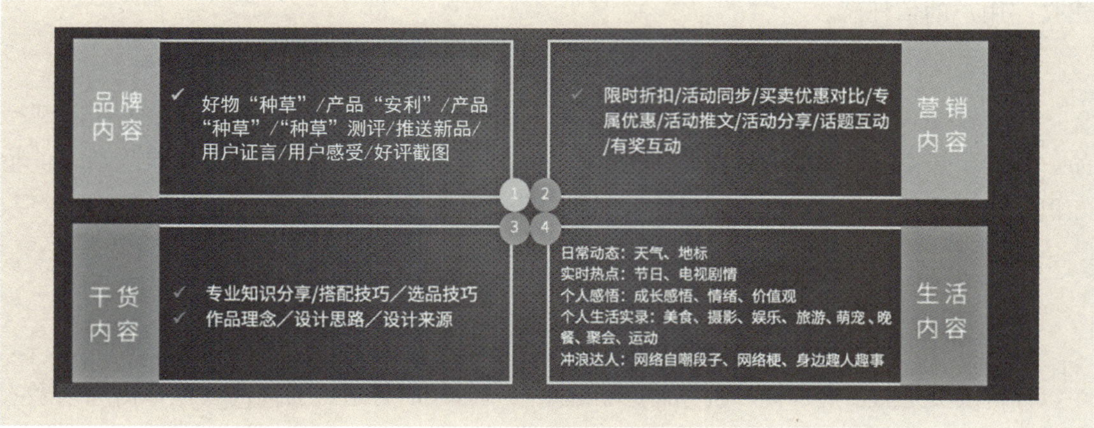

图 2－40　人设内容输出的四个维度

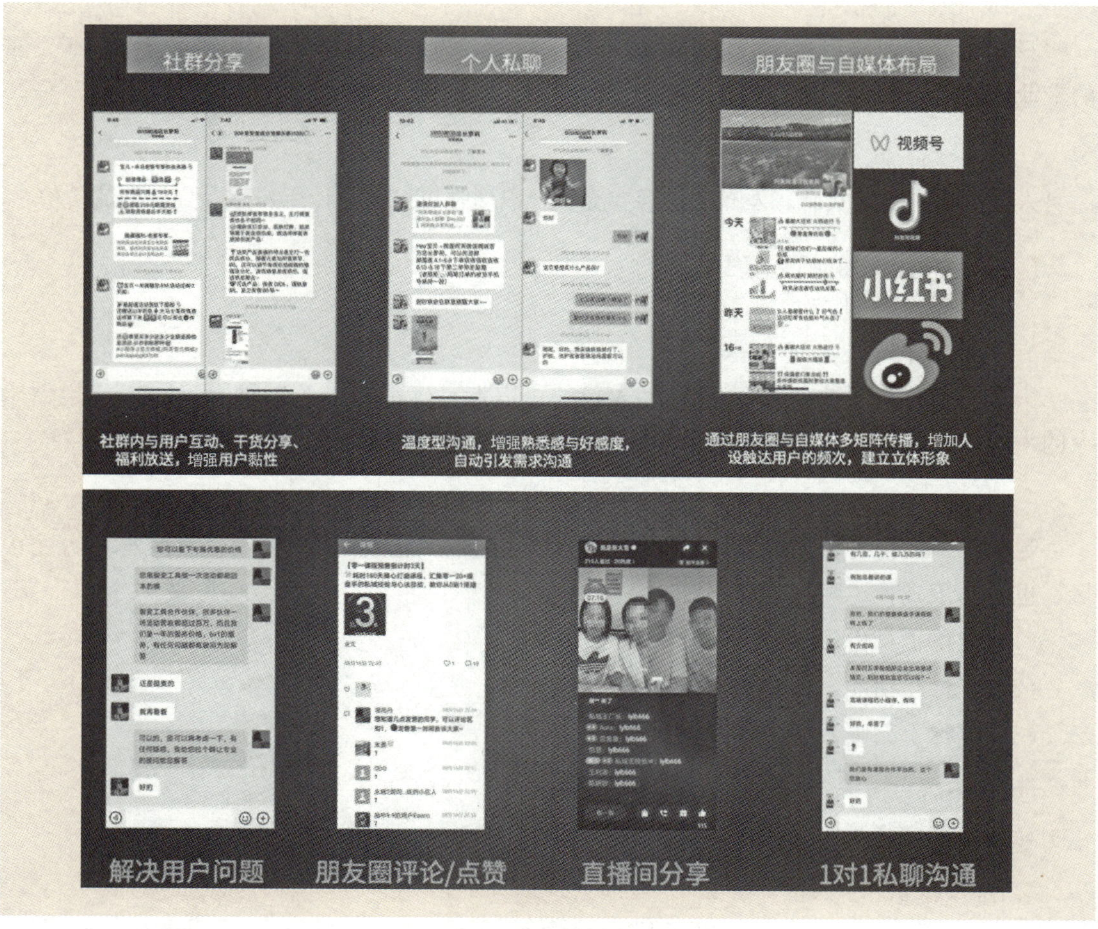

图 2－41　人设内容输出示例

学以致用

为你自己或某位同学规划一个社群人设。

他山之石

案例拆解：完美日记 IP 人设打造

一、品牌介绍

完美日记成立于2017年，是一个致力于探索欧美时尚趋势，同时结合亚洲女性面部和肌肤特点，用心为亚洲年轻女性开发一系列高品质、精设计的彩妆产品的品牌。完美日记品牌特色如图2-42所示。

产品定价	均价在80元左右，价格亲民
产品理念	美不设限
主要产品	口红、眼影、唇釉、卸妆水等
产品特征	以平价、高性价比为卖点，探索欧美时尚，打造符合亚洲年轻女性的美妆单品，产品设计简约大方，提供较多产品选择
主要受众	追求个性的“95后”

图2-42　完美日记品牌特色

二、用户画像

完美日记的目标人群主要为18～28岁的年轻女性，品牌致力于为新一代的亚洲年轻女性提供时尚彩妆产品和美丽方案。品牌宣言是“美不设限”，这种略带叛逆，体现“不被束缚”“不被定义”思想的品牌标语与年轻一代的偏好更加相符。

根据天猫美容用户趋势报告，“85后”、“90后”及“95后”是网络彩妆用户的主力群体，其中，“95后”的消费额和人数同比增长率都非常出色。如图2-43所示。

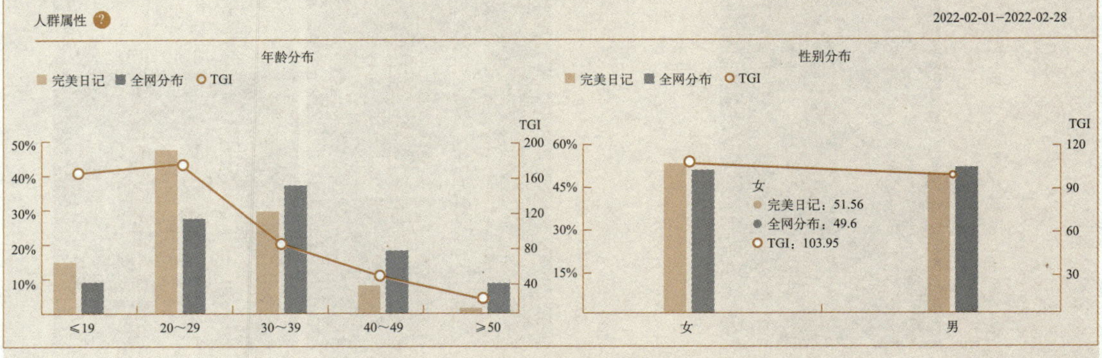

图2-43　网络彩妆用户人群分析

从地域来看，用户主要集中在东南沿海一、二线城市，跟城市便捷的交通有关，也跟城市的经济发展水平有关。

三、IP 人设定位

（一）人设形象

完美日记打造了“小完子”这一统一的 IP 人设。如图 2－44 所示，“小完子”在形象上更像真人，可以消除企业微信带来的隔阂感，和目标用户更加亲近。

真实形象	“小完子”，可爱亲切，没有距离感的闺蜜形象，平时热爱分享和推荐好物，总是给闺蜜带来平价又好用的产品，同时还具备彩妆和护肤领域的专业度
专业形象	通过高度活跃的文字和专业教程立起了“私人美妆顾问”的人设，建立起用户的信任感
情感触达	每一篇晚安文案都经过精心设计和构思，能让用户感受到尊重和温暖

图 2－44 “小完子”IP 人设

（二）企业微信介绍

（1）添加欢迎语：自我介绍＋引导入群，不是机器人话术，积极向上，可爱，比较真实。如图 2－45 所示。

（2）微信设置：自拍照给人的感觉不太像传统的营销号，不会引人反感；“小完子”的昵称听起来不像营销号或者机器人的名字；朋友圈分享的日常和产品介绍相结合，不会让人感觉很无聊；个人页放新品试用链接＋智能测肤＋视频号，可以让用户很直观地了解产品，生活和产品“种草”相结合不会让人感觉很枯燥。如图 2－46 所示。

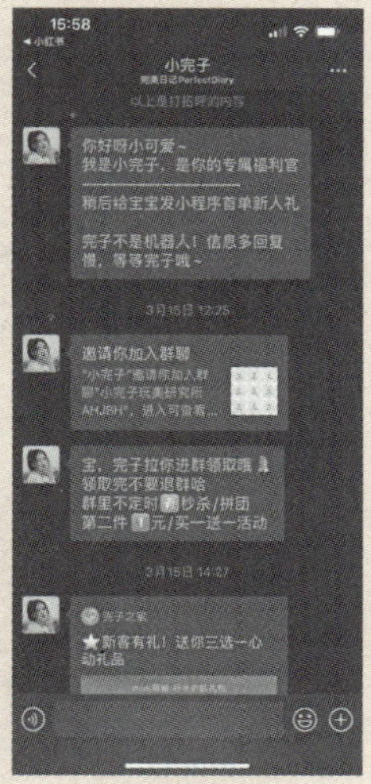

图 2－45 “小完子”自我介绍＋引导入群

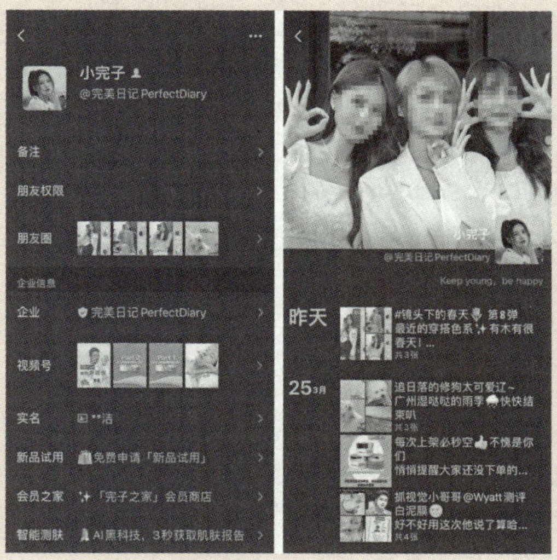

图 2－46 “小完子”微信设置

（3）微信私聊：各种活动可以激发用户的购买欲。如图 2－47 所示。

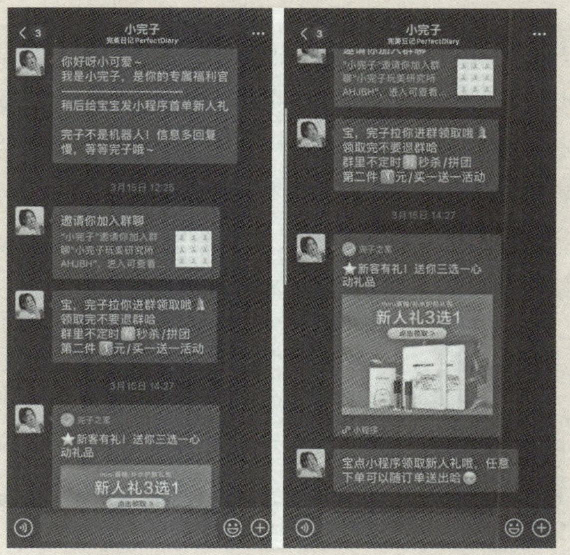

图 2－47　“小完子”微信私聊

四、朋友圈规划

“小完子”的朋友圈规划如图 2－48 所示。在朋友圈的内容营销上，符合品牌调性和人设形象，吸引用户浏览和关注。如图 2－49 所示。

	周一	周二	周三	周四	周五	周六	周日
发朋友圈时间	10:00—11:00						
发朋友圈内容	产品介绍	产品反馈	产品活动	护肤知识	产品“种草”		
发朋友圈时间	15:00—17:00						
发朋友圈内容	产品“种草”	护肤知识	产品分享	产品“种草”	日常+产品宣传	日常	
发朋友圈时间	20:00—21:00						
发朋友圈内容	日常护肤		日常				

图 2－48　“小完子”的朋友圈规划

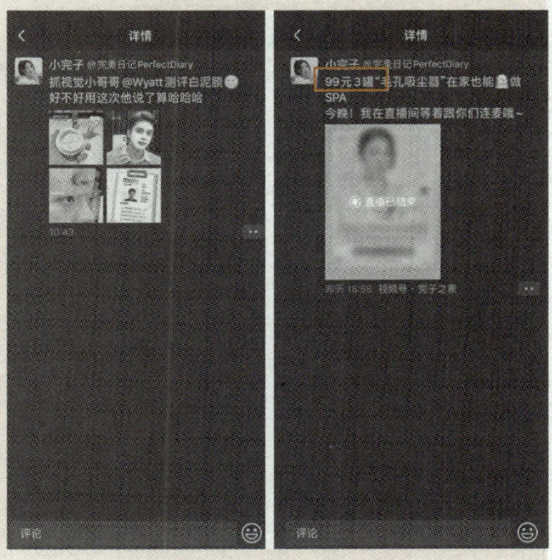

图 2－49　“小完子”的朋友圈内容

五、与其他品牌联名

完美日记陆续和大英博物馆、纽约大都会艺术博物馆、中国国家地理等联名合作，打造具有审美感、艺术感、探险感的人设，借势联名，创造话题，方便推广。

资料来源：拓流研习社．完美日记年销售额破 38 亿元背后的私域转化的秘密．（2022－05－30）[2023－12－20]. https：//zhuanlan. zhihu. com/p/522195228？utm _ id=0.

（四）社群管理团队人设

一个完整的社群，需要有一个完善的社群管理团队。如果社群规模较小，可以由一个人牵头进行管理，但其他人必须参与其中，共同维持社群的活跃度。但如果要管好几百人、几千人的群，就必须建立管理团队。

管理团队在管理社群时，需要根据成员各自的特点进行分工，配合打造合理的人设。表 2-5 所示为某宠粉群管理团队人设。团队成员分工并非一成不变，而是需要根据社群任务、发展阶段和环境变化等因素进行适当调整。

表 2-5　某宠粉群管理团队人设

管理团队	人物昵称	头像	人设及人物介绍	
群主	小萄萄/小木木		人设	制定并发布群公告，为群引流，对化妆品有研究
			人物介绍	引导新人熟悉群里情况，喜爱美妆化妆，及时鼓励大家在群内参与互动
管理员	萄萄说	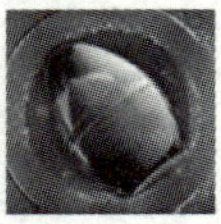	人设	管理群成员发布的内容，欢迎新人入群
			人物介绍	协助群主管理粉丝群，维持群内的秩序，介绍产品的特点
	萄萄说		人设	带领粉丝领取福利
			人物介绍	发布优惠券，介绍淘口令发放时间以及商品的各种福利
气氛组	—	常规头像	人设	活跃气氛组
			人物介绍	活跃群内气氛，帮群主立人设，带动粉丝活跃起来，促使其购买商品。例如，管理员发布优惠券，气氛组：哇！这个优惠力度真大，比我在官网上买的便宜多了！
	—	常规头像	人设	跟风组
			人物介绍	及时回复管理员/群主发布的信息。无论管理员发布什么消息，都能及时回复
	—	常规头像	人设	美妆控
			人物介绍	以热爱化妆为主体形象，对群内发布的活动格外激动

学以致用

选择一个你加入的社群，分析其管理团队人设。

案例分享

每时茶社群营销案例

茶叶农产品有地域性、小众化的特点，再加上资源分散、难以实现规模化，因此很难与一些平台进行标准化对接。本案例中的运营者把社群思维运用到传统农产品上，从用户需求出发进行生产和销售，把每时茶发展为基于社群经济的企业。

扫码阅读全文

资料来源：每时茶社群营销案例.(2022-08-23)[2023-12-20].淘豆网.

职业技能训练

一、社群运营产品分析

1. 实训背景

通过前期的调查和信息采集，掌握某类产品社群定位的需求情况，并确定社群定位。

2. 实训任务

(1) 全班学生自愿分组，每组2～4人。

(2) 每组选择相对熟悉的商品品类进行分析，并填写分析表格。

3. 实训步骤

(1) 教师演示通过不同平台搜索信息的渠道及方法。

(2) 学生填写竞品分析表（如表2-6所示），竞品数不少于3个。“项目产品”是指分析后打算在社群中运营的产品。

表2-6　竞品分析表

分析目的					
分析范围					
分析维度	分析对象	项目产品	竞品1	竞品2	竞品3
基本情况	产品名称				
	公域流量				
	私域用户数				
	适用人群				
	主推产品				
	主推产品价格区间				

续表

基本情况	产品定位				
	品牌头衔				
	主打卖点				
用户认知	用户对品牌的认知和评价				
	用户需求/痛点				
营销亮点	竞品主要运营策略简述				
宣发渠道	微信				
	社群				
	其他				
总结	营销优势总结				
	营销劣势总结				
	产品功效共同点				
	产品差异点				

二、社群搭建

1. 任务目标

利用企业微信平台建立一个将长期运营的社群，制定社群构建进度表和社群规划 SOP 流程表，制定社群规则并发布。

2. 任务载体

企业微信、群主设置、入群欢迎语、群公告内容、社群规则内容、社群构建进度表等。

3. 实施步骤

（1）制定社群规则，如表 2-7 所示。

表 2-7　社群规则

社群定位	
入群条件	
交流机制	
奖惩机制	

（2）在企业微信平台完成社群的组建，进行运营管理人员人设分配、入群欢迎语、自我介绍模板等的设置，并制定社群规划 SOP 流程表。

项目评价

职业素养、自我认知与评价表

<table>
<tr><td colspan="2">班级：</td><td>姓名：</td><td colspan="2">学号：</td></tr>
<tr><td colspan="5">项目二　社群定位搭建</td></tr>
<tr><td colspan="2">评价项目</td><td>评价标准</td><td>分值</td><td>得分</td></tr>
<tr><td colspan="2">考勤（10%）</td><td>不无故迟到、早退、旷课</td><td>10</td><td></td></tr>
<tr><td rowspan="2">工作准备（20%）</td><td>知识预习</td><td>预习项目知识，形成思维导图</td><td>10</td><td></td></tr>
<tr><td>社群工具</td><td>安装企业微信等社群工具</td><td>10</td><td></td></tr>
<tr><td rowspan="4">工作过程（45%）</td><td>社群定位设计</td><td>能够设计某个社群的定位，并配合定位规划内容输出</td><td>10</td><td></td></tr>
<tr><td>社群规划</td><td>能够根据用户画像构建社群产品体系</td><td>10</td><td></td></tr>
<tr><td>社群构建</td><td>能够对新建社群进行引入、退出等规则设计，构建完整社群</td><td>10</td><td></td></tr>
<tr><td>社群人设打造</td><td>能够根据社群定位打造相应的人设，并据此规划内容输出</td><td>15</td><td></td></tr>
<tr><td rowspan="3">职业素养（25%）</td><td>创新意识</td><td>具备创新意识、创新精神，能够对不同目标的社群提出有针对性的建议</td><td>10</td><td></td></tr>
<tr><td>协作精神</td><td>具备团队合作精神，小组能够合理分工、协作完成任务</td><td>10</td><td></td></tr>
<tr><td>流程意识、创业意识</td><td>具备社群工作流程标准化意识，能够实现社群工作流程标准化；培养运用社群进行创业的意识</td><td>5</td><td></td></tr>
<tr><td>合计</td><td colspan="4"></td></tr>
<tr><td rowspan="2">综合评价</td><td>自评（20%）</td><td>小组互评（30%）</td><td>教师评价（50%）</td><td>综合得分</td></tr>
<tr><td></td><td></td><td></td><td></td></tr>
</table>

项目三 社群内容运营

知识目标

1. 了解社群内容规划的重要性
2. 理解社群运营内容 SOP
3. 了解朋友圈内容的打造
4. 理解社群文案的写作方法和社群话题的讨论流程

能力目标

1. 能根据社群运营的目标设计内容规划
2. 能设计并实施培养群成员行为习惯的内容方案
3. 能提供适合社群的有价值的内容，增强用户归属感
4. 能使用社群内容工具设计社群的内容输出

素养目标

1. 培养创新意识、创新精神，能够在社群内容运营方面提出新的观点
2. 具备工具应用能力，能够熟练掌握社群内容工具的使用方法

3. 树立正确的价值观，具备大局观，培养主动思维和利用社群帮助社会的意识

情景引入

李小嘉的养鸡场产品销售社群已初具规模，他把农场的用户和亲朋好友都拉进了群里。一开始，群里还有一些熟人聊天，可过了一两周后他发现，群里要么静悄悄的没人说话，要么就是在聊无关话题。作为群主，李小嘉开始思考如何对社群进行维护。在这个过程中，他遇到了以下问题：

- 如何让社群成员每天都到群里来看一看？
- 每周社群内容如何规划？
- 在社群日常维护中如何与群成员进行互动？
- 如何对社群中用到的文案、图片、短视频、直播、话题等进行内容规划和创作？

任务一　社群内容规划

一、内容输出形式

（一）日常关怀

微课

日常关怀主要表现为对用户的问候，通过日常问候提供有温度的服务，能培养和用户之间的感情，增强用户对品牌的信任感。问候内容主要包括早安问候、节假日问候、特殊天气出行温馨提示等贴合用户生活的内容。常用的问候内容输出形式有借势海报、问候文案等。问候语可用小程序生成，也可采用精美图片，配合情感关怀和节假日相关的精选资讯、文章，打造形态丰富的日常关怀模块。如图 3－1 所示。

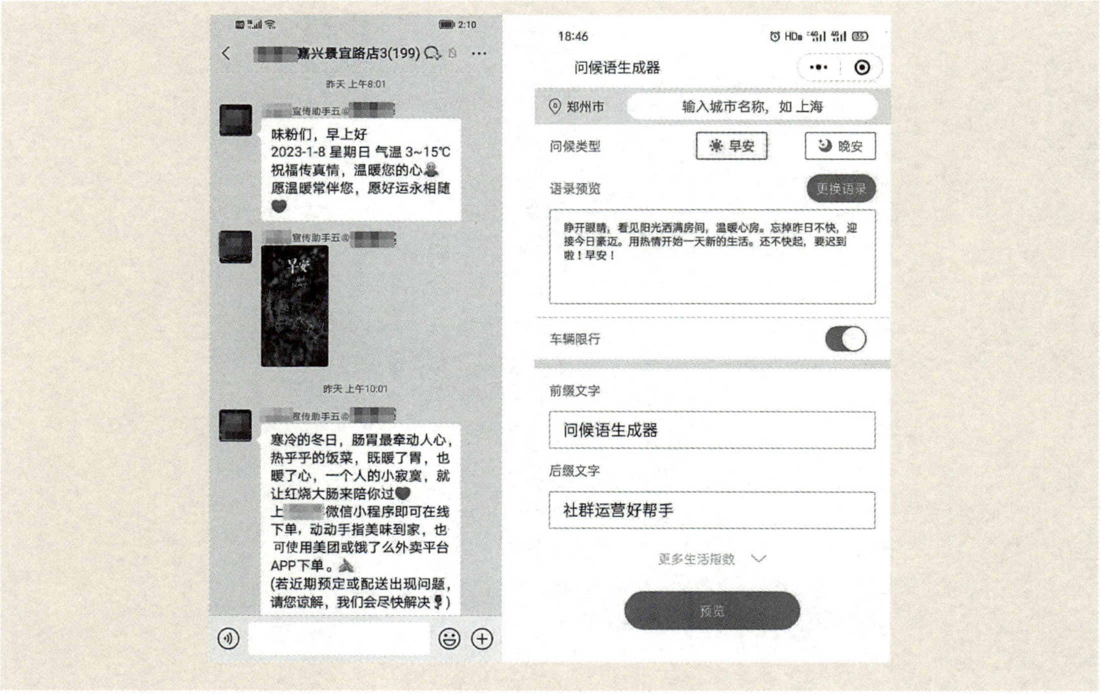

图 3－1　日常关怀

（二）福利活动

福利活动一般是用户最关心的，方式也有很多种，比如折扣券、抵用券、优惠券、满赠等，只要是能使用户获得直观利益的方式，很大概率上都能引起用户的注意并促使用户参与。福利活动的分享形式主要是小程序、图文等。如图 3－2 所示。

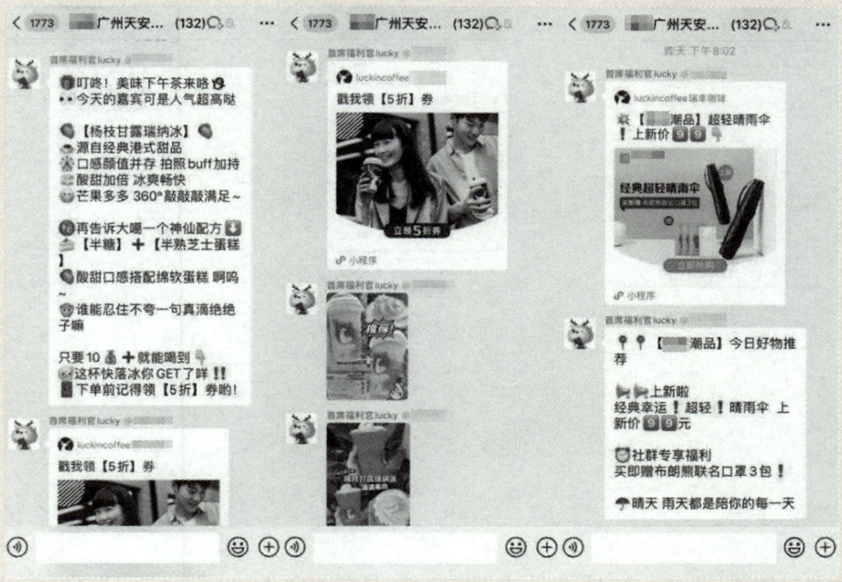

图 3－2　福利活动

（三）干货分享

干货分享相比前两种方式，更容易引起用户的讨论。优秀的干货分享内容既能达到促进讨论交流的效果，又能很好地帮助产品宣传，促进转化。干货分享内容主要包括科普知识、行业干货等。

1. 科普知识

科普知识要结合自身品牌定位和产品的特点，针对社群用户的喜好进行分享。比如美妆爱好者社群中可以分享化妆教程相关内容，内容输出形式主要为图文和视频。如图 3－3 所示。

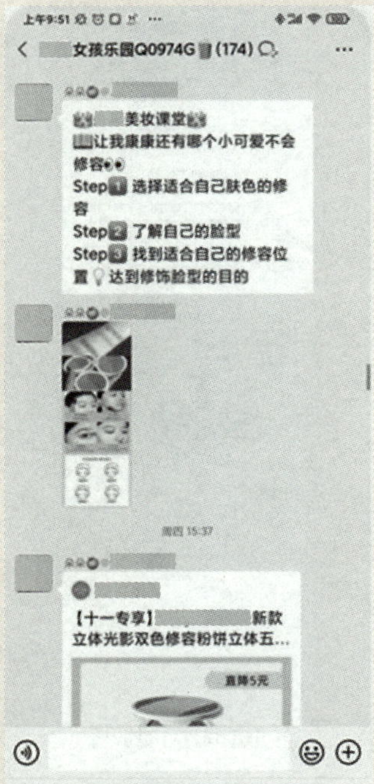

图 3－3　科普知识

2. 行业干货

行业干货主要是垂直行业知识分享，直接在社群中分享相关文档和课程，可以满足用户对价值内容的需求。比如理财社群中可以分享财经、投资相关内容，内容输出形式主要为图文、视频、直播、课程。经常分享一些用户实际需要的干货，可以让群成员感受到社群的价值。如图 3－4 所示。

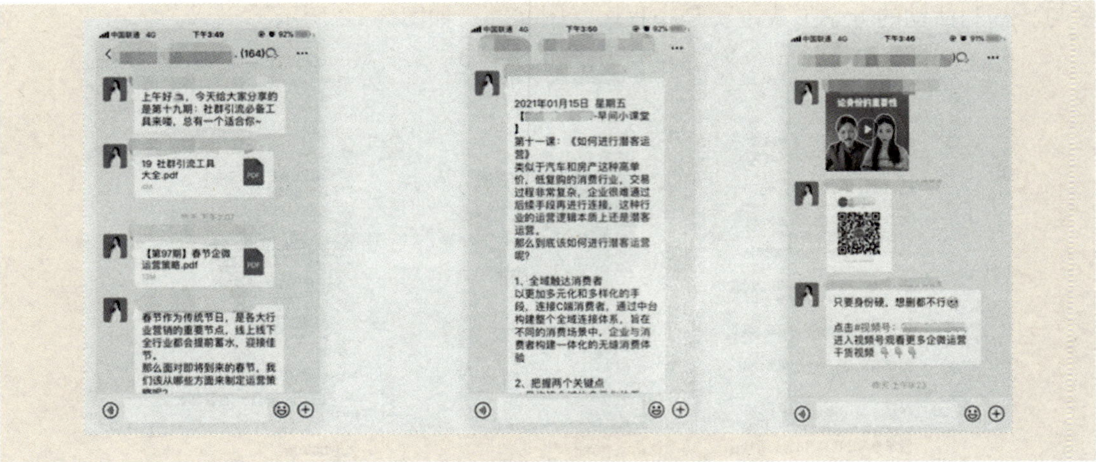

图 3-4　行业干货

（四）产品展示

在社群中可以直接进行产品展示或发布有产品软植入的内容，让用户更深入地了解产品，促成消费转化；也可以根据用户的兴趣喜好，发布“种草”的内容。内容输出形式主要为图文、短视频。商家可同步设置活动，比如秒杀、拼团、优惠券、满减送、会员折扣、分销等，促进店铺销售转化。如图 3-5 所示。

图 3-5　产品展示

（五）新闻资讯

每天在群里分享筛选出的时事热点资讯，让用户打开社群就能快速了解时事内容，可以使用户养成打开社群的习惯。内容输出形式主要是文案和图片。如图 3-6 所示。

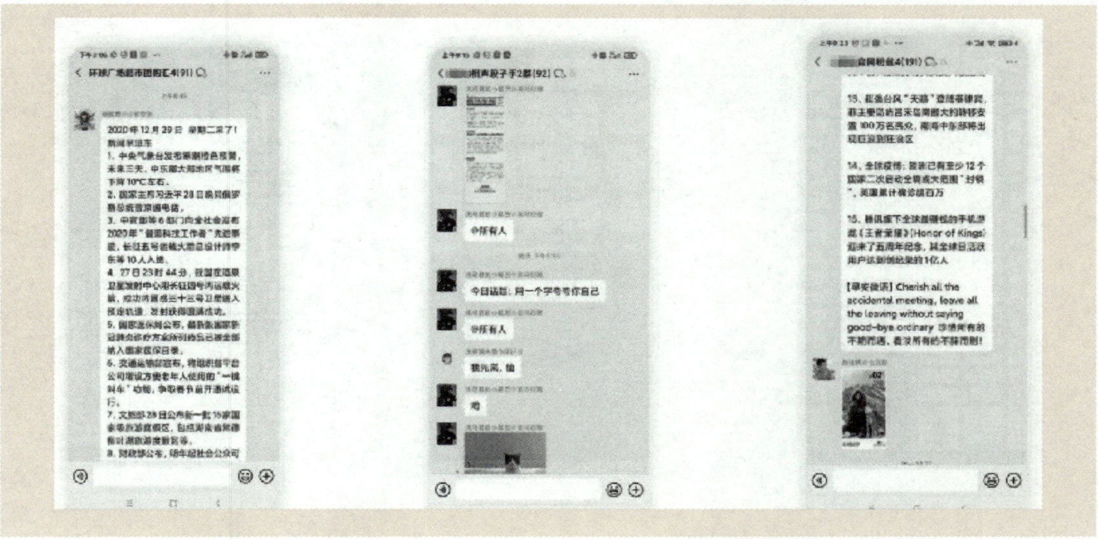

图 3-6 新闻资讯

（六）其他分享

分享内容可不局限于与自身产品相关，比如美妆社群也可以分享服装搭配技巧，虽然不卖服装，但是用户群体对这部分内容感兴趣，只要是用户感兴趣的内容都可以分享，从而增强用户黏性。如图 3-7 所示。

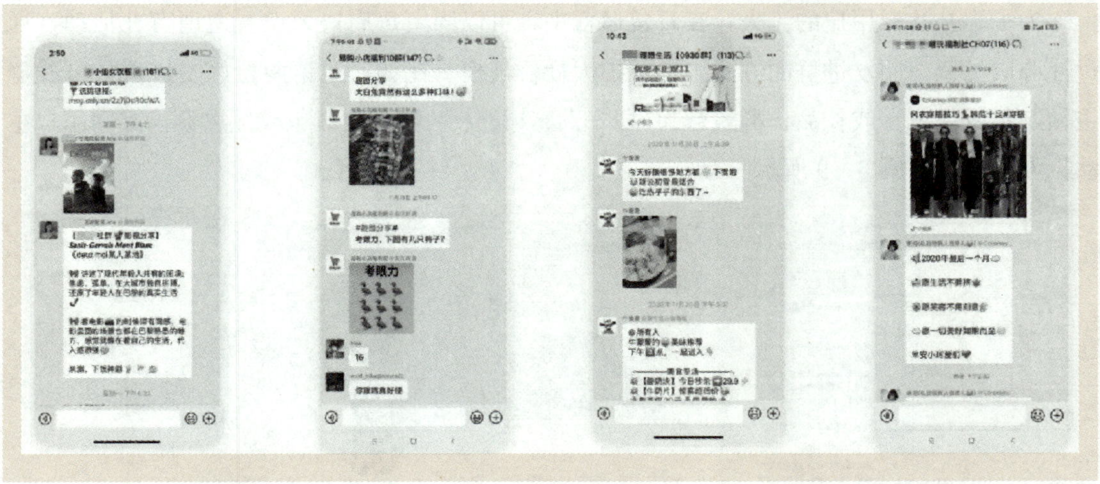

图 3-7 其他分享

（七）活动通知

举办活动前，在群里预告和提前通知，让用户不错过福利优惠。如图 3-8 所示。

图 3－8　活动通知

二、群内互动玩法

群内互动的关键在于激发用户的兴趣，让用户愿意发言或分享，从而带动更多的人参与。可以组织猜谜语、开放式话题讨论等活动，通过激励制度鼓励用户参与；或进行一些群内抽奖等活动，让用户获得福利的同时，提高其对企业的忠诚度。

（一）邀请有礼

为了弥补社群用户的流失，在日常运营中，可以固定每周一天设置邀请有礼活动，通过社群成员邀请朋友进群的方式维护或扩大社群规模。比如，邀请两位好友进群，可找群主领红包或优惠券或礼品；群人数超过 88 人、188 人，群主发红包或优惠券，激励用户主动拉人进群。如图 3－9 所示。

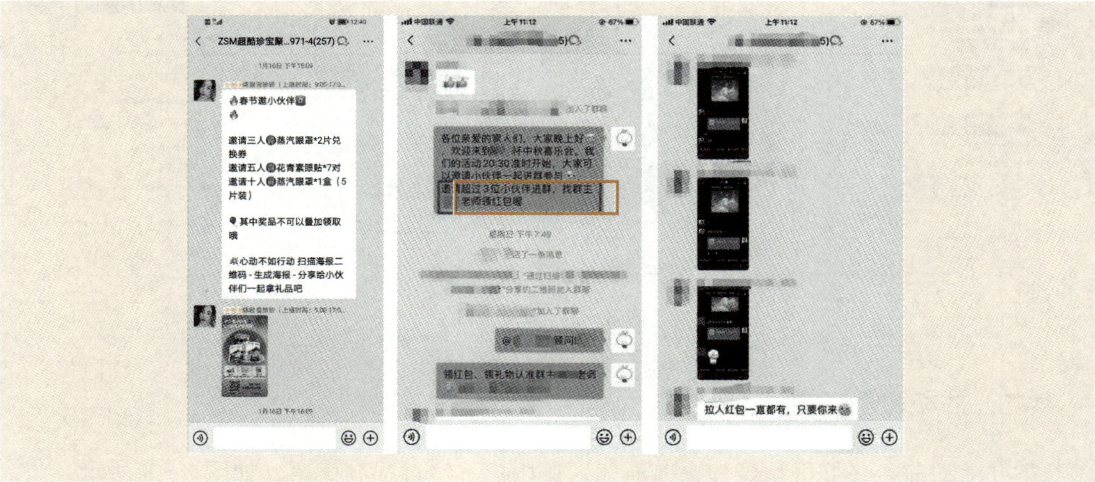

图 3－9　邀请有礼

（二）摇骰子有礼

微信群可通过摇骰子进行互动。互动方法一般是群管理员提前在群里告知用户详细的操作步骤，然后在群里摇骰子，如果用户摇到群管理员指定的数字，即可获得相应的礼品或优惠券，从而达到活跃社群的目的。如图 3－10 所示。另外也可以在用户下单后在群内摇骰子，根据摇到的点数给用户发放奖励，如摇到 1 发 1.88 元现金红包，摇到 2 发 2.18 元现金红包，摇到 3 发 2.88 元现金红包等，以达到促进转化的目的。

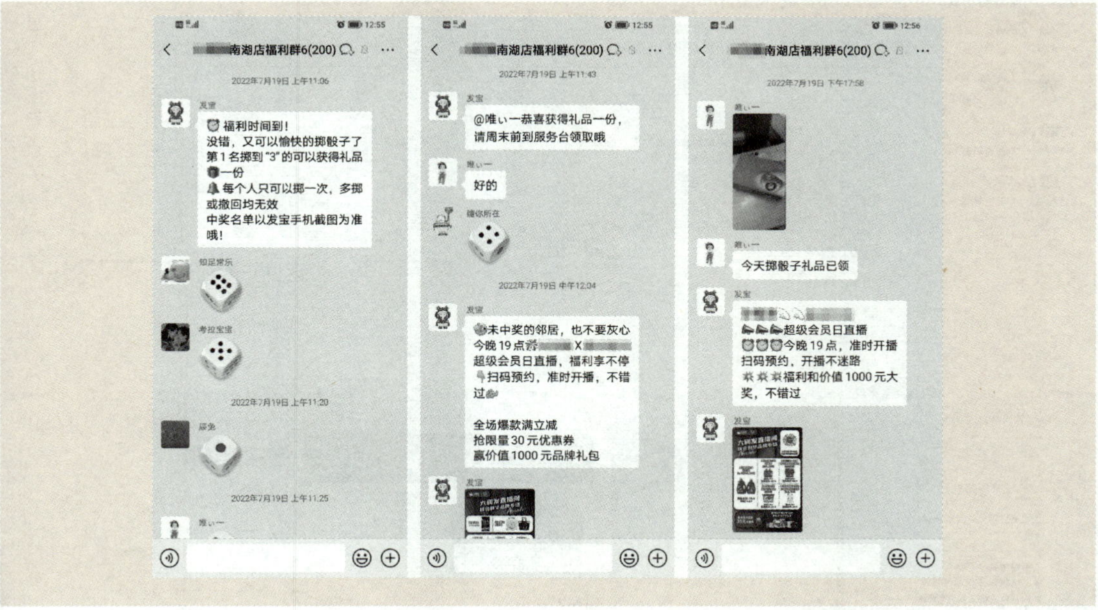

图 3－10　摇骰子有礼

（三）社群猜谜语

社群运营者可收集一些脑筋急转弯、看图猜成语或谜语，在适当的时候发在社群中，以调动用户积极性，活跃社群气氛，比如举办中秋猜灯谜、元宵喜乐会活动。如果是对品牌认知比较强的社群，也可以组织一些企业相关的竞猜活动，如第一家店是什么时候成立的、目前有多少连锁店、主打产品有哪些、最近新品有哪些等，进一步密切与用户的关系。如图 3－11 所示。

（四）社群积分制

以具有吸引力的奖品做诱饵，群成员在群内完成指定任务即可获得积分，积分可以兑换奖品。比如，每天签到＋20 分；参与群内话题讨论＋30 分；分享优质内容＋50 分；等等。奖品的选择要跟社群主题相关，能让群成员感受到价值，使群成员愿意通过付出一定的行动去获取。比如企业的周边产品。如图 3－12 所示。

图 3-11　社群猜谜语

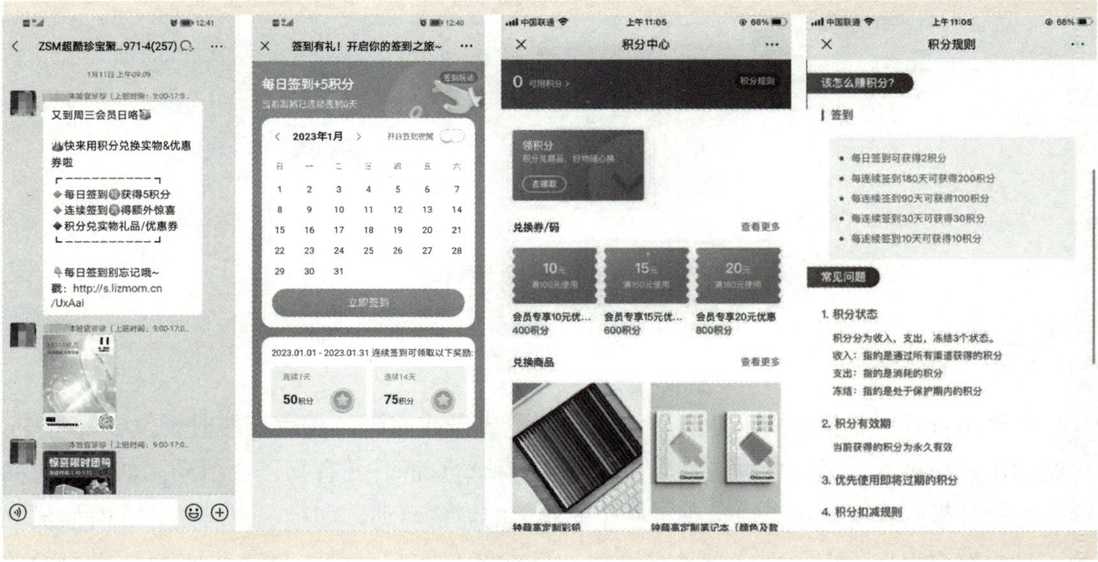

图 3-12　社群积分制

（五）手气最佳免单

每天晚上固定时间在群内发红包，每个红包金额不用很高，比如 2 元钱 10 个拼手气红包，手气最佳的凭当天的购物小票免单。手气最佳免单可以作为日常活动，能够增强用户黏性，提高用户到店率。该形式适用于高频消费行业，如生鲜蔬果、快消、服装、百货等。如图 3-13 所示。

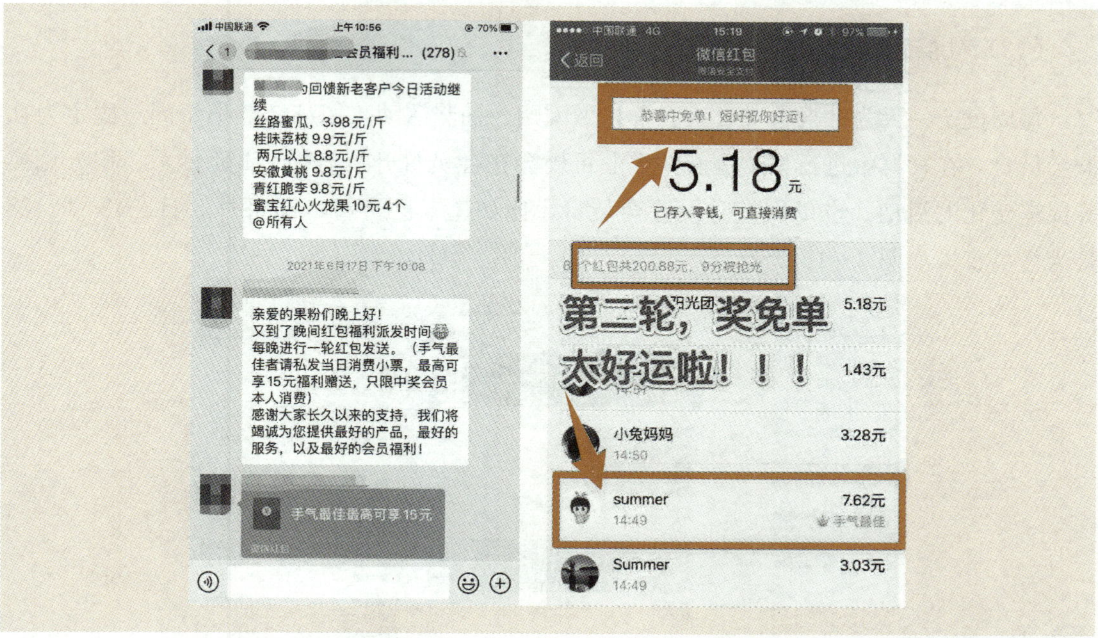

图 3-13　手气最佳免单

（六）社群抽奖

通过微信抽奖助手小程序发起抽奖，抽奖需事先确定活动玩法和规则，如必须要在群内转发相应的话术等；抽奖奖品可以设置大额消费券、满减券、商品免单券、品牌周边产品（如定制纪念小月饼、冰箱贴）等。如果奖品是消费券、满减券，也可设置中奖的用户必须购买指定商品或者消费达到一定金额才能获取。如图 3-14 所示。

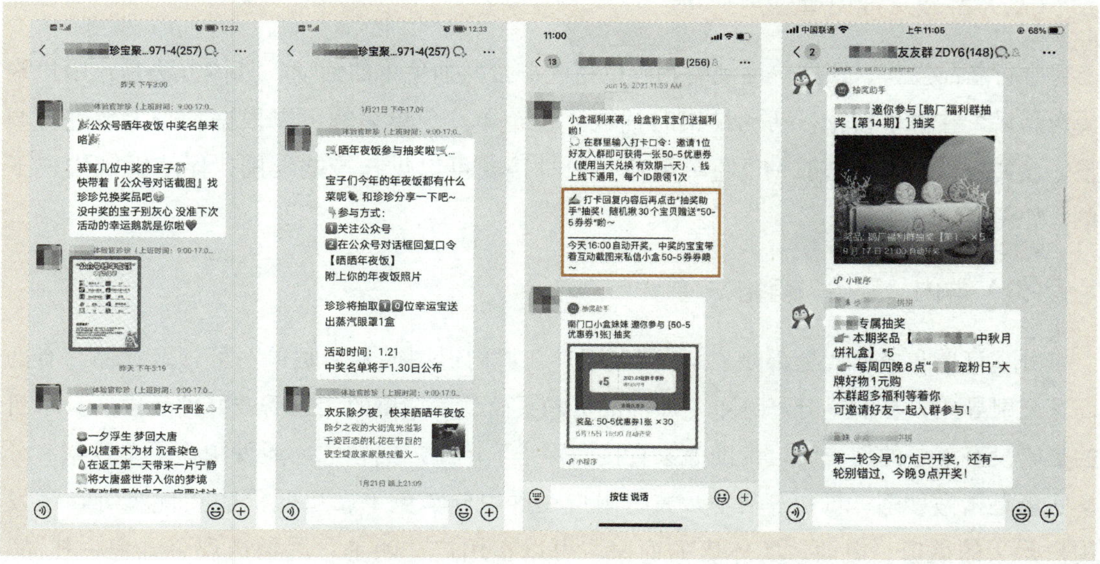

图 3-14　社群抽奖

（七）社群会员日

每周设定一天为社群会员日，在群内做闪购、抽奖活动，如某企业把每周三固定为社群会员日，在社群中进行抽奖。有些企业每周会在会员日开展直播、1 元秒杀、积分兑换等促进转化的活动。也可以按月设置会员日，比如逢 8 会员日，即每月 8 日、18 日、28 日为会员日。如图 3－15 所示。

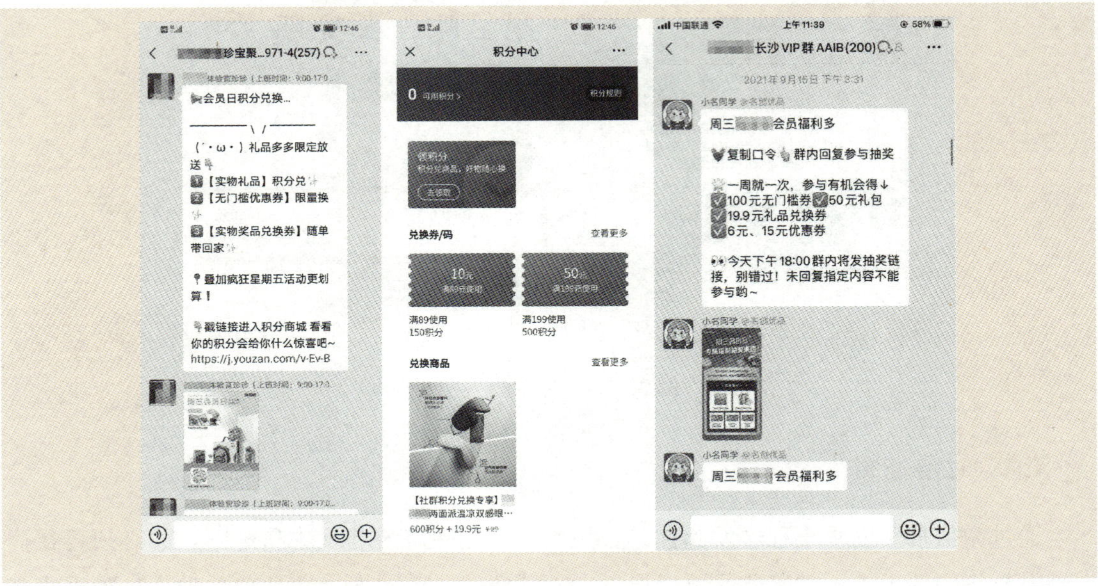

图 3－15　社群会员日

（八）群接龙抽免单

举行新品发售、团购等活动时，可以搭配群接龙抽免单的活动。具体方法是：用户购买产品后，在群里接龙，活动结束时抽取 1 位免单。免单名额可以根据参与人数进行调整，比如每满 100 人增加一位免单名额。通过接龙可以烘托抢购氛围，促使围观用户下单。如图 3－16 所示。

（九）群内“晒单”有礼

分享订单和分享实惠都是“晒单”，用户在群内返图或者“晒单”可领取礼品。有的商家会引导用户在群里分享订单，即群成员购买商品后拍摄的买家秀或好评反馈，分享目的是给没有下单的用户看，帮助商家直接消除未下单用户的顾虑，激发用户下单欲望。分享实惠是指做秒杀、折扣等活动，鼓励用户在群中分享免单、超低价购买优惠等，激发用户购买的欲望。电商、实体店的商家，可以在用户“晒单”后赠送现金红包、礼品、优惠券等。如果是实物礼品，还可以下次下单时附赠；实体店则可以要求用户到店领取。

如图 3－17 所示。

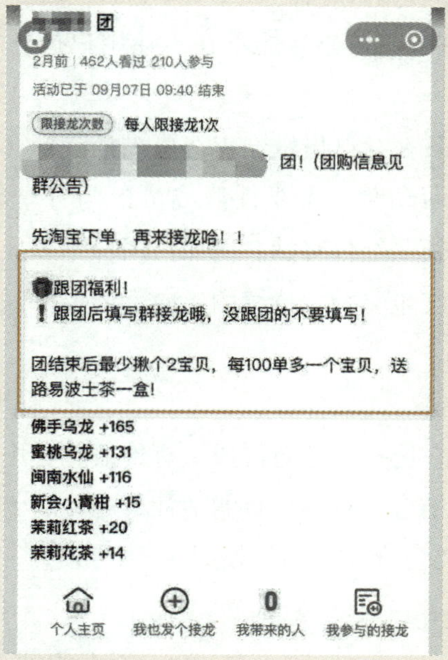

图 3－16 群接龙抽免单

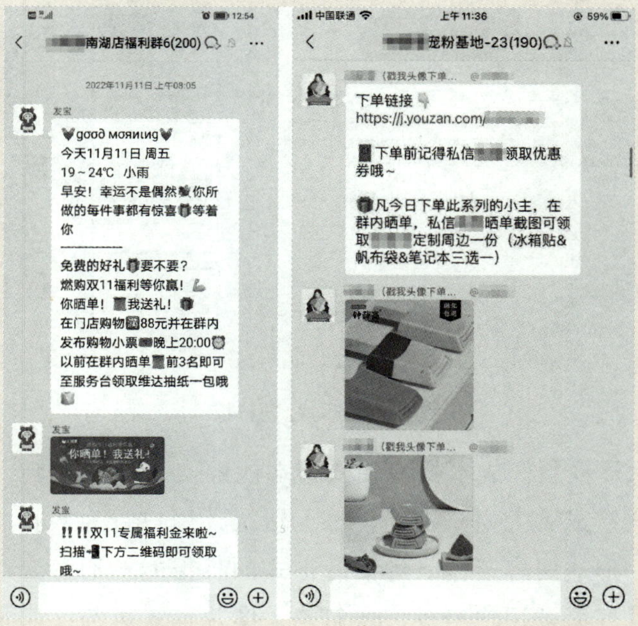

图 3－17 群内“晒单”有礼

（十）社群红包

（1）入群红包：当有新人入群时，可安排群主介绍新成员，或要求新人发红包并进行进群的自我介绍。

（2）签到/问好红包：社群每天都需要运营和维护，通过签到可实现日常打卡或者点名功能。发社群签到/问好红包，核心目的不在于让用户抢到多少钱，而在于让每个人都形成社群记忆。

（3）节日红包：重大节日在社群里发红包，可烘托节日气氛，体现社群关怀。

（4）任务红包：做营销活动时，需要社群成员参与分享和转发，可先在群中发布任务，用户完成任务后，再来领取红包奖励。例如，用户完成规定的好评、点赞、分享等截图反馈，会得到相应的任务红包奖励。持续的正向反馈也可以带动其他用户参与。

（十一）社群日报

社群日报是指每日固定在群里发送对群成员有价值、有用的内容。社群日报的内容需与社群定位、用户标签等相结合，达到每日激活社群的目的。社群日报常采用以下四种形式：文字、图片、公众号推文、长页 H5。如图 3－18 所示。

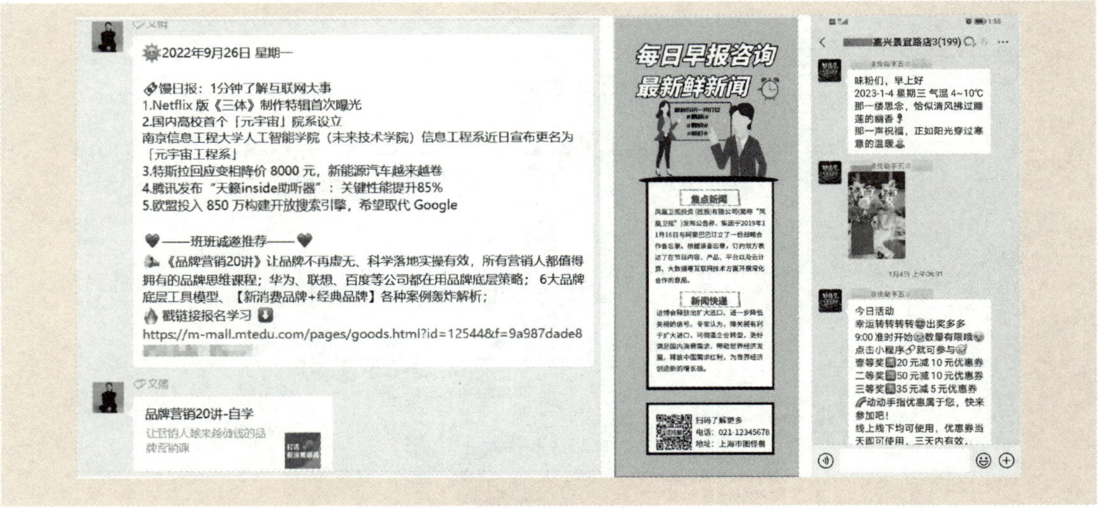

图 3－18 社群日报

纯文字形式的日报制作成本低，在微信端能够实现链接跳转，缺点是表现形式单一，内容过长会造成聊天窗口刷屏，也无法统计用户行为数据。文字形式可与公众号推文相结合，形成内容营销。纯图片形式的日报能够通过二维码实现跳转，但无法监测数据，且容易被用户当成广告忽略。图片形式可与文字形式相结合，加强内容传播。

互动玩法花样繁多且层出不穷，本质上都是通过有吸引力的诱饵，促使用户根据预先设定的线路去做出行动，参与活动或者购买产品。一些效果比较好的互动玩法可以固定下来，成为社群常规运营动作。

学以致用

请在社群中实施三种以上互动玩法，并说出效果有何不同。

三、社群运营内容 SOP

在前期的内容规划中，运营者对社群进行了定位，确定了内容输出形式和群内互动玩法。在内容运营阶段，需按运营目标制定社群日常维护执行表（亦称社群运营内容 SOP），把琐碎的日常工作内容变成标准的执行步骤，明确规定运营者每周、每天需要做什么，以及每一步需要注意什么、有什么要求、产出标准是什么、所需的资源去哪里找。管理者可对一周社群内容维护执行表（如表 3－1 所示）进行规划，或直接制定一日社群内容维护执行表，如表 3－2 所示。

表 3－1　一周社群内容维护执行表

第×周社群内容维护执行表							
时间/事项	周一	周二	周三	周四	周五	周六	周日
主推品	10 个推品	10 个推品	6 个推品	10 个推品	10 个推品	10 个推品	10 个推品
节日/主题活动	优惠抢先知	知识分享日（美妆、家清、个护）	好物深度“种草”日（KA 产品）	超级游戏日	幸运大抽奖	周末福利购	
10:30 内容规划	周规划群公告	轻松唠嗑	“种草”产品唠嗑	发起人设话题	产品唠嗑	周末品类“种草”节	
11:00 福利推品			产品“种草”				
12:00 知识输出	小贴士（美妆、家清、个护、生活妙招）	小贴士（美妆、家清、个护、生活妙招）	小贴士（美妆、家清、个护、生活妙招）	小贴士（美妆、家清、个护、生活妙招）	小贴士（美妆、家清、个护、生活妙招）		
16:00 互动内容	话题互动	知识分享	产品“种草”/试用体验	游戏日	旅游、生活小技能分享		
互动后福利推品							
19:00 品牌价值输出	朋友圈内容分享	人设生活分享	工作话题互动	品牌活动分享	IP 人设定位输出	产品深度“种草”安利	
22:00 睡前习惯	晚安	晚安	晚安	晚安	晚安	晚安	晚安

表 3-2　一日社群内容维护执行表

新人入群	欢迎@新人＋群规＋最新活动			
群广告清理	踢人＋截图			
时间	内容	社群互动	目的	备注
7:30—8:30	早安： 正能量、心情、热点话题、幽默笑话	5分钟互动聊天	给用户留下印象，让用户记住你	来源： 关注新闻哥 冷兔 朋友圈
11:00	企业实力图 产品知识 产品卖点 用户好评 产品相关评论 产品链接 活动信息	社群内引导聊天，产品知识输出	在群内建立联系，给用户留下印象，强化用户对×××的感知	来源： 图文内知识点 前一天发的卖得好的产品 群内好评截图 群内可展示话题
13:00—16:00	企业实力图 产品知识 产品卖点 用户好评 产品相关评论 产品链接 活动信息	"晒单"领红包小互动活动	在群内建立联系，给用户留下印象，强化用户对×××的感知	来源： 图文内知识点 前一天发的卖得好的产品 群内好评截图 群内可展示话题
17:00—18:00	工作日常： 样品来了 视频拍摄中 洗菜/炒菜中 加班中 喝茶聊天	与好友私聊互动	真实场景展现	来源： 同事们的工作状态 不露脸、不能透露的不用给正面 配合文字做引导
19:30	产品推荐 活动信息 社群日常 群内好评 群内话题	5分钟互动聊天	凸显社群价值	来源： 产品内容输出 当下活动 群内可展示话题
所有展现形式都要求：图片＋文字				
企业实力图	包括但不限于：(1) 企业仓库、办公室照片；(2) 线下门店照片；(3) 线下活动照片；(4) 名人合照			

续表

话题	话题包括但不限于护肤、养生、生活、工作等，只要不是违法内容及敏感话题，皆可以闲聊
“晒单”领红包	2～3 天发一波，保持热度，不要过于频繁，也不要沉默太久
闲聊	可以不定期在群里发一些语音，频率一周 2～3 次即可
社群互动小技巧	
互动时要把握节奏，文案不要一次性全发出去，保留互动时间，中间间隔 1～2 分钟，具体如下： 1. ××××要发红包啦！ 2. 第一个答对的伙伴，就能获得红包 1 个哦！ （等 1～2 分钟） 3. 提问 A（每个答案要有一定的范围） （等 1～2 分钟） 4. 如果没有人回答，可以让事先安排好的人来回答	

下面以儿童棉制生活护理用品品牌社群——某棉社群为例，分析社群运营内容 SOP 的制定过程。

（一）内容挖掘

根据社群运营目标，社群需输出促活、转化、品牌宣传三个方面的内容。如表 3－3 所示。

表 3－3 社群内容挖掘

目的	用户	主题	频率
促活	性别、年龄、职业	行业、产品、服务	高
转化	使用场景、潜在需求	技能、思维、工具	中
品牌宣传	吸引点、共鸣点、痛点	主题矩阵	低

社群促活主要考虑用户画像，根据用户的特点和需求制定相应的内容。比如：用户大部分处在哪个年龄范围？男女比例如何？社群可以给群成员带来什么价值？例如，某棉的用户画像为：年龄集中在 25～35 岁，女性用户占到 85%。此类人群更追求产品品质和健康的生活，可以发送一些科普类、福利类内容。如图 3－19 所示。

社群转化主要考虑产品的使用场景和用户的潜在需求，以更好地带出产品，促进转化。例如，某棉的用户很多是新手爸妈，在育儿上有很大的需求及明显的痛点。某棉在公众号中发布“带娃雷区”相关内容，转发至社群中吸引用户观看，最后为产品做引流。如图 3－20 所示。

图 3-19 社群科普类、福利类内容

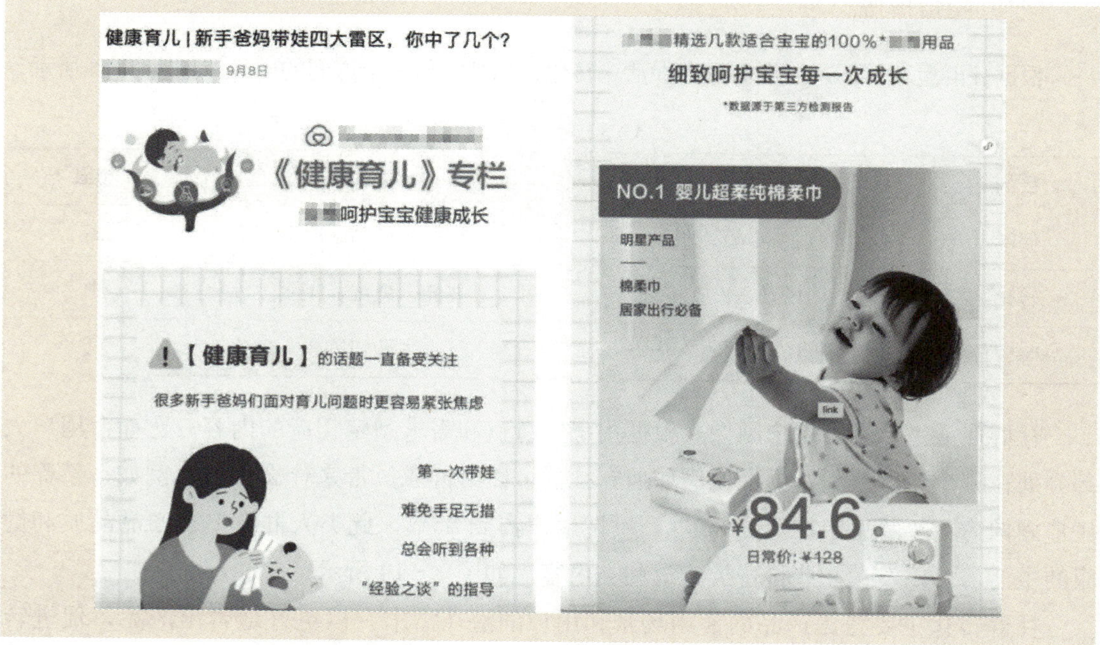

图 3-20 社群转化类内容

社群品牌宣传主要考虑品牌的优势和亮点，提升用户认知度和信赖感。例如，某棉会在公众号中发送品牌联名、时装周合作等内容，增强品牌的影响力。如图 3-21 所示。

图 3-21　社群品牌宣传类内容

(二)建立内容素材库

建立内容素材库可以从以下四个方面入手。

1. 标题库的收集整理

标题是搜索引擎收录内容的关键因素，内容标题中可嵌入长尾关键词。例如，某棉的相关关键词有：母婴、纯棉、婴儿、高品质、育儿等。可以用百度营销关键词扩展工具等挖掘行业或产品的关键词，去掉弱相关或者不相关的词，留下高度相关的长尾词和需求词，建立一个文档，以备随时调用。

2. 内容库的收集整理

收集行业产品相关的问题并找出答案，如行业问题及热点信息、产品介绍及亮点、用户痛点及解决方案、知识科普、用户反馈等，整理成文档，以备随时调用。如表 3-4 所示。

表 3-4　社群内容库

类别	内容	来源
产品相关	产品功能、使用方法	公司产品介绍
知识科普	相关知识科普	公众号、视频网站等
行业热点	行业资讯、行业政策	新闻网站、公众号

续表

类别	内容	来源
能力提升	PPT 技能提升、Excel 技能提升	公众号、网站等
价值资源	行业报告资料	公众号、报告网站等
工具推荐	作图工作、数据分析工具等	课程、公众号等
用户故事	用户的故事、案例	用户征集

例如，某棉可以搜索这样的问题：纯棉巾怎么使用？刚出生的婴儿喝什么奶粉好？适合新手爸妈在家学习的技能有哪些？将这些问题及其答案整理成文档备用。

3. 图片的收集整理

收集公司其他渠道已有图片，并对收集到的图片进行分类整理，比如根据图片形式可分为封面、长图、海报等；根据图片内容可分为产品图、促销图、买家秀图等。也可在网上的图片库中搜索或自行拍摄，然后用创客贴、图怪兽等软件来设计社群专属图片，采用这种方法要注意图片的版权问题。

4. 视频的收集整理

收集公司其他渠道已有视频，如公司简介视频、产品展示视频、直播切片视频等。也可在网上的视频库中搜索或自行拍摄，然后用剪映、Premiere 等软件来制作社群专属视频，采用这种方法要注意原创度和视频版权问题。

（三）内容生产

社群内容生产方式主要有三种：原创、转载、征集。如表 3-5 所示。

表 3-5　社群内容生产方式

生产方式	具体形式	篇幅
原创	路径：主题大纲—关键点—细化—审核	文章：不宜过长，阅读时长以 5～10 分钟为宜 图文类：不要超过屏幕 视频：5 分钟以内
转载	直接引用内容，转载公众号	
征集	向用户、KOL 约稿	

1. 原创

原创需要运营者有一定的文字能力以及充足的时间和精力，找到一种适合的、便捷的、可持续的内容生产模式。

2. 转载

转载要求运营者搜索、筛选适合用户的优质内容，申请原创者授权后发布到自己的平台。例如，某棉会转载一些科普类平台的文章，它们的受众群体比较相似。如图 3-22 所示。

3. 征集

征集就是向特定的人预约稿件，如邀请有意向的用户参与内容生产并给予一些福利。例如，某棉会征集一些会员故事，以提升用户参与度、增强用户认同感。如图 3－23 所示。

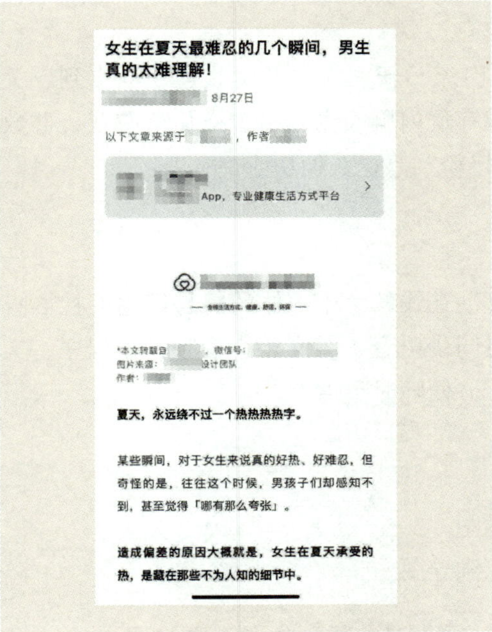

图 3－22　社群内容转载

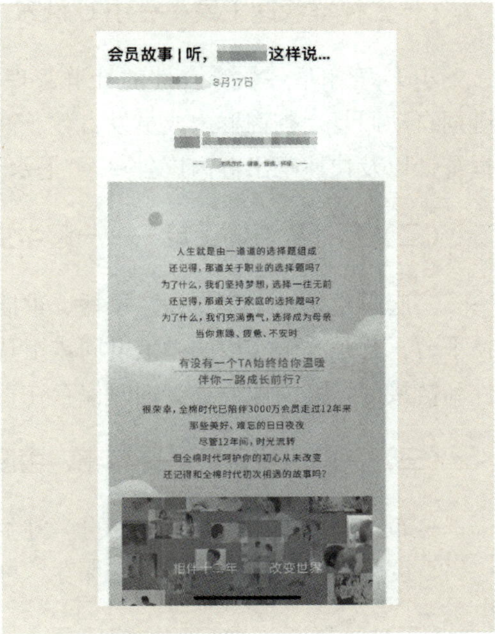

图 3－23　社群内容征集

（四）内容优化

内容优化就是对已经推送过的内容进行分析。总结出用户打开率最高、评论率最高、最喜欢互动的内容，增加此类内容的推送；找出用户互动率较低、不喜欢的内容，分析原因是什么，减少此类内容的推送。将优化后的内容以统一的格式固定下来，形成社群运营内容 SOP，将社群内容运营工作标准化，用来指导和规范日常运营工作。如表 3－6 所示。

表 3－6　社群运营内容 SOP 示例

时间	内容	详情
8:00	早安问候	正能量文案＋海报
10:00	签到活动	小程序扫码签到抽奖
11:30	限时秒杀	日用品低价秒杀
15:30	限时秒杀	宝宝衣物低价秒杀
16:00	游戏互动	小程序种棉花，领奖品
17:00	母婴知识	母婴知识科普
19:00	限时秒杀	贴身衣物秒杀
22:00	限时秒杀	宝宝衣物低价秒杀

四、社群内容工具

（一）社群管理工具——小 U 管家

小 U 管家是一款综合性的社群管理工具，有引流、新人入群及时欢迎、群签到、关键词自动回复、查询群内成员发言数、群积分、保存群内聊天内容、多样化群游戏、群数据统计以及快速踢出群内广告户、"潜水者"、"僵尸粉"等上百种功能。

（二）多社群直播工具——一起学堂

一起学堂是一个集直播、录播、重播、移动互动在线教育于一体的简易好用的社群直播平台。它是一个实用的微信群同步工具，能实时同步语音、图文、小视频、小程序、文件和链接等，群内课程还会即时保存在直播间内，方便随时重播。

（三）头脑风暴工具——幕布、百度脑图

幕布，提供极简大纲笔记，可一键生成思维导图。

百度脑图，不用下载，不用保存，可在线画思维导图。

（四）社群活动发起和推广工具——活动行、互动吧、活动盒子、帮推客

这些工具可提供免费发布活动、多元化推广资源、线上线下收款、专业签到设备、报名资讯管理等一系列专业服务。

（五）用户信息收集工具——麦客 CRM、孤鹿

麦客 CRM 是一款在线表单制作工具，同时也是一个强大的用户信息处理和关系管理系统，它可以帮助用户轻松完成信息收集与整理，实现用户挖掘与消息推送，并开展持续营销。

孤鹿是一款基于移动互联网的社群运营工具，能够帮助社群运营者更加便捷地发起活动、收集会员信息和数据，进行智能化的会员管理。

（六）内容协同工具——石墨文档

石墨文档 PC 端、手机端都可用，支持多人同时对文档进行编辑和评论，让使用者与他人轻松完成协作撰稿、方案讨论、会议记录和资料共享等工作，适用于制定社群活动方案。

（七）打卡工具——知识圈

知识圈基于微信端研发，用户使用门槛低；支持小程序和 H5 展现，可嵌入服务号使用，搭建专属学习社群；非常适合知识付费社群，是一款特别好用的学习型打卡工具。此外，鲸打卡、小打卡也是非常便捷实用的打卡工具。

（八）语音文件转换工具——讯飞听见

讯飞听见是一个专业的语音转文字平台，提供智能专业语音转文字服务，可识别多种音视频格式，迅速将录音整理成文字，可解决公司日常会议、媒体发布会、教育培训、媒体传播等多种场景下的音频转写问题。

（九）深度社群运营工具——知识星球

知识星球背靠微信，是一款帮助创作者连接铁杆粉丝、实现知识变现的工具。它所运营的小密圈目前注册用户已破百万，圈子 10W+，而且基本都是高价值 B 端用户。

（十）社群内容变现工具——小鹅通

小鹅通是一款用于知识服务与社群运营的聚合型工具，支持图文、音频、视频、直播、专栏、会员等内容形式的变现，用户既可以实行单篇付费，也可以做付费专栏、付费社群、付费直播、付费录播视频课，称得上是内容变现综合解决方案供应商。

任务二　社群内容创作

一、朋友圈内容打造

朋友圈是微信社群的有力延伸，社群运营者可按照朋友圈内容规划流程（IP 定位→朋友圈规划公式→朋友圈内容分类→发布形式/数量→月度内容规划表→内容类型示例→发布时间→发布阶段）打造让人信任、认可的形象，为社群引流，提升转化率。

（一）朋友圈内容规划

朋友圈个人品牌的塑造是社群人设打造的一部分，在一个团队中，可以分设专家型、顾问型、朋友型、福利型四种人设，不同的人设朋友圈形象是依托内容来体现的。朋友圈内容规划方向和不同人设的朋友圈内容占比如表 3-7、表 3-8 所示。

微课

表 3-7　朋友圈内容规划方向

内容类别	内容举例
品牌内容	好物“种草”、产品“安利”、产品“种草”、“种草”测评、推送新品、用户证言、用户感受、好评截图
营销内容	限时折扣、活动同步、买卖优惠对比、专属优惠、活动推文、活动分享、话题互动、有奖互动

续表

内容类别	内容举例
干货内容	专业知识分享、小妙招、专业测评
生活内容	天气、地标、实时热点、节日、电视剧剧情、明星动态、个人感悟、成长感悟、情绪、价值观、个人生活实录、美食、摄影、娱乐、旅游、萌宠、冲浪达人、网络自嘲段子、网络梗、身边趣人趣事

表 3-8　不同人设的朋友圈内容占比

人设方向	内容占比	发送时间
专家型	干货（60%）、品牌（10%）、营销（10%）、生活（20%）	7:00—9:00
顾问型	干货（30%）、品牌（30%）、营销（30%）、生活（10%）	11:00—12:00
朋友型	干货（20%）、品牌（10%）、营销（30%）、生活（40%）	17:00—19:00
福利型	干货（10%）、品牌（30%）、营销（50%）、生活（10%）	21:00—23:00

（二）朋友圈内容发送时间规划

确定朋友圈内容规划后，根据产品和用户特点设计图文结合的文案，结合社群运营节奏，并根据目标用户活跃特点规划好时间进行发送。如表 3-9 所示。

表 3-9　朋友圈内容发送时间规划表

规划	周一	周二	周三	周四	周五	周六	周日
发送朋友圈时间节点	7:00—9:00（起床后、上班前）						
内容类型	早起“打鸡血”	用户证言（用户的正面评价）	生活	个人思考	新品发售、“种草”	产品优势	生活
发送朋友圈时间节点	11:00—13:00（午休吃饭时间）						
内容类型	专业干货	粉丝互动	专业干货	新品发售、“种草”	专业干货	粉丝互动	个人思考
发送朋友圈时间节点	18:00—20:00（下班路上）						
内容类型	粉丝互动	专业干货	新品发售、“种草”	专业干货	用户证言（用户的正面评价）	专业干货	社交
发送朋友圈时间节点	22:00 左右（躺在床上，刷朋友圈）						
内容类型	产品反馈	新品发售、“种草”	产品介绍	感谢转介绍	产品反馈	新品发售、“种草”	趣闻

（三）朋友圈文案

朋友圈文案通常图文结合，从用户、价值等方面全方位展示社群内容，如图 3-24 所示。

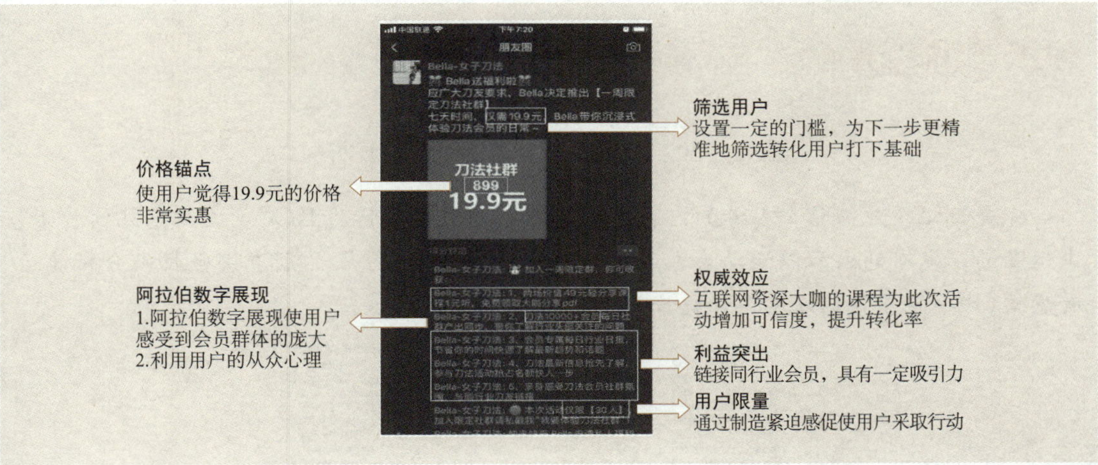

图 3-24　朋友圈文案分析

朋友圈文案写作步骤如下：

（1）分析目标受众和产品特点：在写文案前，需分析目标受众和产品特点，了解受众的需求和偏好，以及产品的特点和优点。

（2）制定文案策略：根据目标受众和产品特点，制定出符合目标受众需求的文案策略，确定文案的主题、重点和风格等。

（3）编写标题：标题是吸引读者眼球的重要因素。标题要简洁明了、突出卖点、具有较强的吸引力。

（4）编写正文：正文是主体。正文要突出商品卖点、文辞清晰、表述生动、吸引眼球，并搭配生动的图片和视频。

（5）编写结尾：结尾要点题，并通过连接性语句、问答等方式，强化读者的印象，诱导读者做出购买行为。

（6）校对修订：最后应对文案进行仔细的校对和修订。

朋友圈文案写作注意事项如下：

（1）根据文案策略，确定文案的风格，力求语句通顺、表达清晰、简洁有力、重点突出。

（2）文案要突出商品的卖点和优势，吸引潜在消费者的注意。

（3）文案应精简明了，在整洁的版面中突出重点，吸引读者的关注。

（4）文案内容需要与商品图片和视频搭配，既可以形象地说明商品的功能和优势，又可以让读者更加直观地感受到商品的魅力。

（5）文案要注重真实性和合法性，不能虚假宣传和欺骗消费者。

（6）切忌大量使用符号、图标和高亮字等元素或过多的特效和过度的修饰，应以简洁、精练为主。

（7）在文案的推送上，需要根据不同的目标受众群体选择不同的时段和方式。

他山之石

案例拆解：完美日记朋友圈内容运营

完美日记企业微信个人号的内容主要是以“小完子”作为 KOC（关键意见消费者）来运营的，发布的内容以活动为主。下面通过拆解“小完子”的朋友圈数据来分析其运营思路。“小完子”朋友圈内容统计如图 3-25 所示。

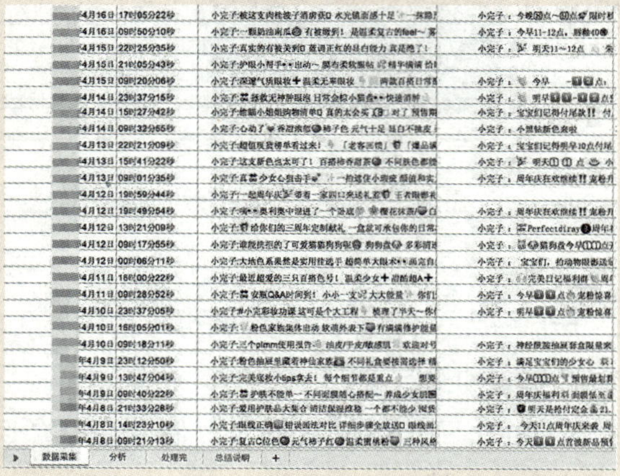

图 3-25 “小完子”朋友圈内容统计

一、发布时间策略

“小完子”发布朋友圈内容有明确的时间策略，主要选择在上班族浏览手机的高峰时段发布，如 9—10 时、16—17 时、21—22 时、23—24 时。这样安排可以更好地抓住上班族用户的注意力，增加内容被浏览的机会。如表 3-10、表 3-11 所示。

表 3-10 “小完子”朋友圈发布时间节奏（1）

半个月内每日发朋友圈条数	
日期	总条数
[redacted]-04-01	4
[redacted]-04-02	2
[redacted]-04-03	2
[redacted]-04-05	2
[redacted]-04-06	3
[redacted]-04-07	3
[redacted]-04-08	3
[redacted]-04-09	3
[redacted]-04-10	3
[redacted]-04-11	2
[redacted]-04-12	5
[redacted]-04-13	3
[redacted]-04-14	3
[redacted]-04-15	3
[redacted]-04-16	2
合计	43

表 3-11 “小完子”朋友圈发布时间节奏（2）

一个月内分时段朋友圈数据	
时间	总条数
00 时	1
08 时	2
09 时	13
10 时	2
11 时	3
12 时	3
13 时	2
14 时	2
15 时	5
16 时	12
17 时	3
18 时	5
19 时	6
20 时	2
21 时	7
22 时	4
23 时	9
总计	81

二、朋友圈主要内容

“小完子”朋友圈内容分类数据如表 3－12 所示。

表 3－12　“小完子”朋友圈内容分类数据

一个月内朋友圈内容分类数据		
内容类型	内容条数	占比
各种预告	13	16.0%
活动	28	34.6%
活动＋天猫活动	3	3.7%
天猫活动	21	25.9%
“种草”类内容	16	19.8%
总计	81	100%

（1）活动导向：“小完子”的朋友圈内容主要以活动为导向，通过发布限时秒杀、买送活动等来吸引用户的注意。这些活动内容通常会突出产品特点，并配以能够让用户直观了解产品的图片，同时在评论区进行活动价格和优惠力度的说明。通过活动的发布，能够激发用户的购买欲望，提升用户参与度。如图 3－26（a）所示。

（2）“种草”推荐：“小完子”在朋友圈中也会分享“种草”类内容，会介绍自家的新品，并推荐其他品牌的产品。这种“种草”推荐的方式既能引起用户的兴趣，又能为用户提供多样化的选择。通过这种方式，提升了用户对完美日记品牌的认知和关注度。如图 3－26（b）所示。

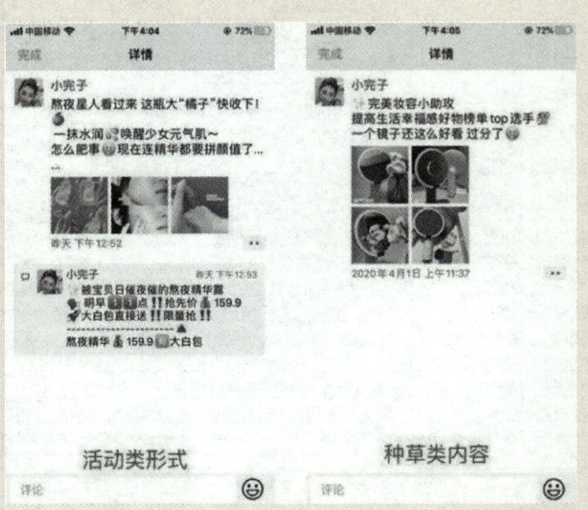

（a）活动类内容　　　（b）“种草”类内容

图 3－26　“小完子”朋友圈活动类和“种草”类内容

（3）内容多样性和适度推广：为了避免用户疲劳和内容过度推广，“小完子”的朋友圈内容注重保持多样性。同一个产品组合一般最多同时推广两天，总发布数量控制在 3～4 条，确保了内容的新鲜度和多样性。如图 3－27 所示。

日期	产品	内容条数
⊟3月17日	白胖子	1
⊟3月18日	白胖子	2
	非产品售卖	1
⊟3月19日	唇釉	2
⊟3月20日	唇釉	2
	小黑钻，妆前乳，睫毛膏	1
⊟3月21日	腮红	1
	腮红，唇釉	1
	小黑钻，妆前乳，睫毛膏	1
⊟3月22日	非产品售卖	2
⊟3月23日	眼影	1
	眼影，眉笔，睫毛膏	1
⊟3月24日	气垫，妆前，蜜粉，修容	1
	非产品售卖	1
⊟3月25日	气垫，妆前，蜜粉，修容	1
	香水，修颜，气垫，棉柔巾	1
	非产品售卖	1
⊟3月26日	非产品售卖	3
⊟3月27日	小奶瓶	3
⊟3月28日	其他品牌	2
⊟3月29日	洗护三件套	3
⊟3月30日	洗护三件套	3
⊟3月31日	香水，免洗洗手液，眼线笔	1
	卸妆膏	1
	眼线笔	1

图 3-27　“小完子”朋友圈推广产品组合

产品的抢购或转化活动在 11—12 时、20—21 时进行，基本选在上班族比较方便的时间段。同时这些活动会用固定的关键词代表，例如“＃宠粉回馈＃”“＃限时 1 小时秒杀＃”等。如图 3-28 所示。

日期	时间	时间2	完整内容
2020年4月16日	17时05分22秒	17时	小完子:[illegible]水光镜面感十足[illegible] 小完子：今晚[illegible]点 [illegible]限时秒杀 水光唇釉 99[illegible]3+打底膏 卸妆湿巾 69[illegible]三大盒 周年庆
2020年4月16日	09时50分10秒	09时	小完子:[illegible] 有被[illegible]！[illegible]复古的feel~[illegible]也好迷人哦 小完子 今早11-12点 唇釉40[illegible] 2 气垫99[illegible] 4 快找完子拿链接[勾引]
2020年4月15日	22时25分35秒	22时	小完子:[illegible]正红的显白能力 真是绝了！[illegible] 小完子：明天11-12点 [illegible]同款哑光唇釉 40[illegible] 2 金色气垫bb 100[illegible] 4
2020年4月15日	09时20分06秒	09时	小完子:[illegible]两款百搭日常配色 简单易上手[illegible]附上教程认真学哦~ 小完子：今早[illegible]点 12色动物眼影 99第二件半价 纤细睫毛膏 50.9[illegible]2
2020年4月14日	23时37分15秒	23时	小完子:[illegible] 日常[illegible]快速消肿[illegible]轻松拥有[illegible]大眼 小完子：明早[illegible]点预告：------------- 12色动物眼影 149.9[illegible]2
2020年4月14日	09时32分55秒	09时	小完子:[illegible]柿子色 元气十足 显白不挑皮 柔雾质地 轻薄[illegible] 准备好迎接夏天了 小完子：小黑钻新色来啦 喜欢嘛！
2020年4月13日	22时21分09秒	22时	小完子:超值现货榜单看过来 「[illegible]」「爆品满赠」 下单不止五折~惊喜一[illegible] 明早【11.00】准点解锁 看好了要定闹钟哦 小完子
2020年4月13日	15时41分22秒	15时	小完子:这支新色也太可了！ 百搭[illegible] 不[illegible]hold住 薄涂&厚涂~显白可不是白夸的 小完子：明天[illegible]点 小黑钻新色117 69.9[illegible]2
2020年4月12日	09时17分55秒	09时	我也是“猫狗双全”的人了[跳跳] 小完子：[illegible]今早[illegible]点开[illegible] 149.9[illegible]2盒+卸
2020年4月12日	00时06分11秒	00时	知识点都在图上了~快快记重点！ 小完子：宝宝们，[illegible]动物眼影送[illegible]哦
2020年4月11日	09时28分52秒	09时	小完子：今早[illegible]点 宠粉惊喜升级！ 红蓝安瓶 179.9[illegible]5盒送眼霜 小粉钻 99[illegible]3送小白包
2020年4月10日	23时37分05秒	23时	小完子：明早[illegible]点 宠粉惊喜升级！ 红蓝安瓶 179.9[illegible]5盒送眼霜 小粉钻
2020年4月10日	16时05分01秒	16时	小完子:三个plmm使用报告 油皮/干皮/敏感肌 欢迎对号入座 护
2020年4月10日	09时18分11秒	09时	小完子：[illegible]仅限今天 今早11点 [illegible]49[illegible]水+乳+洁面+面膜5
2020年4月9日	13时47分04秒	13时	：今晚[illegible]点 预售最划算 新天[illegible]升级配方 付定金10.9（到手109.9）[illegible]
2020年4月8日	14时23分10秒	14时	学完记得交作业哦~ 小完子：今天11点 周年庆来袭 周年庆预售第二件不要钱!!

图 3-28　产品活动关键词

（4）活动力度与用户转化：企业在微信端提供的产品价格通常是天猫售价的 5～6 折，用户能够以更低的价格买到产品，或以相同价格买到更多产品，这种优惠力度能够提高用户对品牌的忠诚度，增强用户的购买欲望，促进用户的留存和转化。如图 3-29 所示。

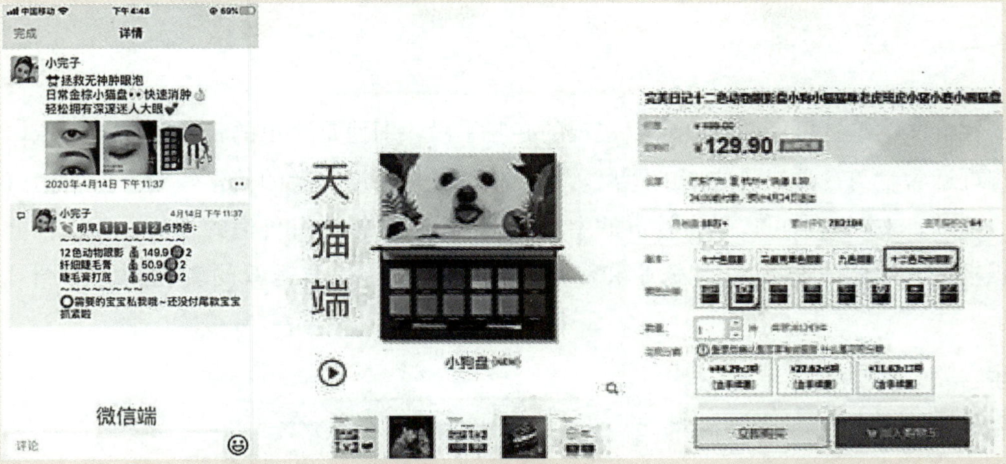

图 3-29　活动力度对比

除了天猫在售的彩妆和卸妆类产品，朋友圈中还有为社群用户专供的个护类产品，满足了用户从化妆到卸妆再到护理的需求。考虑到自家产品不足以满足用户的全部需求，完美日记也开始和其他品牌进行合作，比如与 Amiro 合作推广其化妆镜等，所有的产品都是围绕爱美女性衍生出需求的满足，这种精准产品的选择既能给用户带来比较好的购买体验，又能对用户进行多次转化。如图 3-30 所示。

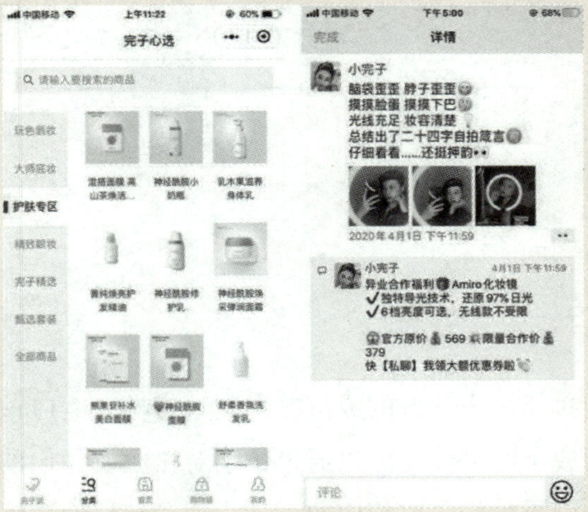

图 3-30　社群专供个护类产品

资料来源：Sally. 我拆解了完美日记的私域数据，希望对你有用 .（2020-05-07）[2023-12-20]. https://baijiahao.baidu.com/s?id=1666000349053618197&wfr=spider&for=pc.

学以致用

请选择你加入的一个社群，为其规划朋友圈内容，并撰写一天的朋友圈文案。

二、社群文案

社群文案是社群运营变现得以实现的必要手段，即使是简单的日常问候与交流，也可以拉近运营者与社群成员之间的距离，增强社群成员对运营者的信任，为推广营销打下坚实的基础。文案人员可以结合社群的主题，为社群成员提供有价值的干货，调动社群成员的积极性，加强社群成员对企业和品牌的认知，提高社群运营的转化率。如图 3－31 所示。

图 3－31　社群文案

（一）社群文案的类型

1. 欢迎文案

欢迎文案是用于迎接新加入社群的成员的文案。这类文案应该具有清晰的标题，以及明确的排版，以吸引新成员的关注。可以通过数字对比激发他们的兴趣，强调优惠或专属福利，并通过行动指令引导他们采取相应的行动，如参与讨论或领取福利。

例：欢迎加入【传统美食探索社】！在这个社群里，我们将带你探索各地地道的传统美食，品味历史和文化的美妙结合。第一个福利等你来领，回复“福利”开始你的美食之旅吧！

2. 分享类文案

分享类文案是在社群中进行知识、经验或话题分享时所用的文案。这类文案可根据分享活动过程的不同阶段分为以下几类：

（1）通知文案：在分享活动之前，要确保分享内容和模式得到确认，并在社群中通知成员。这样可以保证分享的质量和参与度。

例：本周五晚，我们有幸请来了美食博主“小吃货”张明，他将为大家分享他在巴黎寻找到的地道法式小吃。请准时参与，不要错过这次法式美食之旅哦！

（2）暖场文案：在分享活动开始前，主持人可以用暖场文案为分享活动营造积极的氛围，介绍分享的主题和嘉宾，以引起群成员的兴趣。

例：亲爱的食客们，今晚的分享非常特别！我们的特邀嘉宾是传统美食研究者李大厨，他将为大家解析中国北方的传统面食之道。拉上你的家人，一起来听听李大厨分享的秘方吧！

（3）控场文案：为了维护分享活动的秩序，需要制定分享规则以约束群成员的行为，同时在分享过程中处理干扰活动进程和讨论不相关话题的情况。

例：嘿，亲们！在这次分享活动中，让我们保持活力！别忘了，好玩有趣也要有点秩序哦！记得分享要和主题挂钩，别跑题；听分享的时候手机静音，别错过精彩内容；咱们都是 VIP，别在旁边闹腾。大家一起来遵守规矩，在分享活动中收获多多！

（4）互动文案：如果分享包含互动环节，主持人应积极引导互动，使分享更具吸引力。

例：马上就要开始今晚的美食分享啦！在李大厨的分享中，我们准备了一个有奖问答环节。答对问题的前三位幸运嘉宾将获得李大厨亲自制作的美食大礼！快来参与吧！

（5）宣传文案：分享结束后，社群运营者可以总结分享内容，并通过社交媒体传播，提升社群的口碑和影响力。

例：感谢大家昨晚在李大厨分享活动中的踊跃参与！如果你错过了，别担心，我们已经将分享内容整理成了文档。赶快点击链接领取，分享给你的美食小伙伴们吧！

（6）福利文案：在分享结束后，可以设计福利环节，奖励表现出彩的群成员，以激发成员积极性，提高成员参与度。

例：社群成员满 500 人啦！为了感谢大家的支持，我们决定每周抽取一名幸运成员，赠送精美传统美食礼盒一份。只需在本文下留言，你就有机会成为下一个幸运儿哦！

（二）社群文案写作方法

在社群环境下，用户的注意力比较难聚焦。吸引用户的注意力，对于社群运营者来说充满挑战。那么，社群运营者应该如何用社群文案来吸引用户关注呢？

1. 抓住用户痛点

了解用户的需求和痛点，将其反映在文案中，让用户知道你的产品或服务能够解决他们的问题。可通过情境描述和用户痛点的对比，引起用户共鸣，激发他们的兴趣。

例：无法回到老家品尝家乡美食的滋味，你是否也觉得遗憾？在【传统味道回忆社】，我们将为你带来地道的家乡美味，让你在异乡也能品尝家乡的味道。加入我们，回味家乡的味道吧！

2. 引发好奇

使用数字、符号、关键词等引发用户的好奇心，让他们想要了解更多。这种方法能够迅速吸引用户的注意力，激发他们的探索欲望。

例：你知道吗？【传统味道回忆社】里有一道令人垂涎的美食，连老饕都忍不住称赞！快来发现这个令人惊艳的秘密，让你的味蕾瞬间兴奋起来！

3. 利用疑问句

以疑问句开篇，引发用户的思考和兴趣。疑问句能够促使用户主动去思考问题，从而给用户留下更深刻的印象。

例：你是否怀念小时候妈妈的手艺？你是否想要重温那份家的味道？在【传统味道回忆社】里，你将找到小时候那熟悉的美味。还等什么？快来探索吧！

4. 优惠诱惑

在文案中直接展示优惠内容，结合限时和限名额等条件，制造紧迫感，增强吸引力。明确的优惠信息和紧迫感能够迅速吸引用户的关注。

例：【限时优惠！】本周末，【传统味道回忆社】将为前 50 名下单的朋友提供 30%的折扣！名额有限，立即行动，让你的味蕾尽情享受美味吧！

5. 权威背书

使用权威性的词语、关键词来背书，在文案中传达出产品的权威性和价值，可以增强产品或服务的可信度。

例：专业美食家××推荐【传统味道回忆社】的美味佳肴啦！快加入我们，与美食专家一起品尝地道的传统美味，探索口腹之欢！

（三）社群文案排版

社群文案排版需要注意以下几个方面。

1. 标题

标题应该简练明了，有吸引力，突出主题，而且最好不要过长。

2. 正文

正文应尽量简短、有条理，并突出关键信息。在正文中加入表情符号或图片也有助于增强内容的吸引力。

3. 字体

文案应选择易于阅读的字体。字号不能太小，字形和颜色的组合也需注意。需要突出某些内容时，可以采用粗体、斜体等方式进行标注。

4. 段落

段落可以采用空行隔开的方式来增强文本的可读性。多使用短句，有序排列各个信息点，不要写过长的段落。

5. 图片

适当使用图片可以优化文案的视觉效果，带来更好的阅读体验，同时还可以增强文案的表现力和吸引力。

6. 换行与缩进

正确的换行与缩进可以让文案排版更加清新自然。可以采用“首行缩进”“左右缩进”等方式使排版更有层次感。

7. 背景色

在选择背景色时，需要根据文案内容和社群平台色彩风格来进行搭配，以使文案和平台调性更加和谐、协调。

多学一招

使用在线图片设计工具——创客贴制作海报

创客贴是一款简单易用的线上图形设计工具，使用户不用PS也能轻松作图。创客贴中提供了大量的图片、字体、模板等素材，还可调整画布尺寸（如图3-32所示），通过简单的拖、拉、拽操作就可以轻松制作出精美的海报、PPT等，非常方便高效。

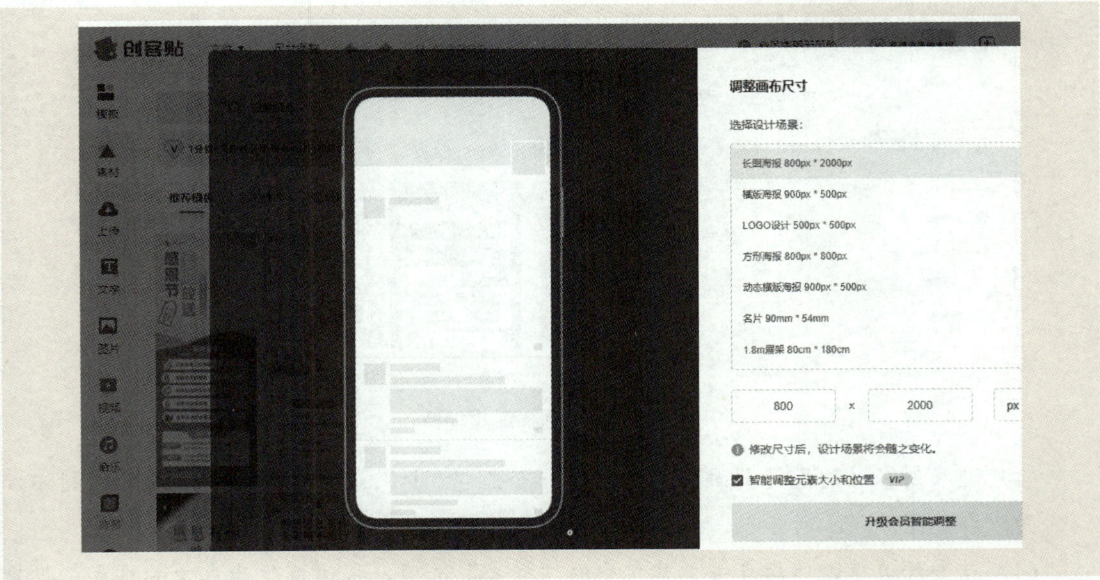

图3-32　调整画布尺寸

使用创客贴制作海报的步骤如下：

（1）打开创客贴软件，在创客贴页面左侧的“模板中心”列表中点击“市场营销”选项。如图 3－33 所示。

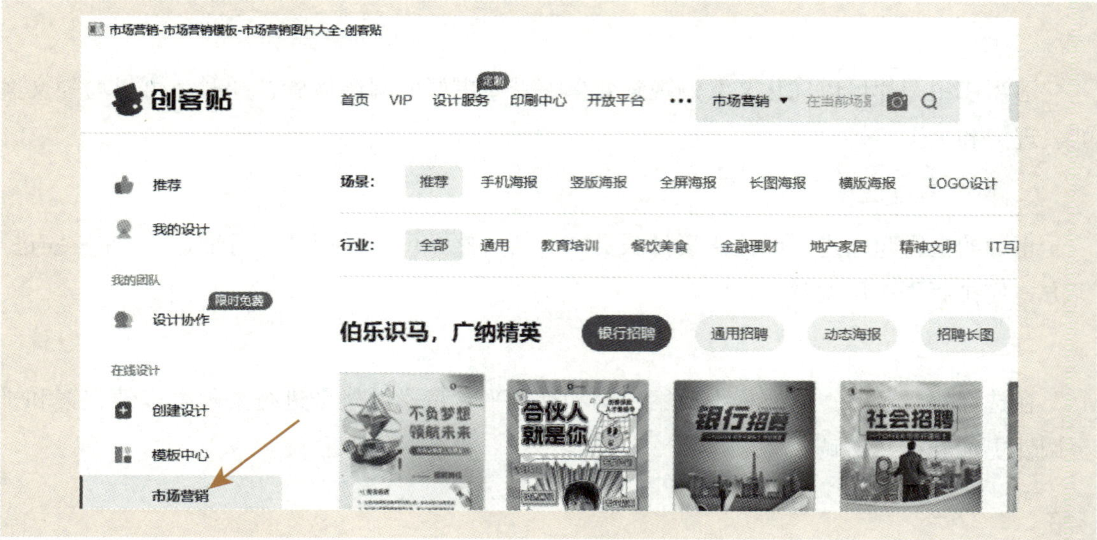

图 3－33　点击“市场营销”选项

（2）在场景选项中点击选择“长图海报”选项，然后在下方的“热门推荐”一栏中点击选择“免费”选项，再在页面中选择一个需要的海报模板，点击使用。如图 3－34 所示。

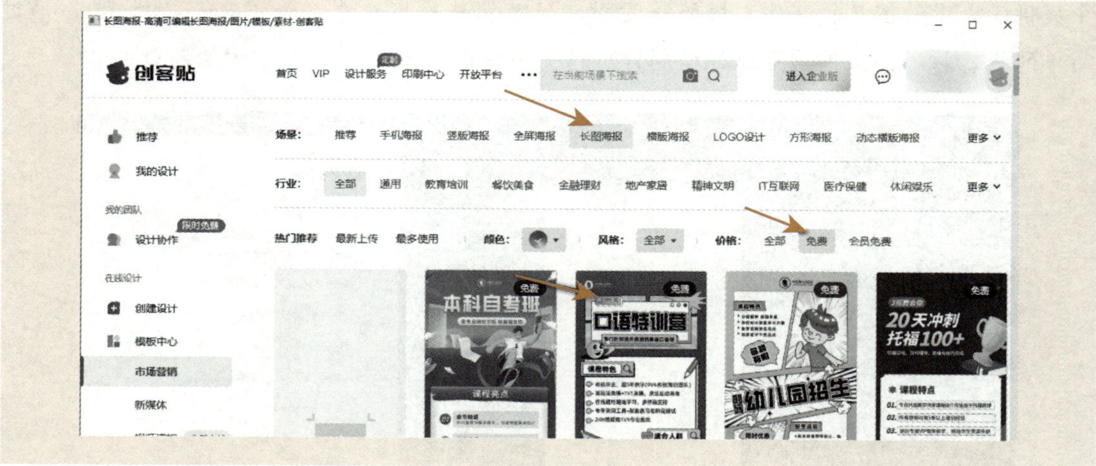

图 3－34　选择海报模板

（3）进入创客贴的设计页面，在该页面中点击“素材”选项，然后将喜欢的素材添加到封面中。如图 3－35 所示。

（4）点击外边框，然后点击工具栏中的“样式”选项，将边框改为喜欢的样式；也可以点击“换图”选项，对模板的背景图片进行更换。如图 3－36 所示。

图 3-35　添加素材

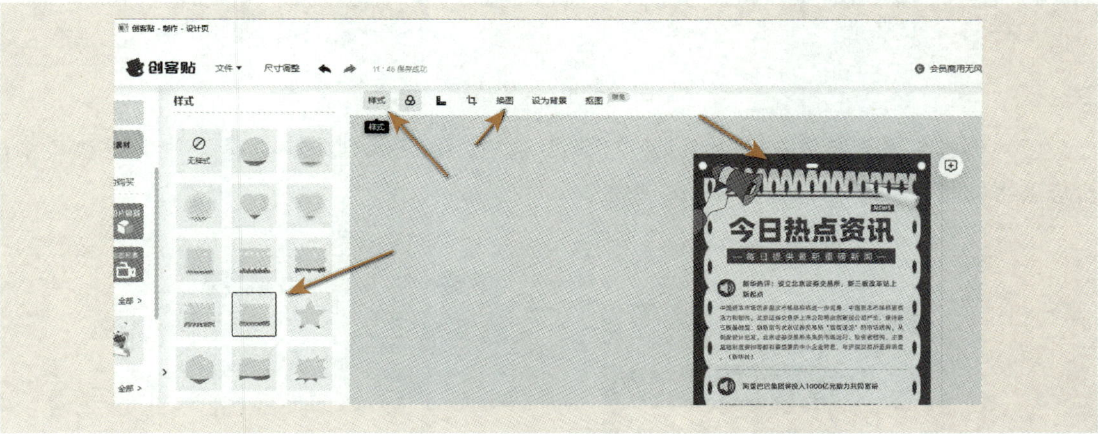

图 3-36　更换边框样式和背景图片

(5) 双击文本框，就可以将文本框中的全文选中，然后输入准备好的内容即可。如图 3-37 所示。

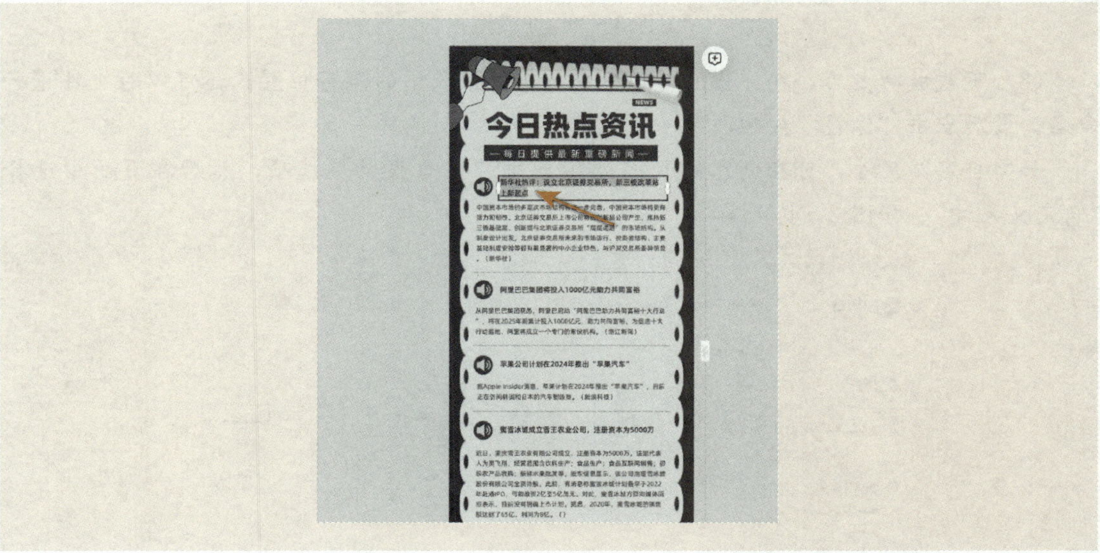

图 3-37　输入文本内容

(6) 使用文字、图片、视频、音乐或背景等工具对模板进行编辑。如图 3-38 所示。

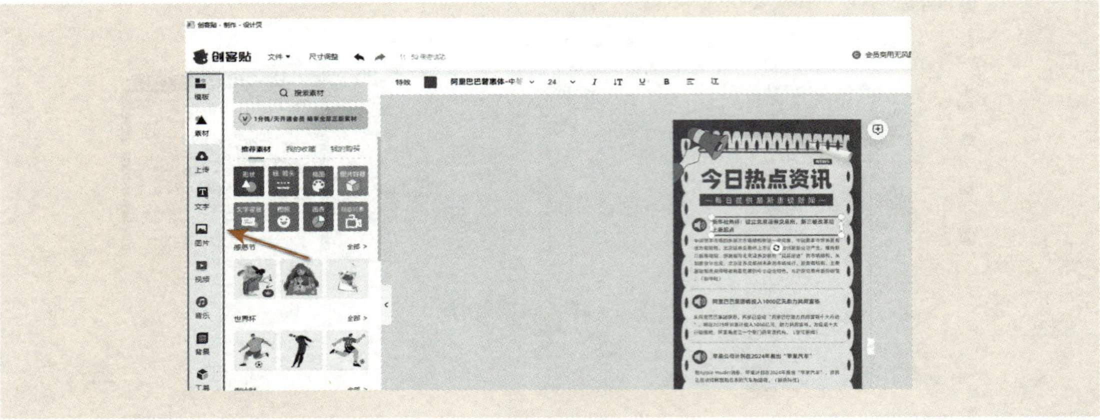

图 3-38　编辑模板

(7) 编辑完成之后点击右上角的“下载”选项，在下拉列表中选择文件类型和尺寸，然后点击“下载”按钮。如图 3-39 所示。

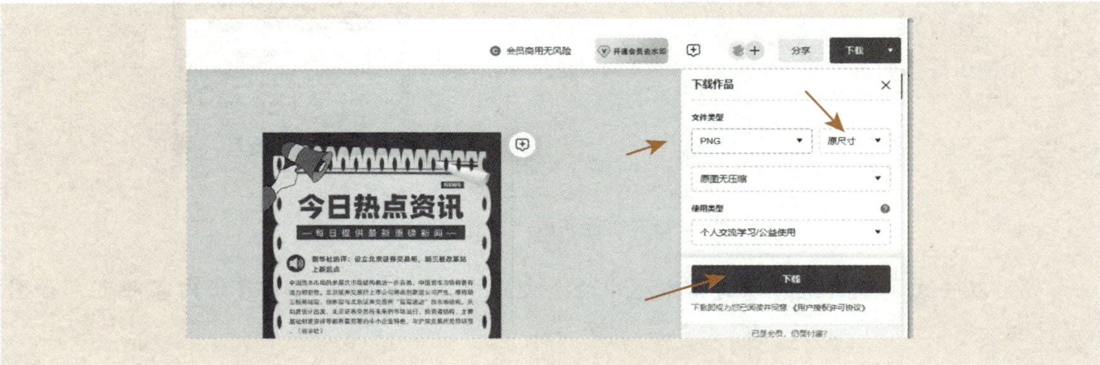

图 3-39　下载海报

(8) 下载成功之后，在弹出的对话框中选择海报长图的保存位置，还可以对文件进行命名，最后点击“保存”按钮即可。

如需自定义尺寸，可在创客贴页面左侧点击“创建设计”选项，然后在页面中选择“自定义尺寸”。如图 3-40 所示。

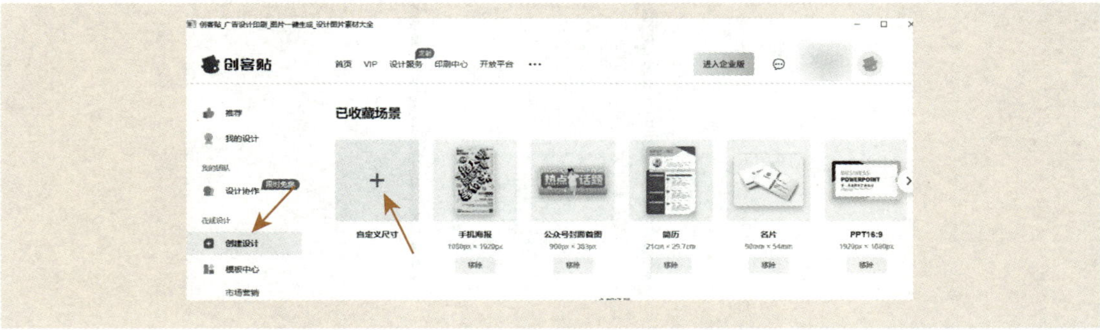

图 3-40　自定义海报尺寸

三、社群话题话术

（一）社群话题的类型

社群运营者应根据社群定位挖掘话题、做好选题，找到使用户愿意参与互动的话题。首先从搜狗热搜、微博热搜、微信等平台查看当下的热点话题，然后结合社群的实际情况确定部分话题，最后评估话题质量，找出最合适的话题投放到社群中。

社群话题大致可以分为四类：专业型话题、个性话题、热点话题和万能话题，如图 3－41 所示。针对新用户可以用万能话题去破冰；针对老用户可以进行相关专业或者热点事件的探讨；而个性话题的讨论需要做好足够的用户调研后再进行。

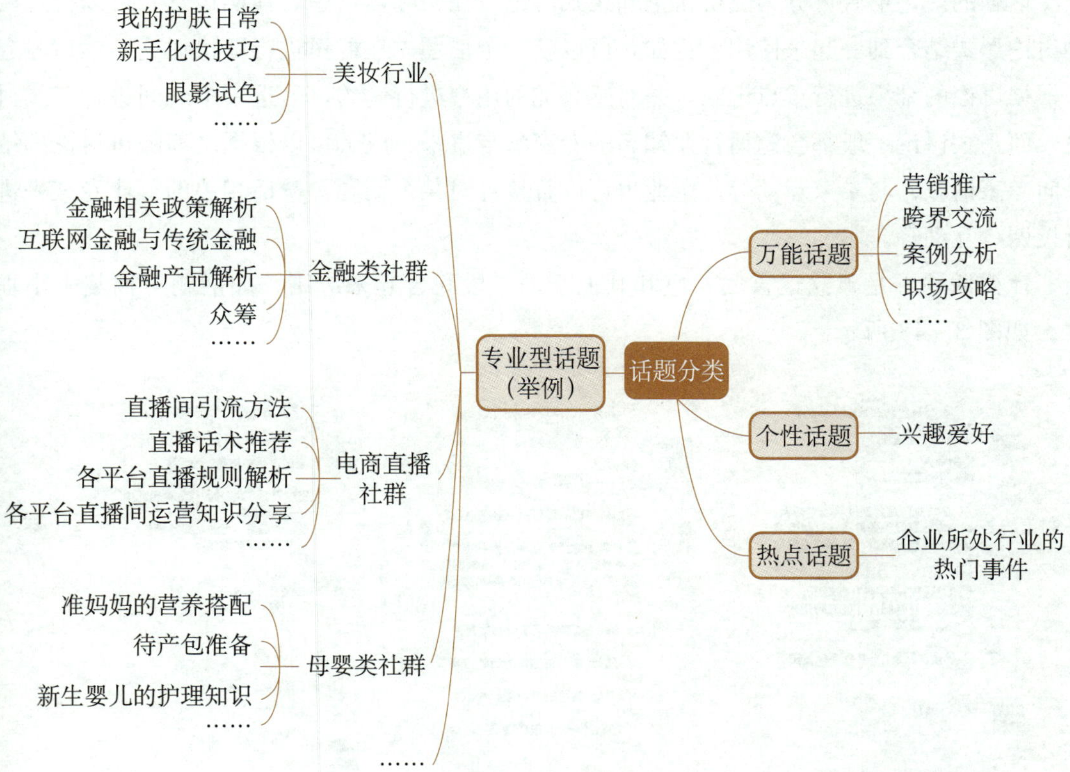

图 3－41　社群话题的类型

（二）社群话题讨论流程

企业发布一篇软文、一个视频，甚至是策划一个活动，都是为了引出某个话题，从而激活用户。社群话题讨论流程如图 3－42 所示。

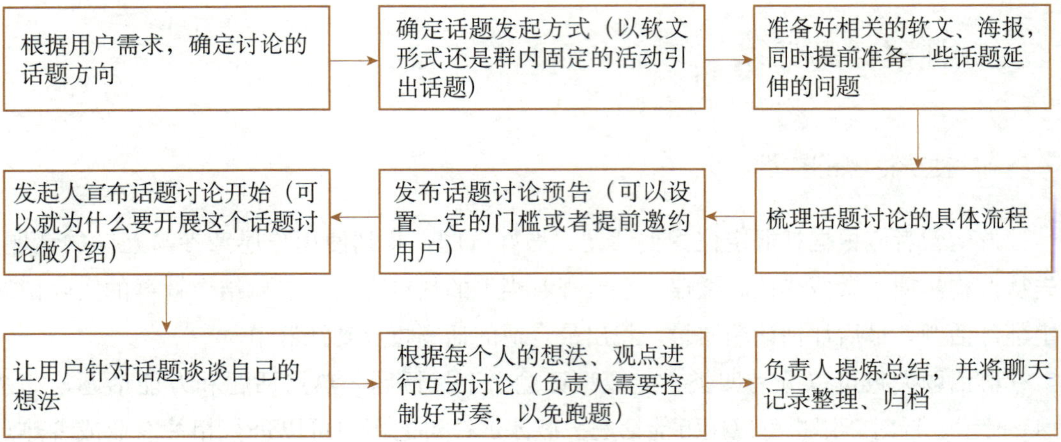

图 3-42　社群话题讨论流程

话题的讨论形式可分为随机讨论和正式讨论。在实际运营中，社群运营者可以把这两种讨论形式结合到一起来使用。比如，可以就一个话题先在群里进行随机讨论，然后发起人根据讨论的结果进行重点记录，并对感兴趣的用户进行邀约，另选一个时间进行正式讨论。而正式讨论一般都会邀请行业知名的专家参与进来，成员可以根据之前随机讨论的结果向专家请教、与专家互动等。企业也可以直接针对某个话题，邀请相关的行业专家来进行授课、互动等。

社群话题不是孤立运营的，应和其他互动手段联合起来应用，如话题＋抽奖＋小程序。如图 3-43 所示。

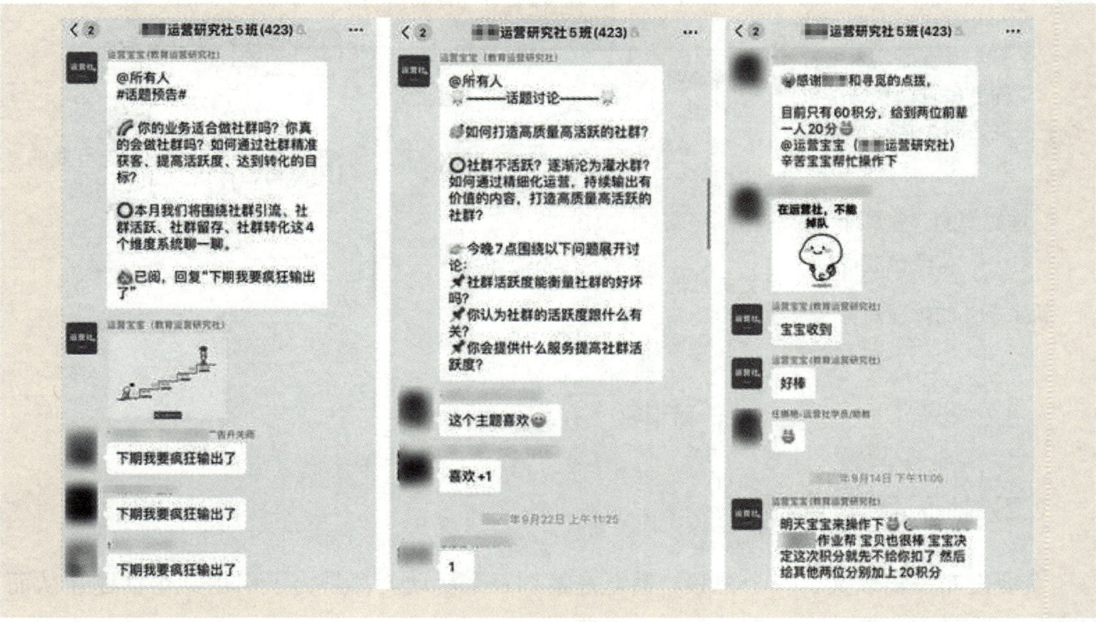

图 3-43　社群话题互动

案例分享

食品行业品牌私域营销

价值低、客单价低、用户复购率高、覆盖面广等特点，决定了食补养生粉品牌在搭建私域流量池方面具有天然的优势。本案例介绍的是五谷磨房通过线下门店导购以及线上电商平台的包裹卡引导用户进入私域，同时联动公众号、视频号、抖音、微博等社交媒体平台为私域引流，结合小程序商城打造私域交易闭环。

扫码阅读全文

资料来源：晏涛．私域用户 1 000 万，GMV 破亿！品类 TOP1 的五谷磨房是如何做私域的？．(2022-11-16)［2023-12-20］. https：//weibo. com/ttarticle/p/show？id＝2310474836369821466974.

职业技能训练

一、社群内容规划实践

1. 实训背景

学生通过前期的社群内容规划实践，掌握了社群内容的规划流程。

2. 实训任务

（1）全班学生自愿分组，每组 2～4 人。

（2）课前事先准备好优惠福利，用作进群福利。

3. 实训步骤

（1）填写社群内容规划表，并完成规划表中每一项内容的设计和实践。

（2）收集 5 条社群话术，并分析其优缺点。

二、产品文案创作

1. 任务目标

完成社群销售产品的图片及文案创作。

2. 任务载体

微信群、朋友圈、PS 工具或在线设计工具、产品、拍摄工具。

3. 实施步骤

（1）了解社群用户的需求，或提前半个月在群里征求用户对产品的意见。

（2）结合用户需求进行数据收集和分析，挖掘产品的卖点，卖点描述可包括：品质、包装、特色、服务、价格优势、产品故事、促销等。根据卖点描述，生成文案，发布在社群和朋友圈，并将产品上新到小程序中。

（3）追踪分析社群、朋友圈、小程序的产品反馈数据，对文案和图片进行改进。

项目评价

职业素养、自我认知与评价表

<table>
<tr><td colspan="2">班级：</td><td colspan="2">姓名：</td><td colspan="2">学号：</td></tr>
<tr><td colspan="6">项目三　社群内容运营</td></tr>
<tr><td colspan="2">评价项目</td><td colspan="2">评价标准</td><td>分值</td><td>得分</td></tr>
<tr><td colspan="2">考勤（10%）</td><td colspan="2">不无故迟到、早退、旷课</td><td>10</td><td></td></tr>
<tr><td rowspan="2">工作准备（20%）</td><td>预习知识</td><td colspan="2">能预习项目知识，形成思维导图</td><td>10</td><td></td></tr>
<tr><td>社群工具</td><td colspan="2">能准备微信、创客贴等工具</td><td>10</td><td></td></tr>
<tr><td rowspan="4">工作过程（45%）</td><td>内容规划</td><td colspan="2">能根据社群运营的目标设计内容规划</td><td>10</td><td></td></tr>
<tr><td>内容方案</td><td colspan="2">能设计并实施培养群成员行为习惯的内容方案</td><td>10</td><td></td></tr>
<tr><td>内容输出</td><td colspan="2">能提供适合社群的有价值的内容，增强用户归属感</td><td>10</td><td></td></tr>
<tr><td>内容设计</td><td colspan="2">能使用社群内容工具设计社群的内容输出</td><td>15</td><td></td></tr>
<tr><td rowspan="3">职业素养（25%）</td><td>创新意识</td><td colspan="2">培养创新意识、创新精神，能够在社群内容运营方面提出新的观点</td><td>10</td><td></td></tr>
<tr><td>工具应用</td><td colspan="2">具备工具应用能力，能够熟练掌握社群内容工具的使用方法</td><td>10</td><td></td></tr>
<tr><td>价值观、主动思维</td><td colspan="2">树立正确的价值观，具备大局观，培养主动思维和利用社群帮助社会的意识</td><td>5</td><td></td></tr>
<tr><td>合计</td><td colspan="5"></td></tr>
<tr><td rowspan="2">综合评价</td><td>自评（20%）</td><td>小组互评（30%）</td><td>教师评价（50%）</td><td colspan="2">综合得分</td></tr>
<tr><td></td><td></td><td></td><td colspan="2"></td></tr>
</table>

项目四 社群引流推广

知识目标

1. 了解社交平台引流的途径和方法
2. 熟悉电商平台引流的手段
3. 熟悉社群裂变活动引流的场景及引流方式

能力目标

1. 能够针对不同类型的社群策划相应的引流活动
2. 能熟练运用各类引流诱饵
3. 能熟练构建引流路径，对不同的社群进行引流
4. 能熟练运用不同的社群引流工具

素养目标

1. 具备较强的理解能力及实践能力，能够结合案例分析社群引流的过程、方法等

2. 具备资源整合、借鉴使用的能力，能够借助外部力量，借鉴社群运营

成功案例的经验，并运用到所建的社群

3. 树立正确的价值观，知晓建立社群的目的不只是盈利，要懂得担当责任、回馈社会

情景引入

李小嘉的产品销售社群已经运营了一段时间，群里每天都有人发言，比较活跃，但是新成员加入很少，群里还是只有购买过产品的客户和亲朋好友，而自己的人脉资源也已挖掘殆尽，如何利用社群拓展新用户呢？李小嘉很清楚，社群成员规模是社群运营的基础，引流推广是社群运营的关键，于是他整理了一下亟须解决的问题：

- 如何快速找到大量社群用户？
- 社群引流推广的平台或渠道有哪些？
- 引流推广的方法具体有哪些？
- 在引流推广过程中需要用到哪些工具？

任务一　社交平台引流推广

一、社群引流路径

（一）社群引流的准备工作

微课

为了实现高质量、高转化率的引流效果，需明确引流的影响因素。如图 4-1 所示，引流效果是在洞察用户需求的基础上，设计好引流诱饵和引流链路，并根据不同的引流工具对诱饵进行营销包装来实现的。

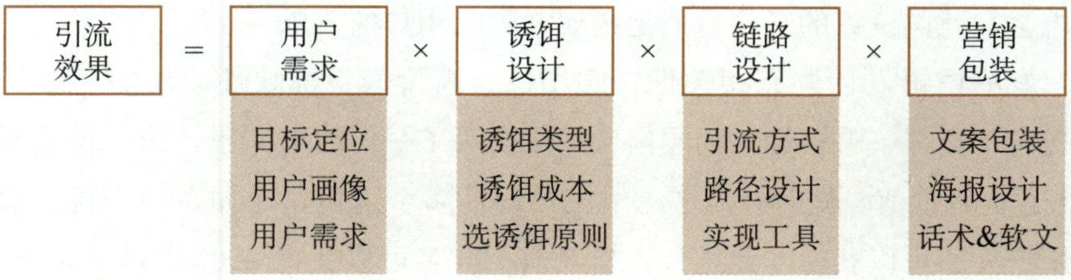

图 4-1　社群引流的影响因素

1. 潜在用户需求挖掘

在引流前需找到用户流量池，根据前期的用户画像确定目标用户人群后，可以从产品供应链的上游、同行、竞品、下游四个方向去寻找和建立用户池。如销售汽车的企业，其潜在用户可能出现的渠道有：上游——驾校、汽车论坛、车展等渠道；同行——电动车、摩托车销售商等渠道；竞品——同类车型社群、网店等渠道；下游——汽车保险公司、修车店等渠道。

2. 引流诱饵设计

诱饵就是影响和加速用户信任与消费决策的因素，日常看到的满减、满赠活动，新人免单、免费送资料等都是诱饵。

（1）诱饵的类型：

1）虚拟型，如资料包、工具包、录播课、知识资料、课程优惠券。

2）服务型，如社群答疑、社群服务、一对一咨询、会员服务。

3）现金型，如现金红包、活动排行榜奖金。

4）实物型，如实物小样、低价换购、抽奖、0 元领好礼、书籍。

虚拟型和服务型适用于精准用户，但是用户对其感知不同，需要结合具体场景具体分析，做好前期的铺垫。现金型和实物型适用于痛点不明显的用户，实物型诱饵起量快，但是容易吸引“羊毛党”，且实物及物流成本较高；现金型诱饵使用场景较少。

（2）诱饵根据应用阶段和场景可分为以下三类：

1）引流诱饵。用于吸引用户的注意力，并把用户引导到社群、App、小程序等平台上。比如，新用户入群可以免费领取 1 000 份运营资料。引流诱饵的设计，需要让用户容易兑现，目的就是给用户一次了解产品的机会。

2）成交诱饵。比如，用户现在下单，可以享受额外的赠品，如满十赠一、买一送一、买二送一。赠送的内容可以是虚拟资料、优惠券或某种权益。成交诱饵的目的是促进用户的成交转化。

3）裂变诱饵。比如，邀请×人助力，可以获得现金红包；分享到×个微信群，可以获得抽奖机会。此类诱饵的最终目的是拓展并吸收用户的人脉。

另外，好的诱饵设计要有相关性、实用性、高价值、稀缺性。比如，做一个母婴活动，可以送育儿资料、书籍和动物园门票；用户买了一份线上课程，送一份资料比送一张 9.5 折优惠券更有价值。同时，应考虑给用户设计多个诱饵，比如在一个拉新活动中，推荐一名新用户注册可以获得 5 元红包，拉新前 100 名可以获得 200～2 000 元不等的奖励，邀请好友下单最多的前 10 名可以获得“三亚游”等。这样层层递进的诱饵能够激发用户的主动性和积极性，充分调动全员参与。

3. 引流链路设计

不同的引流渠道有各自的用户群体、引流方式，引流的效果也不一样。在引流前需了解社群的引流渠道、引流手段、引流诱饵、用户触点，熟悉各引流渠道的引流路径，同时由于引流方法众多，需根据产品、用户等变通选择有效的引流手段，综合公众号、小程序、企微好友、企微社群、用户朋友圈等立体化、多层次的通道，形成完整的营销闭环，用多触点的链条牢牢锁住用户。如图 4－2 所示。

图 4－3 所示是某企业的引流链路设计，其中构建了多条高效引流链路，比如：公众号（关注公众号、推送新客福利）—企业微信（加企微好友）—小程序（点击进入小程序、留下聊天线索）。采用线上渠道公众号引流，设计用户触点并设置为公众号自动回复，进行问答评论引流，利用优惠折扣作为引流诱饵，形成了完整闭环的引流路径。

渠道类型	引流渠道	引流手段	引流诱饵	用户触点	引流路径
线上渠道	官方渠道：网站、App、小程序 公众号：官方、经销商公众号 微信：门店所有人员的企微、个人号 视频号 微博 ……	评论引流 问答互动引流 视频评论引流 资料引流 短视频引流 裂变引流 AI电话引流 短信引流 包裹卡引流	实物：日用品、商品、礼包、红包 虚拟：优惠券、减免券、电子资料、课程、优惠折扣 内容：视频、文章、图文 ……	微信号：私聊、朋友圈、社群 视频号：封面、简介、主页、朋友圈、小商店、话题、直播预约、个人名片 抖音：简介、内容区、落地页、私聊、评论区、小黄车、抖音群 微博：封面、简介、精选文章、置顶内容、评论区置顶、新关注回复、跳转落地页广告投放、朋友圈落地页、公众号文章、信息流电商平台、AI电话、短信、包裹卡、详情页	
线下渠道	门店、地推活动	门店、地推活动，异业合作		BA引导、收银台、易拉宝、DM单页、桌贴、静展、现场大屏幕、小册子	

图 4－2　不同引流链路构建全域流量可视图

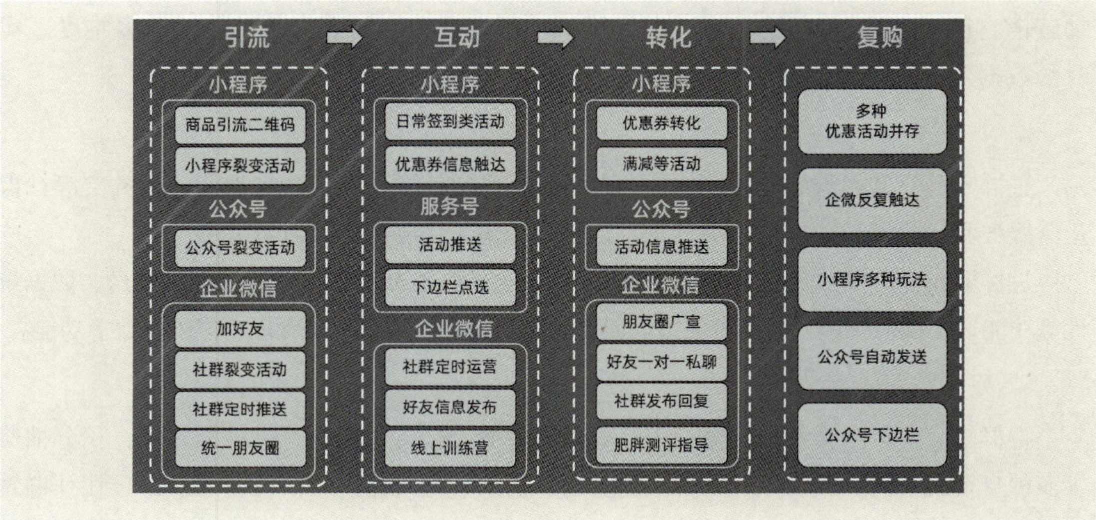

图 4－3　某企业的引流链路设计

4. 营销包装设计

在引流实施前需对设计好的诱饵进行营销包装设计，要熟悉引流工具，做好物料准备，包括引流文案、海报、话术或软文等，配合引流各具体环节的实施。如图 4-4 所示。

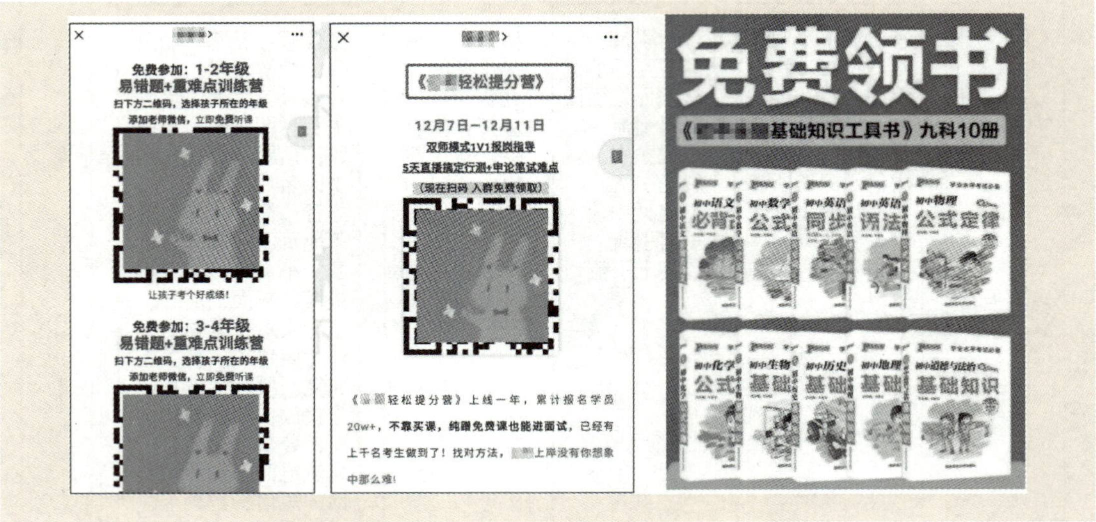

图 4-4　营销包装设计

（二）社群引流工具

1. 人人秀

人人秀是一款免费 H5 页面制作工具，是制作 H5 页面、H5 游戏，设计微信活动、H5 活动、涨粉活动的利器。人人秀拥有强大的微信活动、公众号运营、微信营销、互动营销、H5 小游戏等营销功能，操作简单，可实现精准的数据统计，以及多维度、实时的数据监测，提供海量模板并且每周更新。

2. 进群宝

进群宝是一款社群裂变营销软件，专注于提供微信群裂变、海报裂变、任务宝等社群运营服务和用户增长一体化解决方案，帮助企业快速完成用户拉新和引流。

进群宝在群增长方面提供智能建群、智能聊天、智能补群、渠道码、消息推送、数据统计等功能；在社群管理方面提供关键词回复、用户行为管理、素材管理、广告过滤等功能。

3. 智群管家

智群管家可以为企业提供全流程社群管理方案，具备智能应答、多群转播、积分抽奖等多种自动化功能，契合多种社群运营及管理场景，有效提升微信群管理效率，让社群管理更加规范化、专业化、系统化。使用智群管家，可实现群活跃度提升、智能群聊管理、优质社群沉淀、团队高效协作管理、运营效率提升等。

二、微信社群引流推广

（一）微信朋友圈引流

据统计，每天都有7.8亿用户进入微信朋友圈，1.2亿用户发表朋友圈。朋友圈是微信最大的流量池，也是引流的必争之地。朋友圈引流形式如图4-5所示。

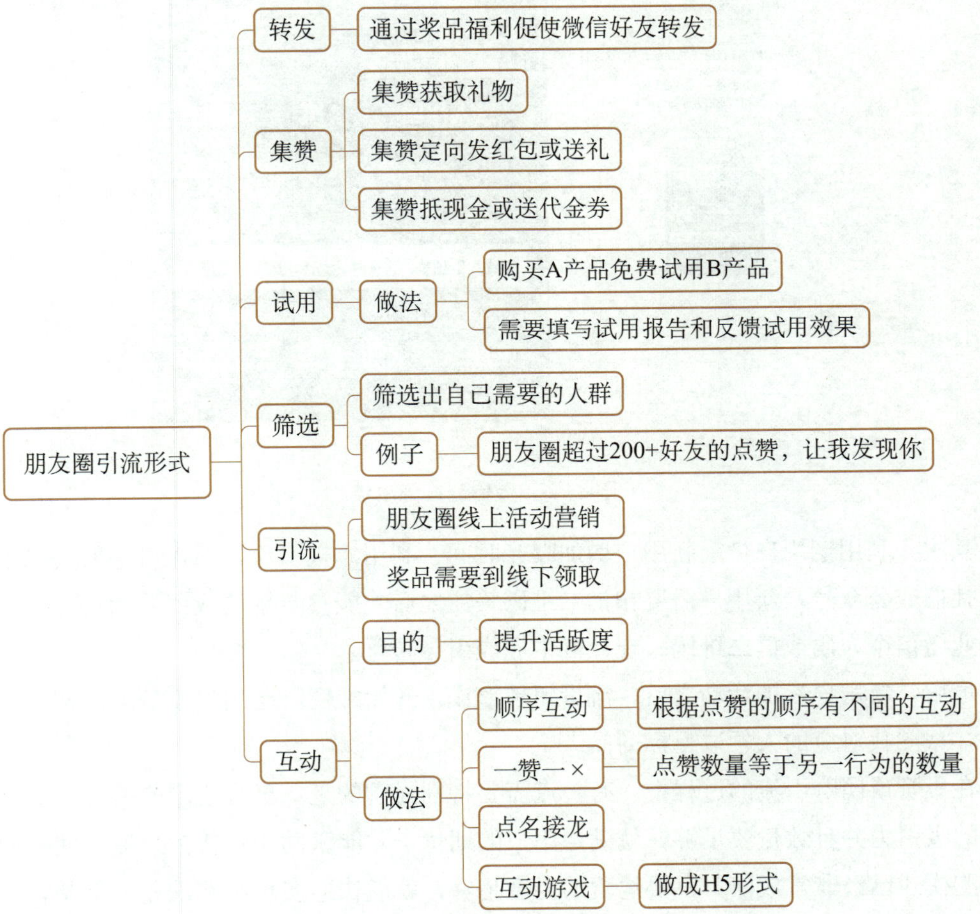

图4-5 朋友圈引流形式

以朋友圈海报求赞集赞为例，一些商家会把优惠活动做成海报让用户转发至朋友圈，集齐一定数量的赞可以获得奖励。这种情况下一般用户的很多好友都会点赞。朋友圈集赞的底层逻辑其实就是众筹，即人人助我，前提则是朋友圈的社交信任。团购类玩法也是同样的道理。

集赞或团购是怎么在朋友圈引起裂变引流的呢？实际上集赞或团购在朋友圈实现裂变引流的关键在于增加了曝光的时间，因为集赞或团购是需要时间的，集赞或团购的人越多，曝光的时间越长，而且一般集赞或团购分享的内容都是文案配二维码，在转发的过程中自然就可以达到拓客引流的目的。

朋友圈集赞或团购引流的具体操作如下：

首先，由发起者号召用户转发信息至朋友圈，并要求集赞或团购，里面设置阶梯任务，把不同的任务与不同价值的诱饵挂钩，目的是增加朋友圈的曝光时间。如图 4－6 所示。

图 4－6　微信朋友圈引流

其次，利用老用户带动新用户增加曝光时间。利用海报引流，而入口一般是二维码对应的社群或公众号，新用户需要扫描二维码关注之后才能参与集赞或团购活动；也可以设置企业微信个人码或群二维码，在社群中完成引导转化。

最后，新用户参加活动之后，流量闭环形成，开始裂变，老用户集赞或团购条件达成之后，截图找对应的人领取目标商品。

在集赞或团购引流的过程中，有一点需要特别强调的是，集赞或团购的诱饵必须具备足够的吸引力并且数量要足够，就满足用户的期待，才能激励用户传播裂变。朋友圈集赞和团购模式已经非常成熟，只要运营的力度足够，就能快速实现拓客涨粉。但是，这两种方式对新用户的参与度激发不足。

（二）微信群被动引流

所谓微信群被动引流，是指通过微信群寻找目标用户，吸引其他微信群的成员加入新群。首先需要找到大量的微信群，在微信平台可通过搜索“进群”“加群”“快闪群”等关键词，在新闻、小程序、文章、朋友圈范围内发现其他企业或个人的社群信息，一般扫码即可进群。如图 4－7 所示。其他社群平台也可采用类似办法，如 QQ 平台可通过搜索群名关键词找到社群。

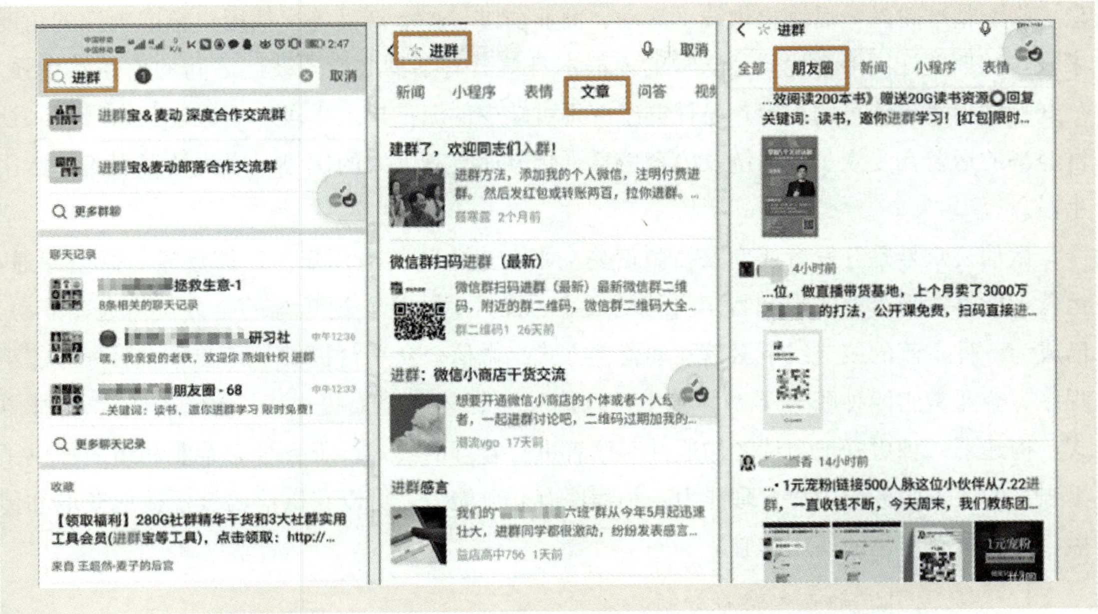

图 4－7　寻找微信群

进入社群后，需要展示自身的实力或特长，引起社群成员的注意和兴趣，让社群成员加为好友。如果一进他人的群就加群里的人为好友，被拒绝的概率会比较大，而且加到的好友也可能不是精准用户。所以，通过自我介绍、个人信息展示、发红包、发福利、社群沟通话术等方式，在避免被社群管理员踢出群的前提下，让社群成员了解自己并主动加自己为好友，才是正确的引流方式。如图 4－8 所示。

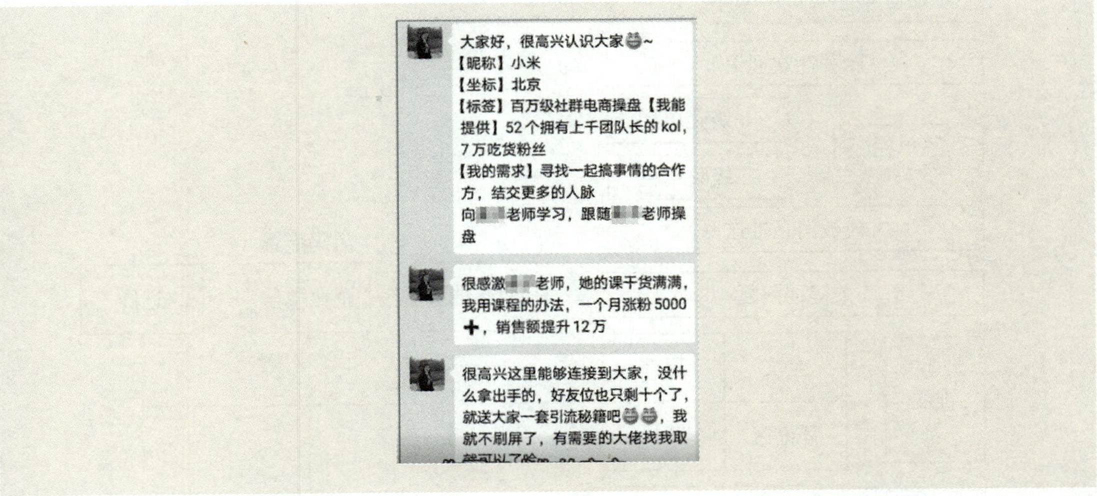

图 4－8　微信群引流

（三）社群公众号引流

罗辑思维、吴晓波频道等都是其创立者先凭借个人魅力建立公众号，然后以此为入口，吸引精准粉丝，后续再做线下活动、商业演讲、App产品等。从用户精准画像的角度来说，长期关注同一个优质公众号的人群本身就具有某种共性，彼此之间的信任感更强。公众号输出用户认可的内容，是社群经济不可缺少的流量导入手段，而通过公众号切入社群经济的运营在受众、关系链及内容信息平台方面具有巨大的优势，成为社群引流的常用手段。

微信公众号是开发者或商家在微信公众平台上申请的应用账号，该账号与微信互通，运营者能够在平台上实现和特定群体的文字、图片、语音、视频等的全方位沟通、互动，已成为一种主流的线上线下微信互动营销方式。微信公众平台提供了订阅号、服务号、小程序、企业微店四种账号类型。其中，订阅号为媒体和个人提供了一种新的信息传播方式，构建了一种更好地与读者沟通并对读者进行管理的模式；服务号为企业和组织提供了更强大的业务服务与用户管理能力；小程序有开放能力，可以在微信内被便捷地获取和传播，同时具有出色的使用体验。

1. 公众号引流触点和路径分析

公众号引流到社群的触点众多，从公众号到企业微信再到社群，可以搭建多条用户引流路径。如路径1：菜单栏→H5落地页→企业微信→进群；路径2：推文→企业微信→进群；等等。

社群运营者可以通过公众号和企业微信后台捕捉数据，分析用户来源，优化用户引流路径。如图4-9所示。

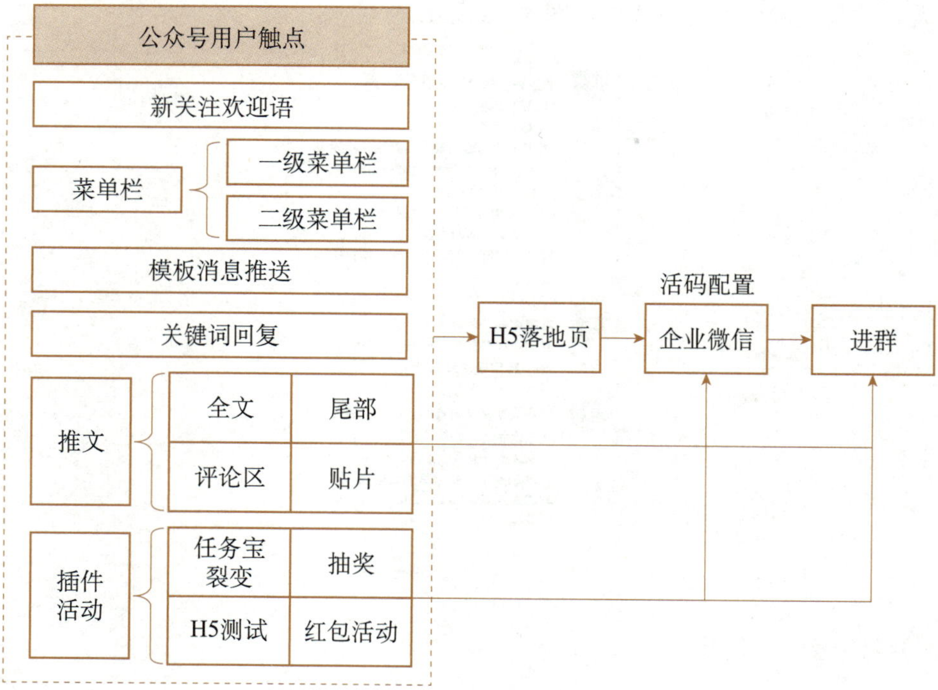

图4-9　微信公众号用户引流路径

2. 公众号引流实施步骤

如果想要实现如图 4－10 所示的公众号引流路径，该如何操作呢？

图 4－10　公众号引流路径

引流前物料准备：公众号、福利诱饵、H5 落地页、企业微信个人号、企业微信群。

（1）公众号矩阵。

在实施引流前，企业可建立多个定位不同但相互之间有关联的公众号，通过布局多个不同定位的公众号，对不同需求或特征的用户进行精细化的公众号运营。在进行社群引流时，可根据图 4－9 所示的公众号用户触点进行引流路径设计。如果是在其他公众号上投放推文，应先对其公众号用户的数据进行分析，保证投放质量。

（2）自动回复福利诱饵。

开始引流时，需先登录微信公众号管理后台设置自动回复功能。自动回复功能包括“关键词回复”“被关注回复”“收到消息回复”三项。社群运营者可以设定常用的文字、图片、音频等作为回复消息，并制定自动回复的规则。当订阅用户的行为符合自动回复规则时，就会收到自动回复的消息。

其中，“被关注回复”是指用户关注公众号时自动弹出消息，设置方法是：微信公众平台→功能→被关注回复，如图 4－11 所示。

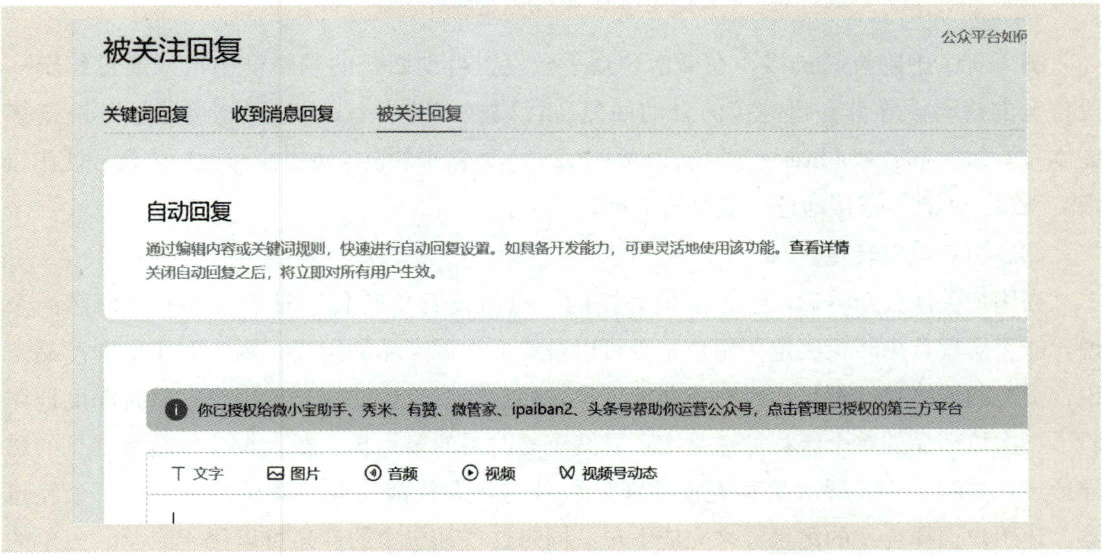

图 4－11　设置“被关注回复”

设置好“被关注回复”的内容后，用户在关注公众号时，就会收到系统自动发送的文字、音频、图片、视频等。图 4－12 所示的某美妆品牌公众号的被关注回复，主要呈现了向用户表示欢迎、介绍公众号功能、展示最近的营销活动、引导用户互动等内容。

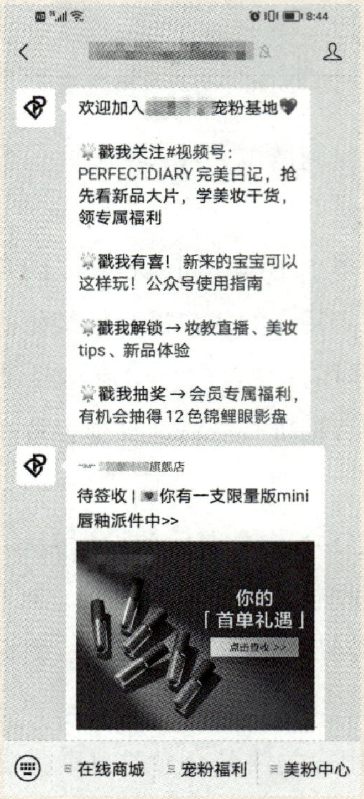

图 4－12　被关注回复示例

图 4－12 中附有超链接，在微信公众平台设置自动回复的编辑框中可以通过编辑一段特定的代码设置带有超链接的自动回复。代码格式为：<a href“链接地址”>链接文本</a>。如：<a href=“http//t. cn/h1234”>新来的宝宝可以这样玩！公众号使用指南</a>。注意：链接地址一般是短链接。

（3）引导首单转化。

当用户关注公众号后，接下来最关键的一点就是首单转化，对于大部分电商产品来说，能否实现首单转化决定了用户是否可以最终成为该产品的用户。因为对于电商产品来说，引流的最终目的都是使用户不断地下单，那么完成首单就相当于用户完整且深度地体验了一次该产品的整个流程，这是实现后续重复购买的第一步。新人大礼包是最常见的诱导形式，如图 4－13 所示是某美妆品牌公众号的新人礼赠品券，就是给用户发一个礼包券，让用户选择合适的优惠券来完成下单，同时这些礼包中的券还可以用于二单、三单的抵扣，因此还起到了促进复购的作用。

图 4-13　某美妆品牌公众号的新人礼赠品券

引导首单转化可通过在公众号被关注自动回复文字、被关注自动回复小程序卡片、菜单栏等触点，设置 H5 落地页或链接来实现。落地页设计要有清晰的引导添加的指令，主标题吸引人，文案主次分明，突出数据强调价值感，活动机制符合用户期待，页面体现活动紧迫感，并设置多重专享福利。如果企业有短信系统，可辅助短信触达促进转化。

（4）导流至个人号。

无论是做服务还是做产品，引流到个人微信号后，沟通成本、教育成本都会更低，转化成交也会更便捷、更简化，个人微信号更加“人格化”的特征也让用户信任，使成交周期变得更短。所以，在公众号中要多设触点，实现公众号和个人微信号的无缝衔接。例如，某美妆品牌公众号在被关注自动回复文字中设置“戳我抽奖”等触点，在二级菜单中设置“撩小完子”等触点，点击后转到“小完子”个人微信二维码，附上添加客服微信领优惠券、赠品等作为诱饵，调动用户的积极性，如图 4-14 所示。一般建议放企业微信员工活码，并提前设置好自动回复话术。

（5）引导加入社群，引导进行复购。

当用户扫码加个人号后，在企业微信中设置自动回复，同时设置欢迎语和专享小礼物，邀请用户加入社群。如采用问卷调查的方法与用户互动，只要用户填写问卷即送优惠券，引导其进行复购。如图 4-15 所示。

图 4－14　导流至个人号

图 4－15　通过问卷调查引导复购

（6）社群内互动触达。

精心运营社群，如在社群内组织一些超值秒杀、拼团等活动，将社群用户导流到商城，特别是在大促前几天，每天都可以准备一款特价秒杀商品发布在群内，引导粉丝进入店铺购买，从而带动店铺其他产品的销售。如图 4－16 所示。

图 4－16　群内互动

总之，公众号想要成功引流，需要综合运用用户质量、引流位置、引流诱饵、引流链路、文案包装等因素。要做好每个环节，提前测试并不断优化才能达到好的效果。

多学一招

个人注册微信公众平台的方法

注册前需准备的材料有：运营者身份证号码、运营者手机号码、已绑定运营者银行卡的微信号、未被个人微信号绑定的邮箱。扫描二维码可查看个人注册微信公众平台的方法。

扫码阅读全文

任务二　电商平台引流推广

电商类社群能够获得电商平台的流量支持，平台会提供引流入口和社群互动玩法，商家也可以采用包裹卡等方式进行社群引流推广。下面以淘宝店铺社群为例进行说明。

微课

一、网站页面引流

（一）社群展示入口

淘宝商家建群后，在购后、详情等多个渠道会自动生成加群入口，帮助商家完成群成员的拉新与积累，商家可对该功能进行调整和开关。默认社群展示入口主要包括以下几个位置。

1. 支付成功页

支付成功页支持商家进行开关及展示优先级的配置。支付成功页加群入口如图 4 - 17 所示。

入口配置方法：用主账号登录千牛用户运营中心，打开群聊展示开关；建议将群聊的展示项优先级排在第一或者第二位。如图 4 - 18 所示。

2. 详情页

详情页加群入口主要在腰封，如图 4 - 19 所示。详情页腰封为默认展示，商家可以手动关闭；腰封默认显示“群主不定时发放专享福利”，暂不支持自定义更改。除腰封外，宝贝详情页也可装修加群入口。

图 4－17　支付成功页加群入口

图 4－18　群聊展示开关设置

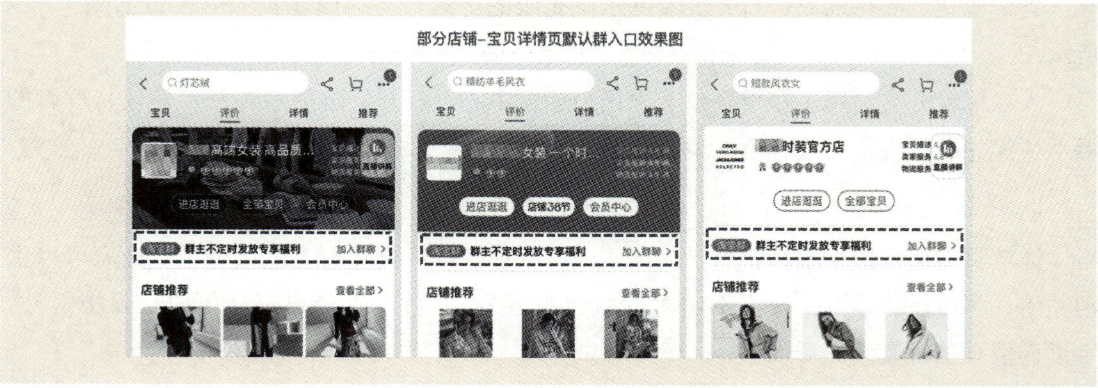

图 4－19　详情页加群入口

入口装修方法：进入群管理后台，在“智能营销”页面找到“智能装修”，点击“开启”“停用”进行配置。如图 4－20 所示。

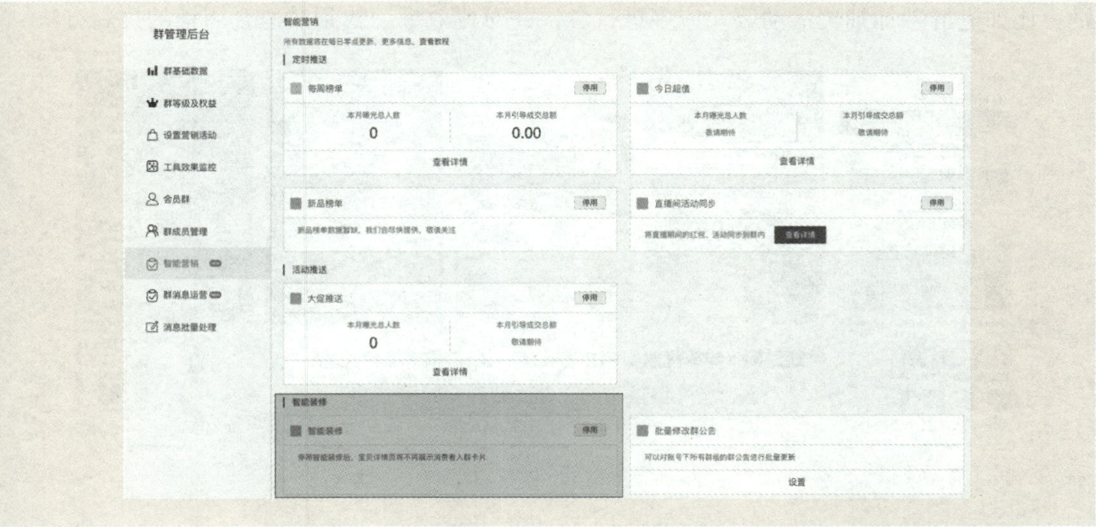

图 4－20　详情页智能装修设置

3. 直播间

直播间主播小卡处粉丝群入口为默认展示，暂不支持配置；除主播小卡处的粉丝群入口，直播间还支持加群弹窗和加群挂件两类拉新渠道。直播间加群入口如图 4－21 所示。

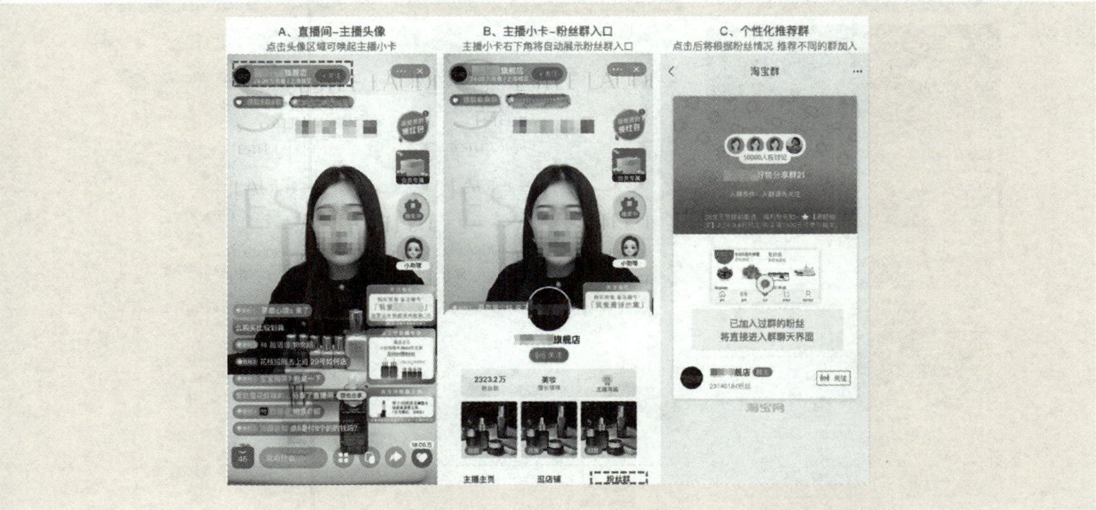

图 4－21　直播间加群入口

（二）社群引流方法

1. 权益设计

淘宝社群常见的加群权益包括专享优惠券、加赠、红包、群专享价等，对于大部分用户来说，权益的吸引力从高到低排序为：优惠券>加赠>其他（包含红包、试用、秒杀、群专享价）。如图 4－22 所示。除了以上权益，商家还可根据自身的预算和运营策略设置其他奖励，比如进群参加抽奖活动等，应多进行尝试并对比效果，找到最适合店铺的拉新方法。

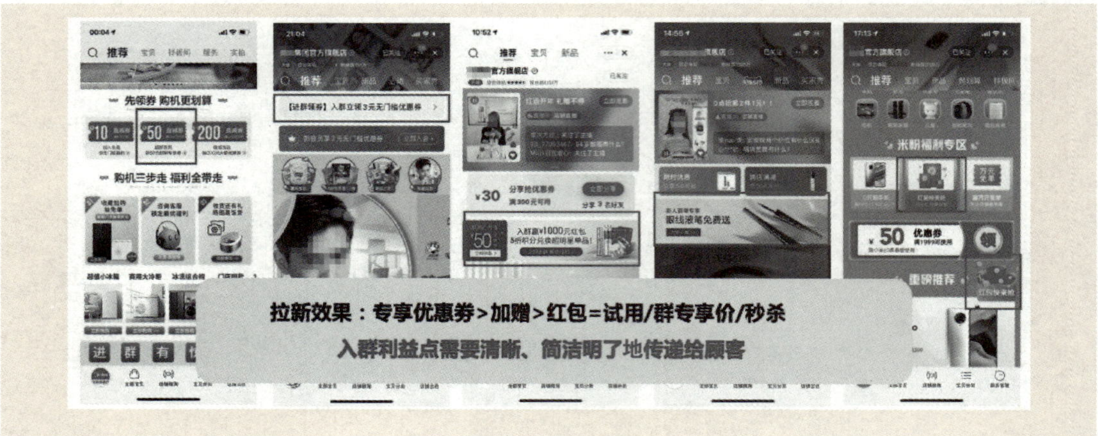

图 4－22　加群权益

2. 常规的加群权益设置

（1）专享优惠券（如图 4－23 所示）。

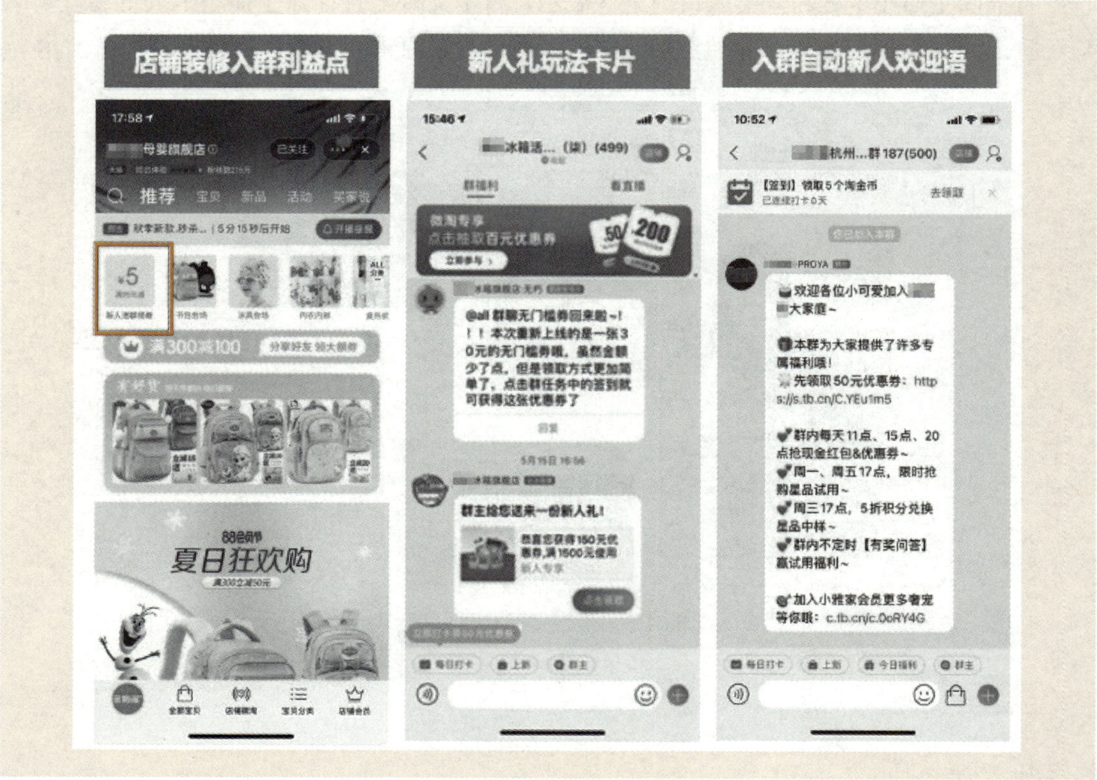

图 4－23　专享优惠券

专享优惠券的发放方法主要有以下两种：

发放方法1：在新人欢迎礼中配置优惠券，新用户进群后自动收到消息卡片，可直接点击领取。

发放方法2：商家创建优惠券后选择不公开，把优惠券链接配置在群聊的新人欢迎语中，新用户进群后自动收到欢迎语，可点击链接领取优惠券。

（2）暗号加赠（如图4－24所示）。

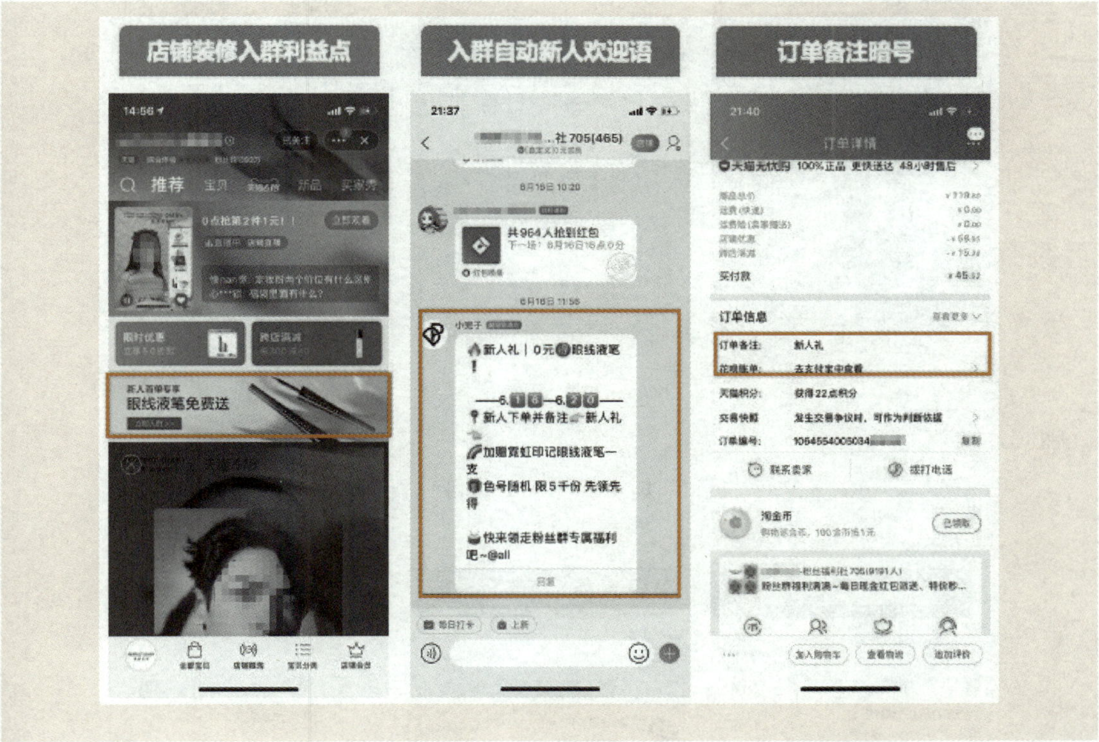

图4－24　暗号加赠

发放方法：在新人欢迎语中说明暗号，用户下单时在订单备注中填写暗号，即可获得专属加赠。

（3）现金红包（如图4－25所示）。

现金红包的发放方法主要有以下两种：

发放方法1：设置固定场次的红包喷泉活动，并在新人欢迎语中告知加群用户。

发放方法2：设置固定场次的拼手气红包，并在新人欢迎语中告知加群用户。

（4）试用、秒杀等（如图4－26所示）。

发放方法：设置固定场次的限时抢购活动，可以设置为1分钱试用、9.9元秒杀等多种形式，并在新人欢迎语中告知加群用户。

淘宝社群引流推广和活跃社群的玩法非常丰富且一直在不断更新，可关注网站后台进行探索。

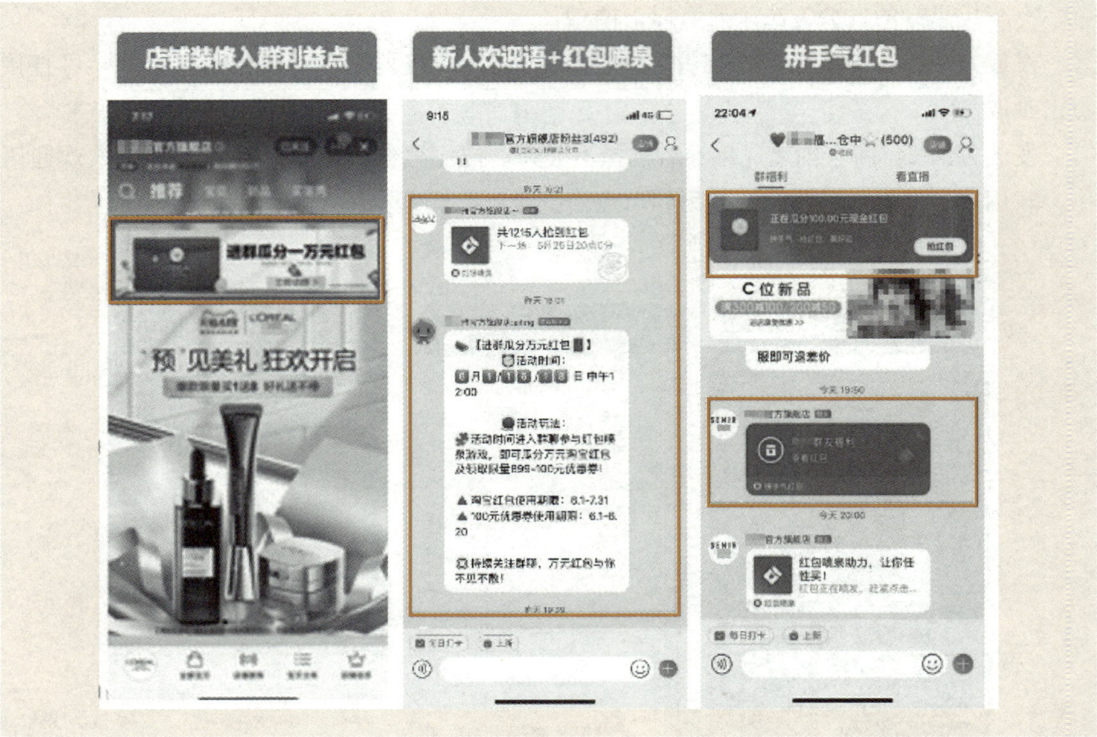

图 4－25　现金红包

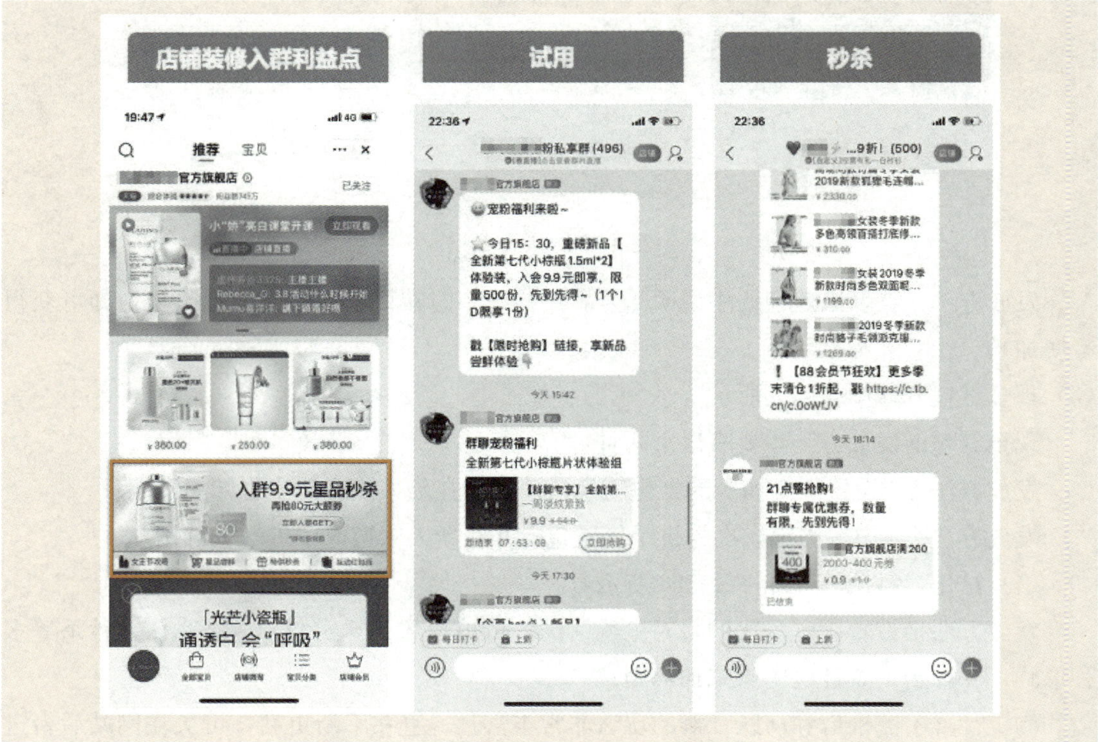

图 4－26　试用、秒杀

他山之石

案例拆解：某童装品牌官方旗舰店粉丝群“618”大促

群分层设置：群成员总计 42.2 万人，设置粉丝群（关注店铺门槛）和老客群（消费金额门槛）。

群运营效果：2020 年“618”群成交金额全店占比 5.5%；群聊引导客单价比全店高出 54.2%。

群引流推广手段：如图 4－27～图 4－29 所示。

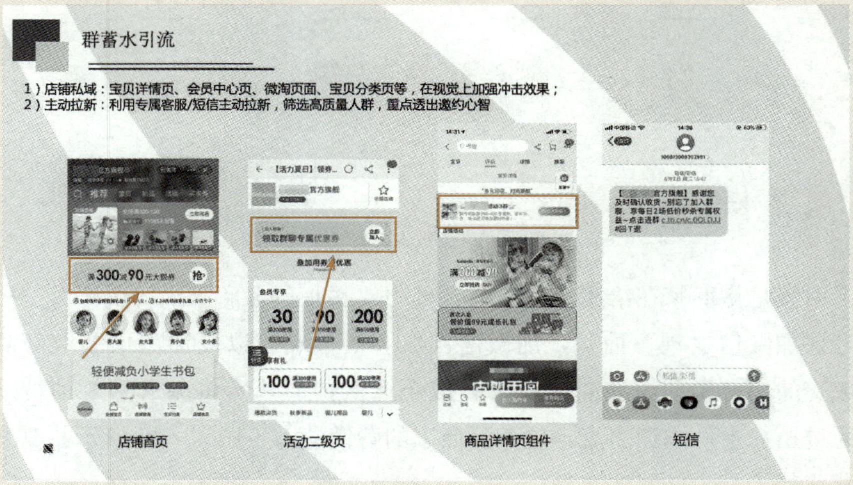

图 4－27　群蓄水引流

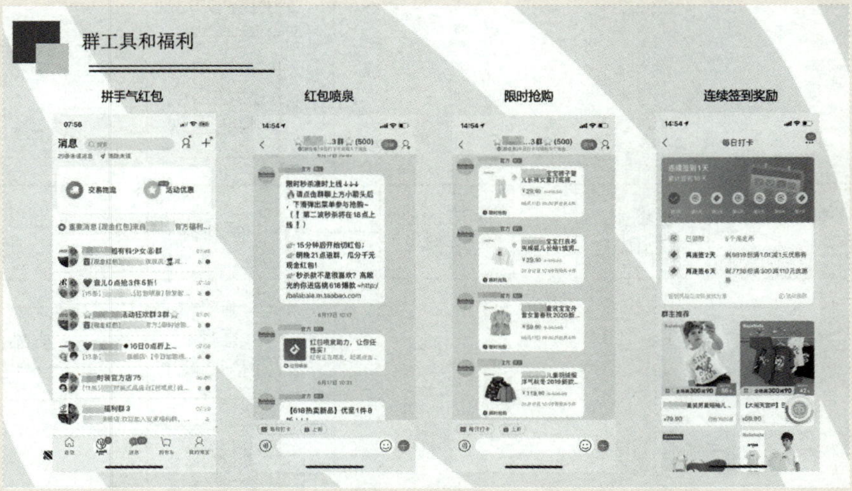

图 4－28　群工具和福利

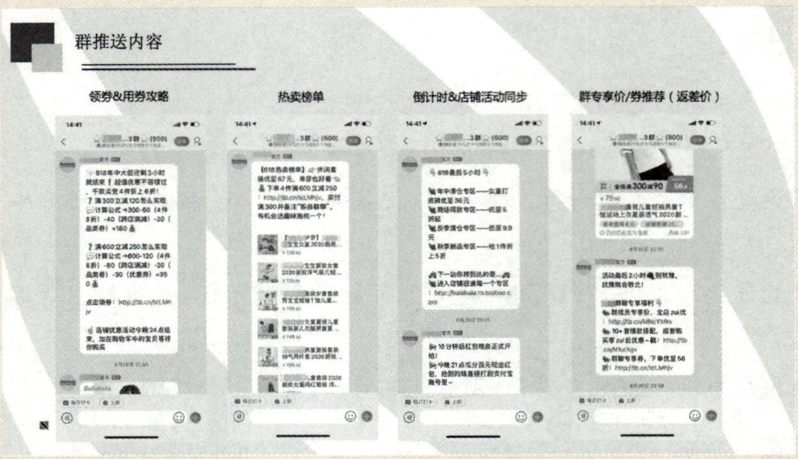

图 4-29　群推送内容

二、包裹卡引流

包裹卡引流是指商家在给用户寄送的包裹中放一张包含商家内容的卡片，卡片上面的内容包括好评加微信返现、抽奖，加微信领取会员福利，以及加微信获取新品试用资格等，促使成交的用户主动添加商家的个人或企业微信。其实包裹卡是一种被动的引流方式，只能通过用户主动添加引流，更考验商家的营销能力。图 4-30 所示是某女装店包裹卡引流运营路径。

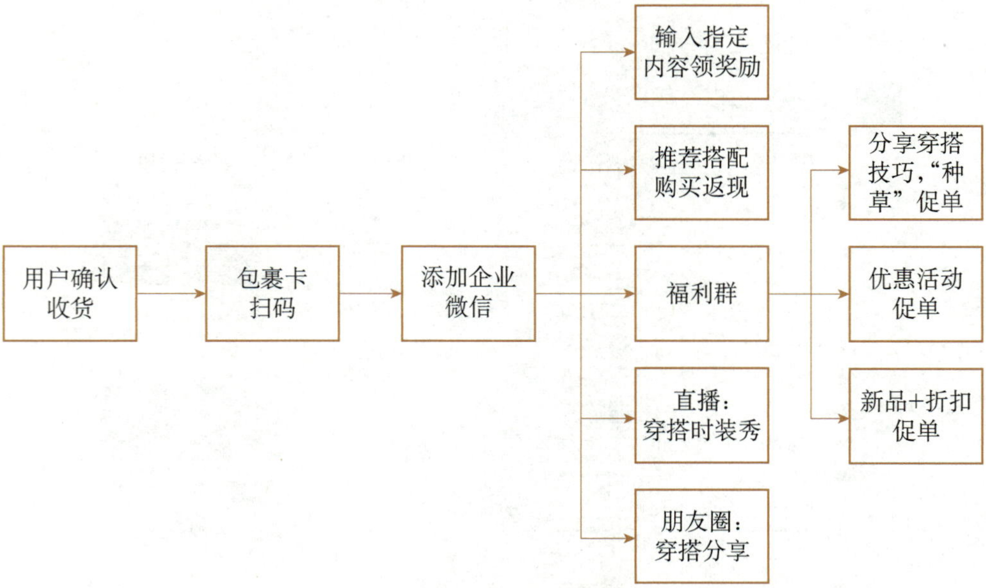

图 4-30　某女装店包裹卡引流运营路径

包裹卡引流要注意的核心要素如下。

（一）引流品的选择

通过对包裹卡引流率的影响因素进行具体分析可知：包裹卡引流率＝用户需求×视觉设计×利益点×参与路径。用户需求是根本因素；视觉设计、利益点和参与路径共同影响着用户：视觉设计吸引用户注意力并使用户产生兴趣，利益点激发用户参与活动的欲望，参与路径促使用户行动。通过用户画像分析用户兴趣和需求，选择用户感兴趣的高性价比、高适用性、高频次、高认知、高关联度的产品作为引流品，比如商品是化妆产品，引流品可以是面膜、水乳小样等，这样可以精准引流用户。

（二）营销方法的选择

1. 虚拟/实物福利类型

虚拟福利主要包括现金红包、优惠券、抽奖秒杀等。现金红包是最为常见的包裹卡福利类型，通常金额在 3～20 元不等。此类方式普遍操作简单，适合客单价低、流量小、需要前期走量的商家。为了提高参与率，可将红包改为刮刮卡的形式，设置悬念，激发用户兴趣，提升扫码率；也可设置成抽奖的形式，100％中奖，现金是保底奖励，吸引用户参与。如图 4－31 所示。

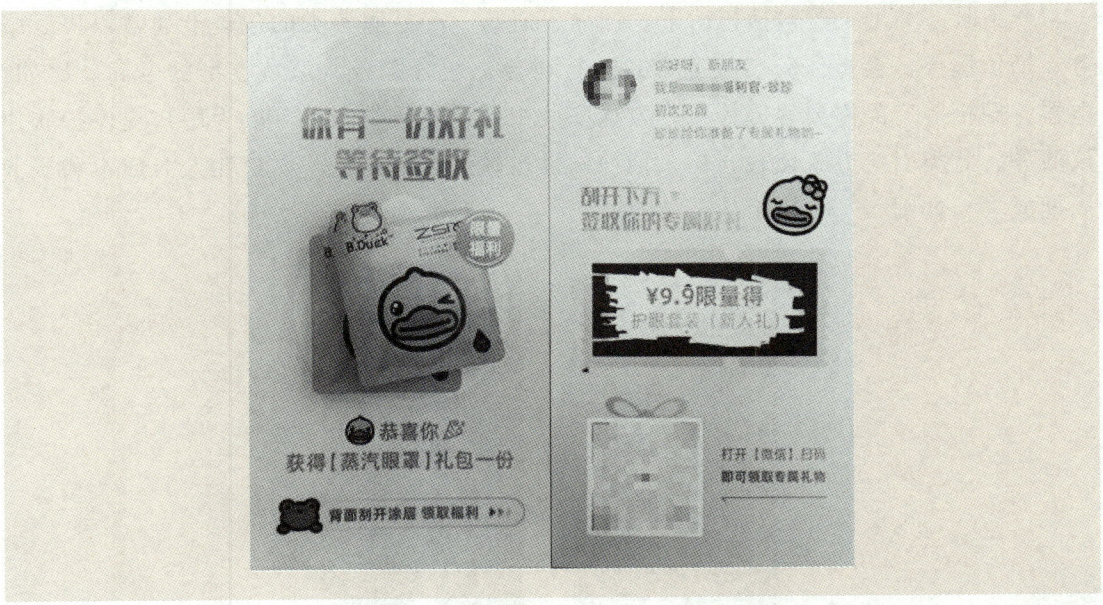

图 4－31　虚拟福利类型

实物福利的转化效果更好，适合绝大多数电商品牌，但前提是预算充足，因为不仅有礼品的成本，还有物流的成本。实物的选择较多，要尽可能贴合用户的喜好，这样既能做到拉新转化，又能更加精准地吸引用户，有利于后期对用户进行复购引导。例如卖眼镜的商家可以选择赠送眼镜护理液或是眼药水，卖鞋子的商家可以选择赠送袜子，卖羽绒服的商家可以选择赠送羽绒服清洁湿巾，绝大部分用户都乐于接受。如图 4－32 所示。

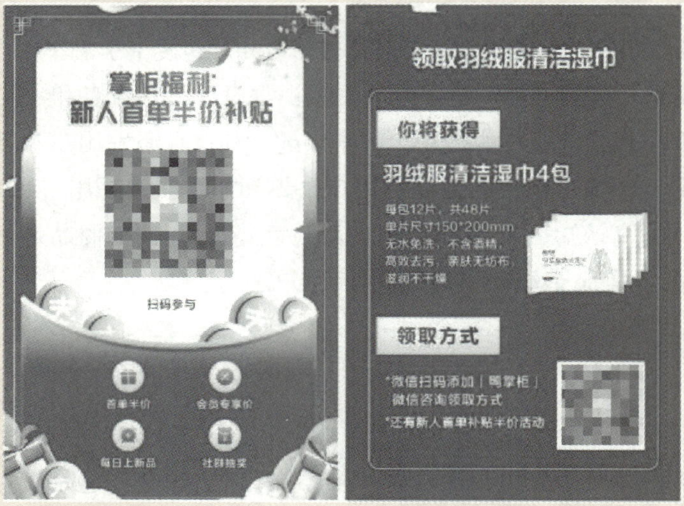

图 4－32　实物福利类型

2. 产品服务类型

产品服务类型主要包括售后卡、产品手册等。产品服务类的包裹卡通常以售后服务、增值服务、会员体验名额等方式进行诱导，适合服务、家装类型的电商。比如，电器、橱柜等产品需要客服为用户发送安装视频；美妆类产品可以为用户提供护肤建议服务。此类引流方式比较自然，用户黏性也较强；缺点是需要消耗人力成本和服务周期成本。如图 4－33 所示。

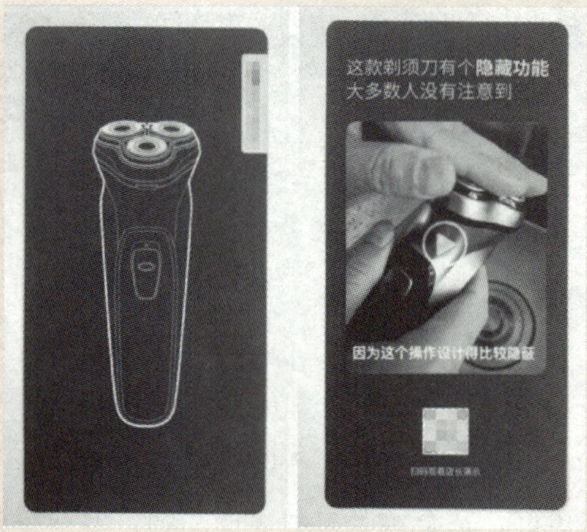

图 4－33　产品服务类型

3. 用户增值服务类型

用户增值服务类型主要包括会员卡、体验官招募等。如图 4－34 所示。

图 4－34 用户增值服务类型

在设计引流营销方法时，一要揣度用户心理，如返现红包钱多了会亏本，钱少了用户懒得扫码，效果也不一定好；二是在设计玩法和奖品时就要想好引流后的承接，明确引流的目的，比如促进复购、提高客单价、推广新品等，然后按照不同的目的设置活动奖品。

（三）包裹卡信息展现形式

（1）包裹卡的图片素材要考虑整体设计感，最好配以自家产品的形象展示，加深用户的印象。

（2）包裹卡文字宜符合产品格调，直奔主题，重点突出标题和利益点。利益点要足够精练，短时间内就能抓住用户注意力，礼品获取步骤要简单清晰。

（3）视觉设计上，建议颜色以暖色系为主，易于有效抓住用户注意力。排版的元素按重要程度排序：引流诱饵产品展示＞文案包装＞配色/排版＞品牌元素。

（4）在二维码的选择上，一般建议放企业微信员工活码，并提前设置好自动回复话术，要有足够的仪式感和价值感，并进一步进行诱导，给予用户进入私域社群的理由。在用户扫码后，可通过企业微信员工自动回复引导用户加群并领取奖励，如图 4－35 所示。

图 4-35　自动回复话术引导加群

（四）数据监测

对商家来说，包裹卡只有在用户拆快递时才能触达用户，转化率一定是比较低的，所以要想办法增加触达用户的次数。包裹卡制作完成后要及时与公司内相关部门同步，例如客服、运营、技术等部门，提前对接好问题及流程 SOP，尤其是服务类和虚拟类的包裹卡。包裹卡正式投入市场后，就要开始进行数据监测，以便随时调整优化，提升引流效率。主要对添加率（通过包裹卡添加的用户占比）、转化率（通过包裹卡进群的用户再次付费的比率）、引流成本（引流用的诱饵价值是多少，虚拟类和服务类要考虑人工成本）、包裹卡成本（从设计到印刷再到发放到仓库的成本）这几个数据进行分析，如果有条件最好进行 A/B 测试，同时投放不同样式、文案的包裹卡，对数据进行对比分析，及时调整策略以期达到最佳引流效果。如图 4－36 所示。

不同类型包裹卡添加率		
类型	添加率	首单转化率
现金类	3%~5%	3%
实物类	30%~40%	10%
虚拟类	10%~15%	10%~15%
服务类	10%~20%	10%

包裹卡关键数据参考			
行业	成本	召回率	单粉成本
美妆	0.07/张	20%	0.35元/人
消费品	0.06元/张	19.50%	0.3元/人

图 4－36　包裹卡数据参考

素养园地

包裹里的寻人卡片

在快递包裹中附送走失儿童信息卡，如图 4－37 所示。江苏的一名店铺老板穆阳一直坚持这样做，每天店里都要发出几百张寻人卡片，总计发出十万多张。为了帮助寻人，店里客服都是“宝贝回家”注册志愿者，店铺里还设置了专门的寻人咨询通道。

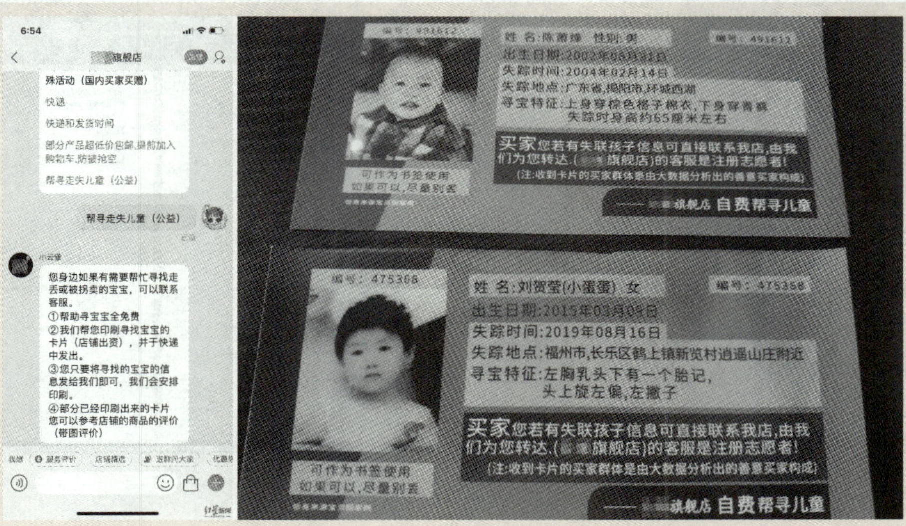

图 4－37　快递包裹中附送走失儿童信息卡

“每个孩子会持续发一两个月的时间，发到各个地方的都有，这样找到人的概率也大一些。”因为这样的做法，穆阳的店铺也曾受过质疑，但他说：“绝大多数人都是善良的，个别人觉得是营销，但我从没做过营销，我就是想做点好事。这么多孩子还没有一个是找到的，但我还是要坚持，我就是想做点好事，就这么简单。”

资料来源：刘成梦．包裹里塞的不是“好评返现”而是寻人卡片，这家网店坚持两年自费寻找走失儿童．(2020－10－28)［2023－12－20］．https：//baijiahao.baidu.com/s?id＝1681807510127157611&wfr＝spider&for＝pc.

任务三　社群裂变活动引流

一、线上裂变活动引流

微课

（一）裂变活动场景

1. 个人微信/企业微信裂变

用户扫码参与活动，获得专属海报，邀请好友分享助力，完成任务即可获得奖品。如图 4-38 所示。

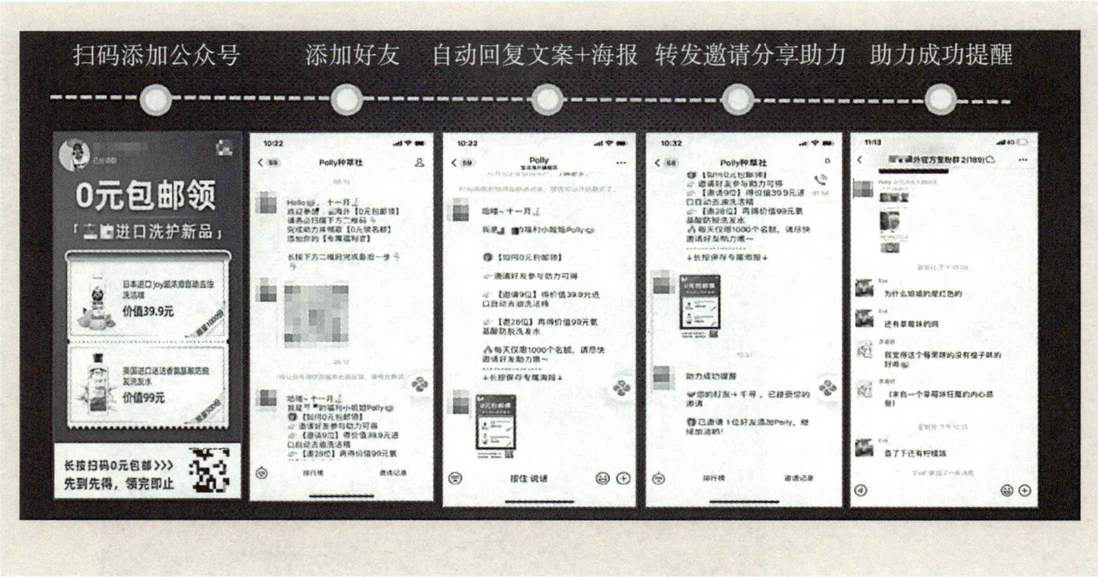

图 4-38　个人微信/企业微信裂变

优点：能够广泛吸引用户参与，可以获得一大批参与用户，扩大用户基数。

缺点：账号有诱导分享的风险；助力用户大多数为泛用户，维护周期长。

2. 社群裂变

用户看到进群信息扫码进群，群内发送完成任务领奖品话术，用户感兴趣并参与活动，邀请好友进群完成任务，获得奖品。如图 4-39 所示。

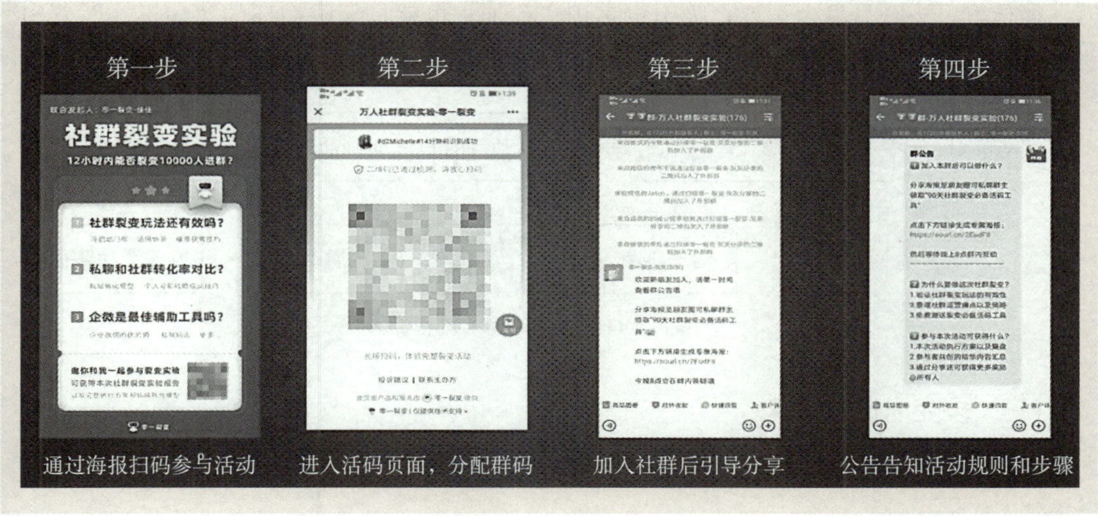

图 4－39　社群裂变

优点：能够扩大社群用户基数，提升品牌知名度。

缺点：进群用户多为泛用户，且群秩序难以维护。

3. 社群积分兑换裂变

用户扫码参与活动，查询积分后可进入小程序购买，然后分享给好友。如图 4－40 所示。

图 4－40　社群积分兑换裂变

优点：可以调动群成员的主观能动性和积极性，提高群内的下单率。

缺点：需要专业引导；容易吸引“薅羊毛”用户。

（二）裂变活动流程

裂变活动本质上就是运营团队确定诱饵和裂变规则，带动种子用户参与活动，在朋友圈、微信群、公众号发生裂变，吸引更多用户参加，也就是无限循环的“病毒式”营销。裂变活动的流程如图 4－41 所示。

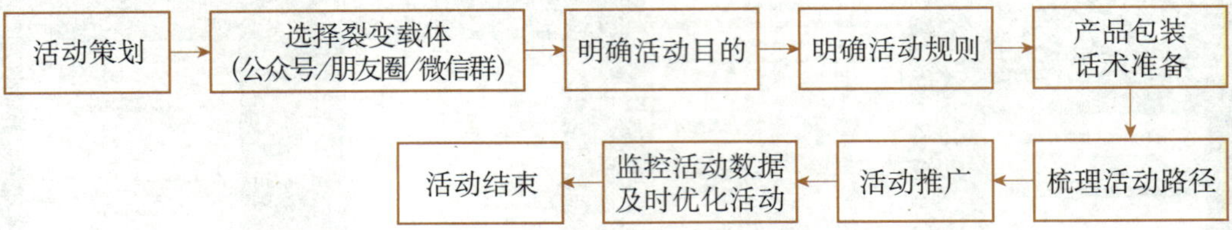

图 4－41　裂变活动的流程

（三）裂变增长的关键

1. 价值锚点的确定

根据当前自身情况或者热点，分析用户需求，从而确定诱饵。诱饵的表现形式可以是产品、课程、资料包、服务等。诱饵应该具备以下三个特征：用户真实想要的、与自身定位或者企业息息相关的、企业确定可以提供的。诱饵必须能抓住用户的注意力，运营人员需要分析什么样的福利才能打动目标用户，设计能击中用户痛点的诱饵才能为下一步转化做好准备。

2. 裂变流程、规则的设计

以最终想要达成的目标为落脚点进行裂变流程的设计，并制定相应的裂变规则（分享至朋友圈、发送至微信群等），在实施前需要先进行测试以保证流程通畅。

3. 裂变海报的设计

海报是裂变活动必不可少的一部分，诱饵的呈现载体一般都是海报，裂变传播能否成功，海报是关键性因素。裂变海报设计的七大要素，如图 4－42 所示。

（1）用户身份。在设计社群裂变海报时，需要考虑目标用户的特点和需求，以便在海报中准确地传达信息。在海报中可以使用与用户相关的语言和图像，以引起用户的共鸣。

（2）标题。标题是海报的核心内容，需要简洁明了地表达出产品或活动的核心卖点。好的标题应该能够吸引用户的注意力，并激发他们的好奇心。

（3）权威背书。在社群裂变海报中，权威背书是非常重要的内容。通过展示权威机构、权威人士的认可或推荐，可以提高产品或活动的可信度。

（4）紧迫感。在海报中使用一些能制造紧迫感的语言和图像，可以激发用户的购买欲望。例如，使用“最后几天”“限时优惠”等词汇，或者使用倒计时等图像。

（5）短期利益。在社群裂变海报中，需要向用户展示他们能够获得的短期利益。这些利益可以是优惠、赠品等。

（6）样式排版。在社群裂变海报中，样式排版是非常重要的一环。通过使用清晰、简洁、易于阅读的字体和排版，让用户可以更好地理解海报的内容。

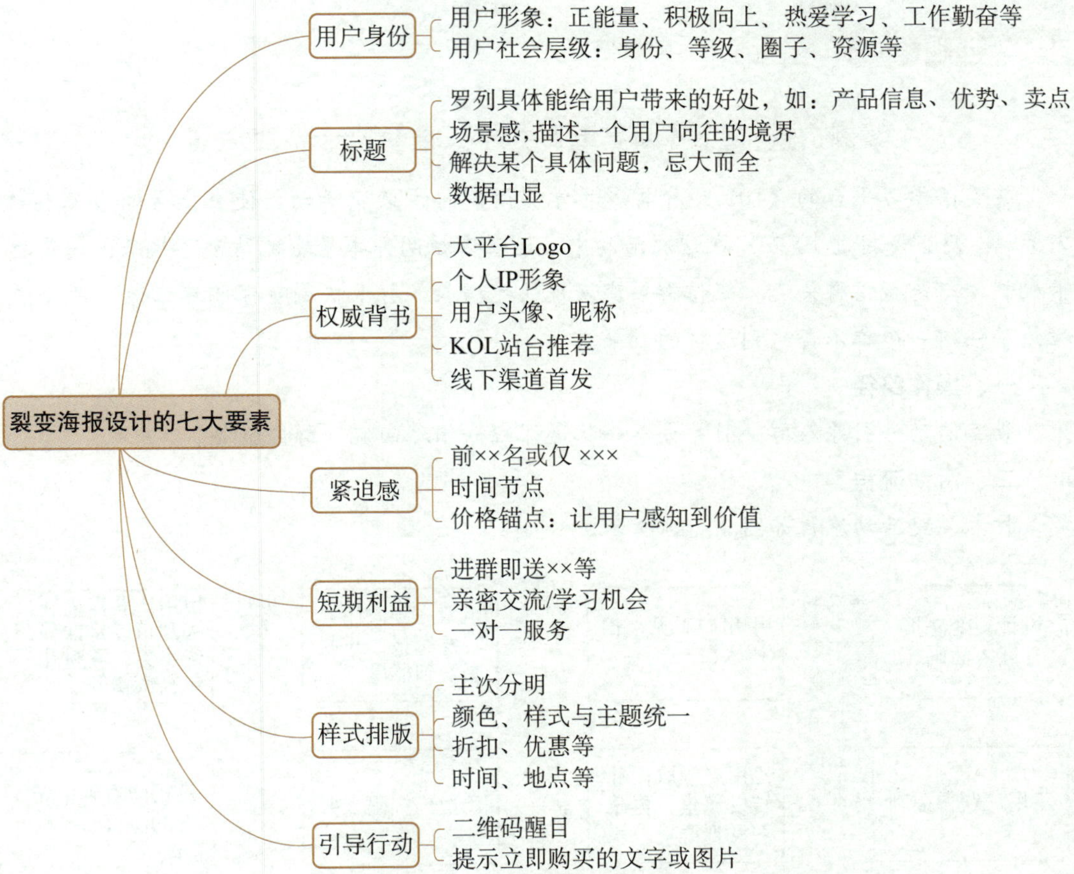

图 4-42　裂变海报设计的七大要素

（7）引导行动。最后，社群裂变海报需要引导用户采取行动。可以通过提供二维码、链接等方式，引导用户进入产品或活动页面，进而提高转化率。

4. 文案话术的设计

文案话术包括进群话术、互动话术、产品文案等，所有文案话术需提前准备 3～5 个版本，以便在不同的场景中使用。

5. 裂变工具的选择

不同的裂变工具适用的推广渠道不同。推广渠道可以是朋友圈、社群、新媒体矩阵、KOL 等。推广渠道直接决定了活动的覆盖面，覆盖面越广，活动的传播范围就越宽，参与的人数也就越多。在做裂变活动前，需要根据渠道选定合适的裂变工具，比如企业微信、爆汁裂变、建群宝等。不同的裂变工具，其功能、操作细节各有不同，需要提前熟悉并设置。

6. 裂变群的维护

在裂变活动中，运营者需时时维护社群的规则，实时把控裂变社群的氛围，解答用户的疑问，将发广告或者其他违反群规的用户及时移出。

他山之石

案例拆解：【100天看电影共学英语】打卡裂变活动

某英语学习平台的【100天看电影共学英语】打卡裂变活动，使公众号单日涨粉4万多，4天涨粉超过10万。在这次活动中，运营者把两件事紧密地结合了起来：一是打卡机制，二是微信群裂变。微信群裂变实现快速增长，打卡机制确保闭环回流，两个流程缺了任何一个都不会达到这样的效果。

一、操作路径

裂变启动→引导入群→引导分享→推送课程→闭环回流→群内服务。

二、活动流程

打卡裂变活动流程如图4-43所示。

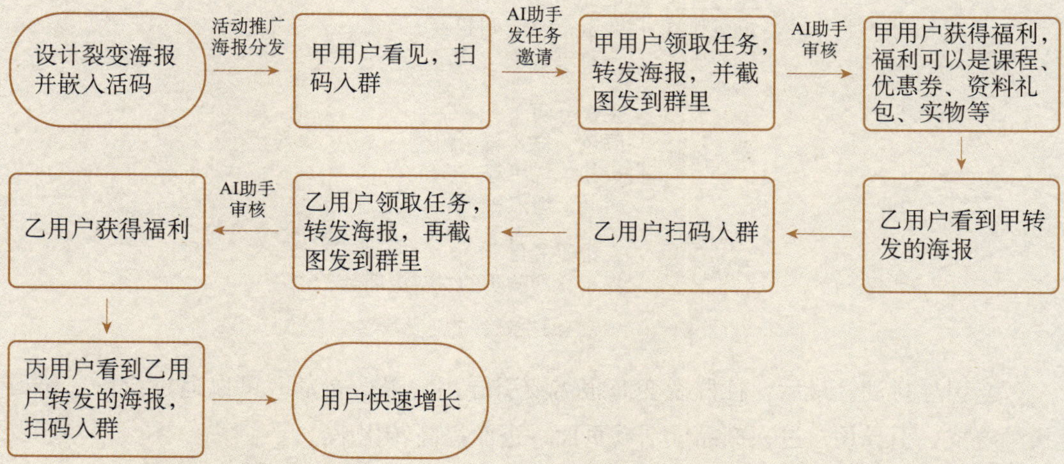

图4-43 打卡裂变活动流程

三、裂变过程

（一）裂变启动

订阅号A推送文案，文案中有海报（如图4-44所示），用户扫描海报上的二维码可关注需要拉新的订阅号B。设计一张裂变海报，保证海报上的二维码足够清晰，二维码导向订阅号B。

（二）引导入群

准备好订阅号B的公众号被关注自动回复话术，引导用户入群。用户关注订阅号B后，自动回复入群链接，引导用户加入微信群。

（三）引导分享

提前设置群公告，准备好新用户入群回复文案，讲清分享海报到朋友圈并截图等待审核的规则，设置机器人在有新用户加入时自动发送。引导用户将海报分享到朋友圈，并将截图发回群内，完成报名流程。如图4-45所示。

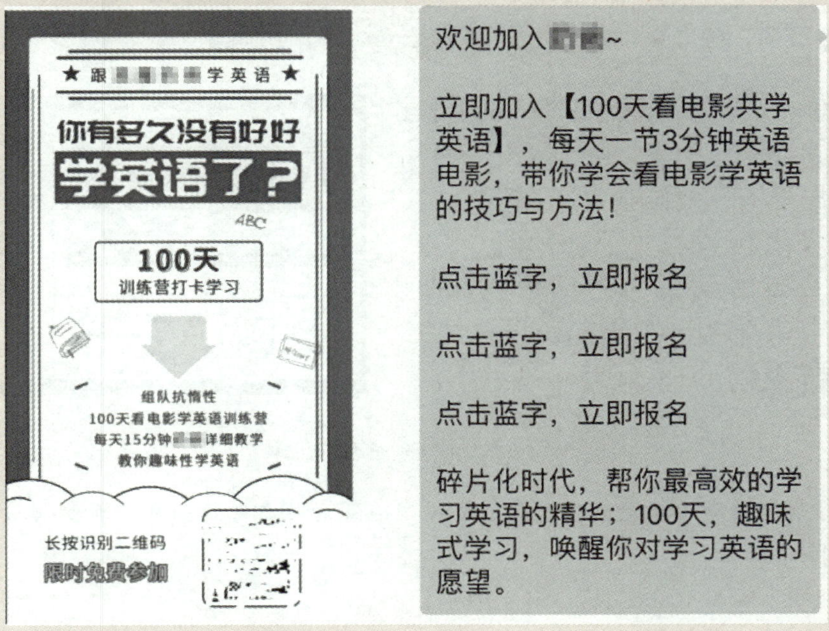

图4-44 裂变海报

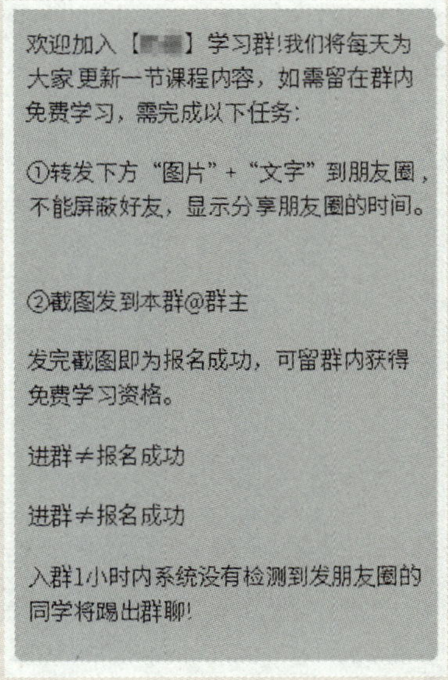

图4-45 新用户入群回复文案

在本案例中，用户朋友圈转发文字＋图片内容如下：

我已加入【××】学习群，该群以每天15分钟英语电影讲解的形式，帮你高效地掌握英语学习技巧与方法；100天趣味式学习，几万名英语爱好者共同成长，唤醒你对英语学习的愿望。

图片为裂变海报。

准备好收到用户截图的回复话术和领课卡。群满后，设置机器人或安排客服审核群成员的分享截图，将未分享的成员移出群聊。如图 4-46 所示。

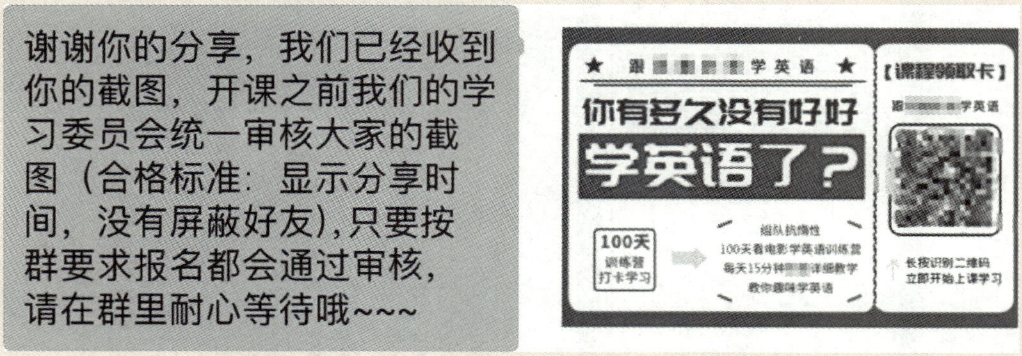

图 4-46　回复话术和领课卡

在进行裂变活动时必须监控和分析数据，运营者可参考行业内公开数据分析裂变效果。如表 4-1 所示。

表 4-1　公众号关键数据参考表

	数据等级	企微添加率	进群率	退群率	被删好友率	付费转化率
新关注欢迎语	优秀	70%	60%	5%	5%	40%
	良好	60%	50%	8%	8%	35%
	及格	50%	40%	10%	10%	30%
菜单栏	优秀	40%	60%	5%	5%	40%
	良好	35%	50%	8%	8%	35%
	及格	30%	40%	10%	10%	30%
推文	优秀	40%	70%	5%	5%	65%
	良好	35%	60%	8%	8%	60%
	及格	30%	50%	10%	10%	55%
平均水平		40%～70%	50%～70%	5%～10%	5%～10%	40%～60%

（四）推送课程

通过群公告向用户发放领课卡（可以扫码或通过链接学习第一天课程）。在课程内容最后置入创建好的打卡活动链接，写清打卡规则，说明必须分享指定海报到朋友圈才算打卡成功，并说明引导打卡的文案话术。如图 4-47 所示。

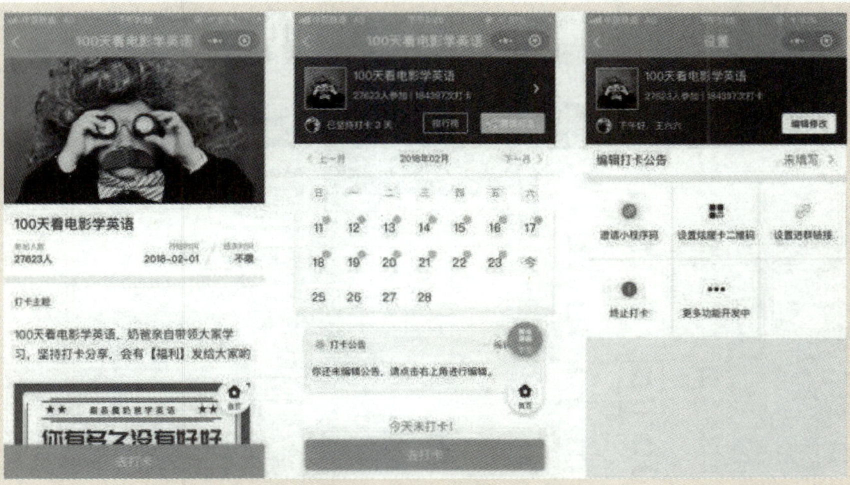

图 4-47　引导打卡

（五）闭环回流

将引导用户坚持打卡并分享到朋友圈的文案话术群发给用户，引导用户将打卡生成的二维码海报分享到朋友圈，完成向微信群或公众号的闭环回流。

（六）群内服务

打卡期间，每个微信群内都需要安排 1～3 名客服进行人工维护与互动，设计好日常互动的方案，如每日发课程提醒、导师指导等，保持良好的用户体验，引导群内舆论并及时移除广告发布者。

资料来源：菠萝爱增长．案例拆解：社群打卡裂变，如何做到 4 天涨粉 10W＋．（2018-12-19）[2023-12-20]．https：//maimai.cn/article/detail？fid＝990717906&efid＝qA82AhZFlb9neQzWjH52iA.

多学一招

企业微信群活码配置

在运营社群的时候会发现，有些微信群二维码的有效期只有 7 天，一旦二维码过期，就会导致很多用户无法扫码进群，造成用户流失。那么，怎样才能生成永久有效的企业微信群二维码呢？

企业微信要想生成永久有效的群二维码，不需要借助任何工具，使用企业微信自带的群活码功能就可以实现。群活码指的是用户通过扫描同一个二维码，就可以持续进入不同的群聊，当群人数满 200 人以后，不需要再推送新的二维码，用户识别之前的二维码，会自动进入新群，非常方便快捷。

一、员工个人如何创建群活码

（1）手机端进入工作台，点击“客户群”，再点击“加入群聊”，进入设置页面。

加入群聊的方式有“通过二维码加入群聊”“通过立牌加入群聊”“在小程序中加入群聊”三种，根据自身需要选择任意一种即可。如图4-48所示。

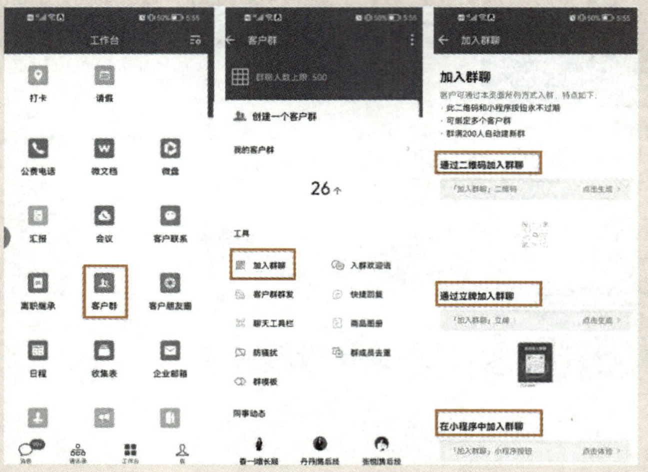

图4-48　加入群聊方式设置页面

(2) 选择加入群聊方式后，可新建群聊或者选择已有群聊。新建群聊是指设置群名称后快捷创建的新用户群，而选择已有群聊是指把已创建好的群聊关联在这里。

(3) 点击“确定”，一个企业微信群活码就创建好了，并且该活码永久有效，用户扫码后会自动进入相应的群聊。

二、管理员如何创建群活码

(1) 登录企业微信管理后台，找到“客户联系”，在“加客户”页面找到“加入群聊”，点击“设置”。如图4-49所示。

图4-49　找到加入群聊设置入口

（2）点击“新建加入群聊”，可选择“通过二维码加入群聊”“通过立牌加入群聊”“在小程序中加入群聊”中的任意一种方式加入。如图 4-50 所示。

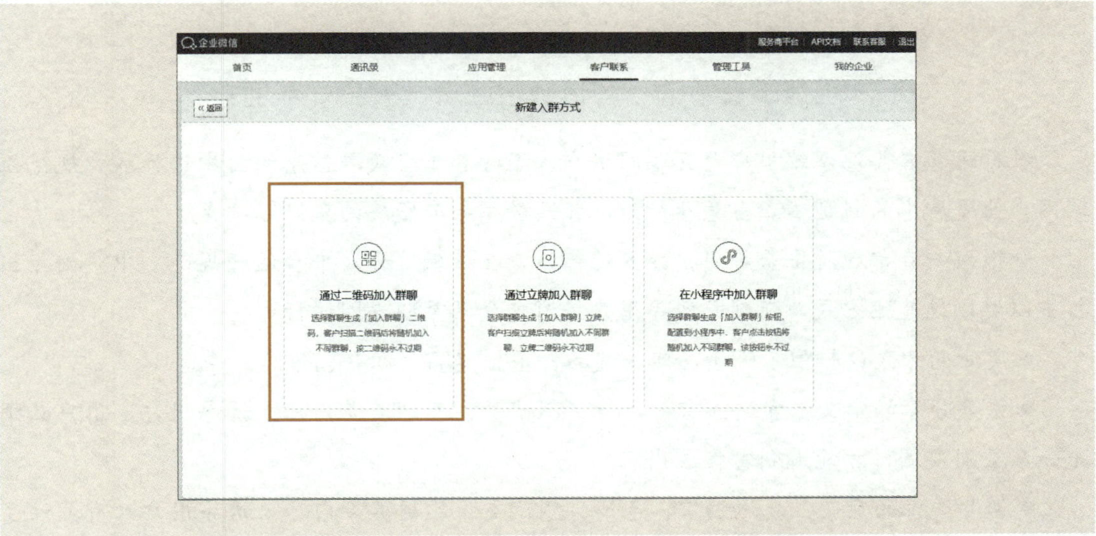

图 4-50 选择加入群聊的方式

（3）选择加入群聊方式后，可以根据自身需求新建群或者选择已有群。勾选“群人数达上限时，自动创建新群”，则会在 1 个群满后，再新建群。如图 4-51 所示。

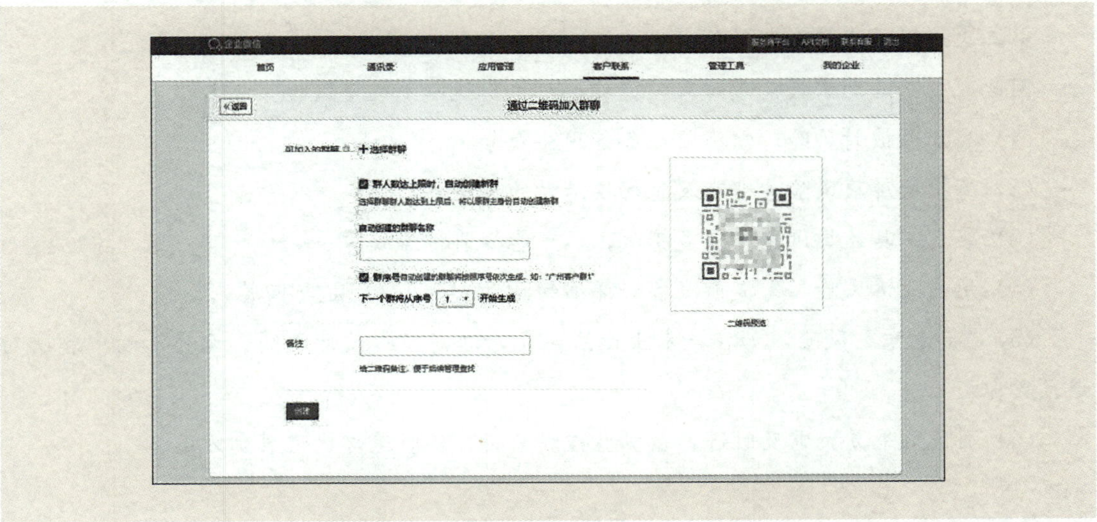

图 4-51 设置通过二维码加入群聊

除此之外，还可以对群进行命名，并设定群的序号，序号数字可以自定义。

（4）点击“创建”按钮，企业微信群活码就创建成功了。

一个群活码最多可关联 5 个群聊，每个群聊人数上限是 200 人，这意味着，一个群活码可支持添加 1 000 人入群。社群拉的人越多，触达的用户就越多，进而促进转化率的提高。

素养园地

规范裂变活动，营造数字经济发展良好环境

社群运营者要注意维护广大互联网用户、经营者正当获取信息的自由选择权，规范互联网产业发展中的新型不正当竞争行为，营造数字经济发展的良好环境。

如微信一直都在打击诱导用户分享的行为，在《微信公众平台运营规范》中明确指出打击以奖励或其他方式，强制或诱导用户将消息分享至朋友圈的行为。

- 奖励的方式包括但不限于：实物奖品、虚拟奖品（积分、信息）等。
- 诱导分享的定义：发送谣言、色情、测试类、答题类等内容来诱导用户，用户必须先分享至朋友圈，才能看到答案或内容。
- 诱导关注的定义：发送谣言、色情、测试类、答题类等内容来诱导用户只有关注了此公众号后才能看到答案或内容。
- 处罚如下：

第一次违规：封账号 30 天，直接拦截链接、删除诱导内容所增加的粉丝，直接关闭流量主等。

第二次违规：直接永久封号。

因此，裂变活动需提前做好风控措施，以免出现以下裂变风险：

（1）公众号被封风险，需提前准备备用公众号。

（2）海报被屏蔽风险，需有及时切换活动的预案。

（3）裂变工具故障风险，需多测试，尽可能提前排除故障。

（4）用户投诉风险，需提前准备好详细的活动 Q&A（问题与回答）。

（5）“羊毛党”风险，如在技术上无法避免，则需精心设计规则，设置活动中私聊劝退预案。

（6）引流效果差，需及时进行数据监控和分析，实时追踪优化裂变方案。

二、线下引流推广

（一）线下门店常规引流

可将社群二维码或企业微信个人码打印后放在门店、收银处等线下场所，提示用户扫码联系。如图 4-52 所示。

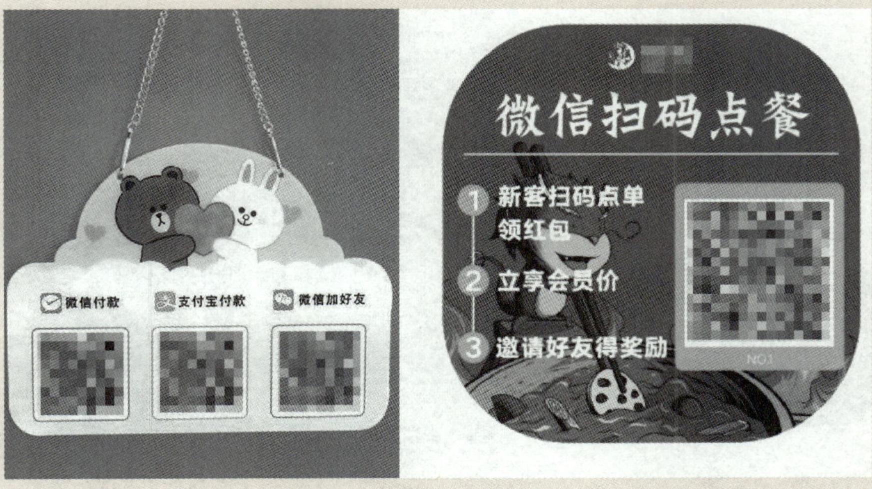

图 4－52　线下门店常规引流

（二）游戏福利引流

在线下场景中设置日常挑战、节日主题等抽奖小游戏，用户参与游戏即可获得折扣或抵用券，同时引导用户加入社群；或者用户在门店购物后，引导用户将海报发朋友圈免费领取折扣、抵用券或实物奖励，达到朋友圈引流的目的；或者通过微投票、大转盘、砸金蛋等小游戏收集信息，引导用户加入社群。如图 4－53 所示。

图 4－53　游戏福利引流法

（三）社群活动线下引流

线下门店可采用社群线上线下协同的方式，通过开展一些活动为线下引流。如图 4－54 所示。

图 4-54　社群线上线下协同活动

他山之石

案例拆解：某餐饮企业社群线上线下引流推广

一、裂变前的准备

（一）获取种子用户

客服加上到店用户的微信号将用户留存下来，并引导用户加入社群，在群里开展送代金券或送菜品的活动，鼓励已加好友的用户邀请自己的朋友加入社群。

（二）维护社群

社群里每天用红包抽奖或者话题聊天的方式来调动群成员的积极性。同时，定时用话题与群成员互动，让社群活跃起来，刺激用户每天都到店来消费。

（三）建立信任

为社群用户设定会员日，给到店的社群用户准备一些与门店品牌定位相符合的小纪念品，增加社群用户与门店接触的次数，建立用户的信任感。

二、裂变活动的启动

（一）设置启动的话术

根据不同时期、不同时段、不同商圈来确定不同的活动诱饵，活动诱饵要有趣、够吸引人，利益优惠足够大。如图 4-55 所示。一般来说，做促销活动，要找一个合适的理由，比如是因为周年庆或者“双十一”才开展促销，避免使用户产生商家是因为产品卖不出去才搞促销的印象。

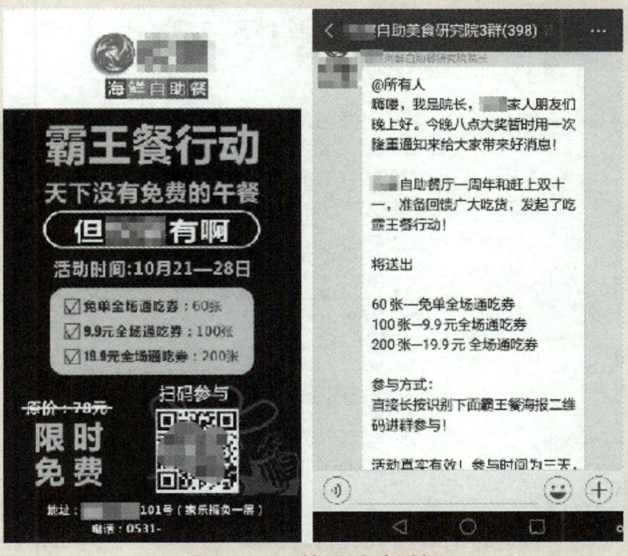

图 4-55 社群活动诱饵

（二）使用社群工具

可借助互联网社群工具（如群活码、机器人）来做一些重复性很强的工作，包括建群拉人、回复话术等。如图 4-56 所示。

（三）确定启动的时间

根据微信用户的行为报告分析可知，晚上 8 点到 10 点是用户刷微信朋友圈的一个高峰期。裂变活动就安排在 8 点开始，让第一批种子用户开始刷屏，其朋友看到了就会继续分享刷屏，从而打造朋友圈持续刷屏的效果。

三、用户参与流程

用户参与流程：扫码进群，然后将活动海报和文案分享至朋友圈，再截图给工作人员参与抽奖。具体如图4-57所示。

注意：

(1) 自动回复一定要设置@每个新人，这样可以保证让每个人一进来都知道这个群是干什么的、进群后要干什么。有些人可能是不经意扫朋友圈海报进群的，@每个新人的话术可以让每个用户进群以后都不会不知所措。

(2) 要求将截图发到群里，主要是利用羊群效应，看到群里很多人在发，其他人会被带动，另外也可以提高活动的可信度。

四、流量的留存和转化

中奖的名额是有限的，那没中奖的人怎么办呢？

（一）二次传播

在公布中奖名单后，可为没有中奖的社群用户提供一个福利：可以用 49 元购买原价78元的自助餐券。这对于没有中奖的用户来说也是“意外的收获”。而49元对店家来说并不亏本，甚至还有盈利，也达到了社群用户转化的目的。如果用户想要购买49元券的话，需将商家提前设计好的海报分享到朋友圈，形成二次传播。如图4-58所示。

图4-56　使用社群工具

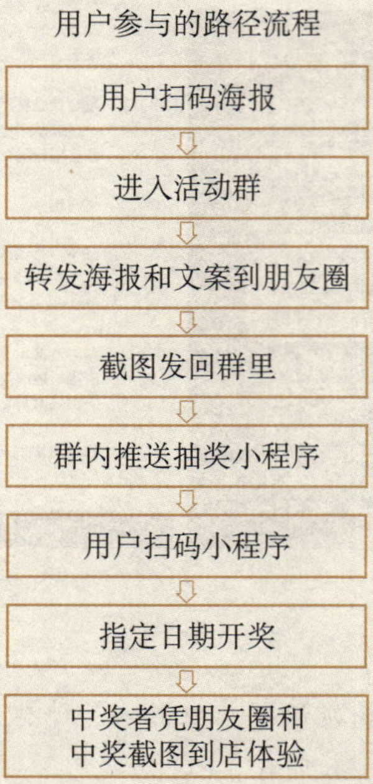

图4-57　用户参与流程

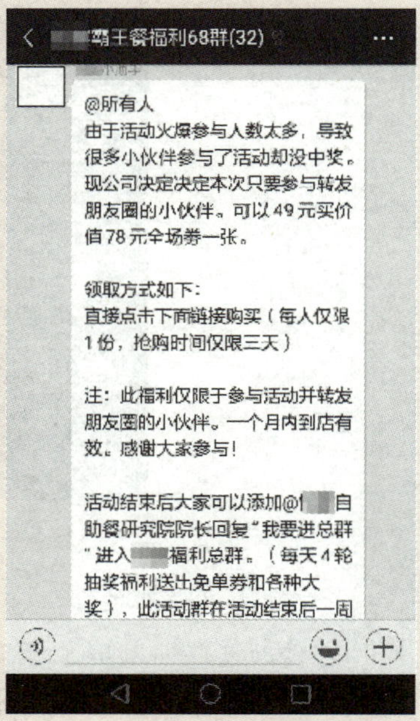

图4-58　二次传播

（二）用户留存

最后，在活动群里面，工作人员引导群成员加客服微信，把新获取的流量都加到微信上进行私域留存，方便后期一对一交流或活动推送。

资料来源：社群运营官秀仔．线下门店社群两小时如何裂变引流2 000+人，瞬间刷爆全城？实操案例全解析．(2020-05-18)[2023-12-20]. https://zhuanlan.zhihu.com/p/97770364?utm_id=0.

案例分享

烘焙店三店一体+社群运营多元经营模式

扫码阅读全文

“三店一体”模式是指线下实体店+线上会员外卖+线上会员商城。随着互联网获客成本的不断增加，餐饮企业应如何加大线上渠道建设力度？如何推进多元经营模式？本案例分析的是网红烘焙品牌“奶蜜迦南”的三店一体+社群运营多元经营模式。

资料来源：微盟．这个烘焙品牌三店一体+社群运营盘活10万+私域流量，会员储值近700万．(2020-07-08)[2023-12-20]. https://zhuanlan.zhihu.com/p/157858200.

职业技能训练

一、微信社群引流实践

1. 实训背景

在前期建立的社群中，通过海报、短视频裂变社群成员，掌握引流的整个流程。

2. 实训任务

(1) 全班学生自愿分组，每组 2～4 人。实践课可以考虑小组成员坐在一起，方便讨论，小组长安排好成员分工。

(2) 课前事先准备好优惠福利，用作进群福利，提前熟悉微信等平台对于引诱分享的相关规定。

3. 实训步骤

(1) 设置社群规则，让引流来的新用户能感受到温暖的社群氛围。建议使用企业微信群，企业微信群可以设置活码、自动欢迎、群回复、群公告、群管理等话术和规则。

(2) 每个人制作一张分享海报，海报中要体现小组社群的产品、优惠或利益点，能有效引起用户扫码的兴趣，将海报分享到各种引流渠道，如朋友圈、小红书等，测试海报效果。

(3) 实施以下引流流程：用户扫码加微信或企业微信—引导用户进群—欢迎新人—用户转发海报到朋友圈等渠道—自动检查用户完成海报转发情况—用户自动领取福利。

(4) 将小组设计的海报、引流流程截图等做成汇报 PPT，展示引流成果，要求社群引流 100 人以上。

二、包裹卡引流实践

1. 实训背景

选择一个电商店铺，设计包裹卡及流量承接群，掌握包裹卡引流的整个流程。

2. 实训任务

(1) 全班学生自愿分组，每组 2～4 人。实践课可以考虑小组成员坐在一起，方便讨论，小组长安排好成员分工。

(2) 课前事先准备好优惠福利，用作进群福利，提前熟悉电商平台对于引诱分享的相关规定。

3. 实训步骤

(1) 设置社群规则，让引流来的新用户能感受到温暖的社群氛围。建议使用平台自建群，可以设置活码、自动欢迎、群回复、群公告、群管理等话术和规则。

(2) 每个小组设计一张包裹卡，包裹卡上要体现小组社群的产品、优惠或利益点，能有效引起用户扫码的兴趣，将包裹卡分享到各种引流渠道，如朋友圈、小红书等，测试效果。

（3）实施以下引流流程：用户扫码包裹卡—（福利诱饵）引导用户进群—欢迎新人—用户自动领取福利或完成首单转化或参与一次互动。

（4）将小组设计的包裹卡、引流流程截图等做成汇报PPT，展示引流成果。

项目评价

职业素养、自我认知与评价表

<table>
<tr><td colspan="6">班级：　　　　　　　　姓名：　　　　　　　　学号：</td></tr>
<tr><td colspan="6">项目四　社群引流推广</td></tr>
<tr><td colspan="2">评价项目</td><td colspan="2">评价标准</td><td>分值</td><td>得分</td></tr>
<tr><td colspan="2">考勤（10%）</td><td colspan="2">不无故迟到、早退、旷课</td><td>10</td><td></td></tr>
<tr><td rowspan="2">工作准备（20%）</td><td>预习知识</td><td colspan="2">能预习项目知识，形成思维导图</td><td>10</td><td></td></tr>
<tr><td>社群工具</td><td colspan="2">能准备微信、创客贴等社群工具</td><td>10</td><td></td></tr>
<tr><td rowspan="4">工作过程（45%）</td><td>策划活动</td><td colspan="2">能够针对不同类型的社群，策划相应的引流活动</td><td>10</td><td></td></tr>
<tr><td>设计诱饵</td><td colspan="2">能熟练运用各类引流诱饵</td><td>10</td><td></td></tr>
<tr><td>引流实践</td><td colspan="2">能熟练构建引流路径，对不同的社群进行引流</td><td>10</td><td></td></tr>
<tr><td>工具应用</td><td colspan="2">能熟练运用不同的社群引流工具</td><td>15</td><td></td></tr>
<tr><td rowspan="3">职业素养（25%）</td><td>理解、实践</td><td colspan="2">具备较强的理解能力及实践能力，能够结合案例分析社群引流的过程、方法等</td><td>10</td><td></td></tr>
<tr><td>资源整合、借鉴使用</td><td colspan="2">具备资源整合、借鉴使用的能力，能够借助外部力量，借鉴社群运营成功案例的经验，并运用到所建的社群</td><td>10</td><td></td></tr>
<tr><td>价值观</td><td colspan="2">树立正确的价值观，知晓建立社群的目的不只是盈利，要懂得担当责任、回馈社会</td><td>5</td><td></td></tr>
<tr><td>合计</td><td colspan="5"></td></tr>
<tr><td rowspan="2">综合评价</td><td>自评（20%）</td><td>小组互评（30%）</td><td>教师评价（50%）</td><td colspan="2">综合得分</td></tr>
<tr><td></td><td></td><td></td><td colspan="2"></td></tr>
</table>

项目五 社群活跃互动

知识目标

1. 掌握社群分享活动的流程
2. 掌握社群打卡活动的流程
3. 理解社群积分体系、会员体系的重要性
4. 认识社群线上、线下活动的必要性
5. 掌握社群线下活动的流程及各阶段的注意事项和要点

能力目标

1. 能够设计实施社群分享活动的流程
2. 能够设计实施社群打卡活动的流程
3. 能够设计搭建社群积分体系和会员体系
4. 能够设计实施社群线下活动的整体流程
5. 能够针对不同类型的社群策划相应的活动

素养目标

1. 具备有条不紊、灵活变通的活动能力，能够协同他人完成实训项目

2. 具备创新意识、创新精神，能够学以致用，提高社会实践能力
3. 热爱本职工作，具备目标思维、职业精神和职业素养

情景引入

通过对社群内容的积极维护和引流推广，李小嘉的产品销售社群已有近千名成员，社群成员都在社群里沉淀下来，并积极参与社群的日常小活动，大大带动了养鸡场的产品销售。接下来李小嘉打算试水组织规模大一点的运营活动，增强社群成员的黏性，于是他上网搜索资料想解决以下问题：

- 如何组织社群分享活动？
- 如何策划社群打卡活动？
- 如何组织社群线下活动？
- 如何打造社群成员成长体系？

任务一　社群活跃技巧

一、社群分享

（一）选择合适的社群分享人员

社群分享是提升社群活跃度的有效方式之一。社群分享主要采用以下三种模式：管理分享型、大咖分享型、群员分享型。社群运营者可以根据社群的特点和群成员的需求，选择合适的社群分享人员。

微课

1. 管理分享型

社群群主或管理员定期在群内进行干货的分享，这要求组建社群的群主以及相关管理人员具备丰富的知识储备与较高的专业水平，可以就专业领域方面的问题为群成员答疑解惑。

2. 大咖分享型

邀请相关领域的大咖进行定期分享，不同的业界大咖有不一样的运营想法及手段，可以帮助群成员打开新思路。

3. 群员分享型

提前收集一些有价值的话题，定期在群内邀请群成员参与讨论。该方法相比前两种可能对专业水平的要求低一些，更多的是一群人聚在一起讨论，但这种方法更能让群成员有切身参与其中的感觉。

（二）社群分享活动的环节

一场完整的社群分享活动主要有以下几个环节。

1. 分享前准备

分享之前，社群运营者需要做好一些准备工作，包括人物角色设置、话题策划、分享形式设计、物料准备、时间预设、反复通知六个方面的内容。

（1）人物角色设置。

在一场分享活动中，社群运营者需要设置四种人物角色：组织者、主持人、分享者及气氛组。

组织者：负责协调分享的环节，包括话题确定、嘉宾邀约、流程策划、物料准备等。

主持人：主持人的个人能力将直接影响分享活动的效果，在分享活动开始之前，主持人要做好充分的准备，了解各个环节，以更好地把控现场。

分享者：对话题分享内容做好充分准备，及时与群内成员互动，并回复与话题相关的问题。

气氛组：在分享期间负责调节气氛、配合节奏等，如出现意外情况，气氛组可以及时提供帮助。

（2）话题策划。

对于经验分享和专业知识分享，社群运营者需要提前准备话题，并就话题是否能引发群成员讨论进行评估。话题确定后需邀约分享者，请分享者就话题准备素材，并提醒分享者在指定时间内提交分享材料。对于没有在社群内分享过的分享者，社群运营者需要提前检查其分享的内容质量是否合格。

每一场分享活动的流程可以是固定的，但话题则不同，需要认真策划。话题不能太宽泛、太沉重，要简单、易讨论，让社群成员可以随时参与，如育儿、延迟退休、心理健康等。

（3）分享形式设计。

社群分享的形式有很多种，比如：视频＋图文＋自由讨论、语音＋文字＋答疑、纯文字、纯语音、直播＋图文等。不管是哪种形式，节奏的把握都很重要。如果是纯文字分享，需提前准备好文字或大纲，否则分享时即时组织并输出文字可能会显得比较急促且容易出错。如果是语音分享，要求分享者语音清晰、语速适中。如图 5－1 所示。

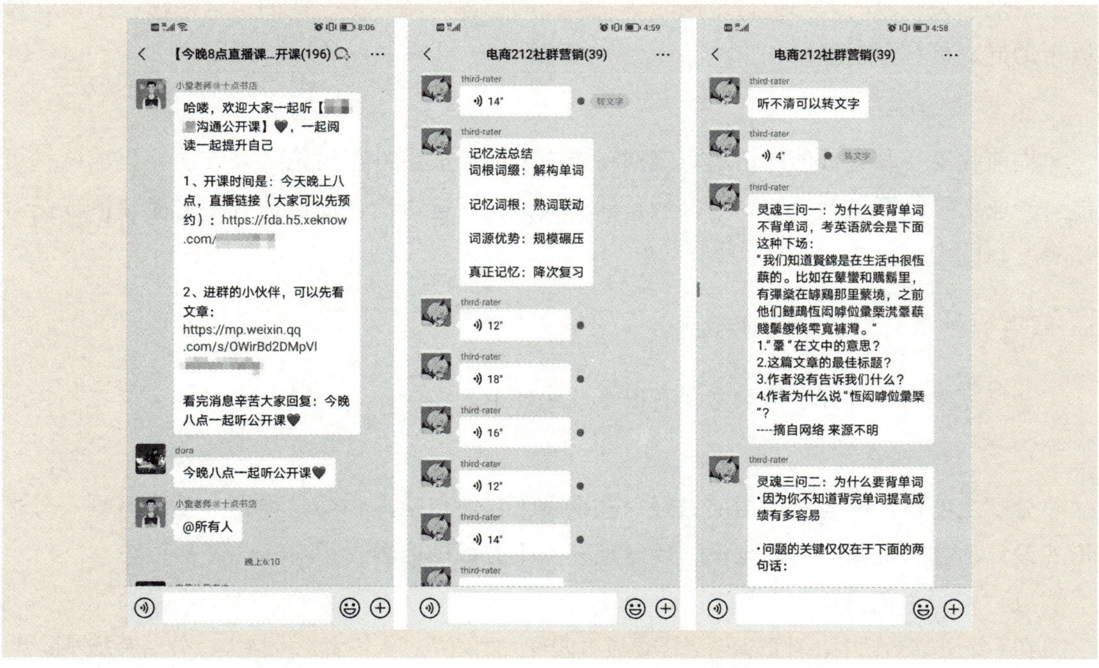

图 5－1　社群分享形式

（4）物料准备。

确定好话题之后，需准备好文案，如暖场文案、互动话术，以及和文案相配合的海报、产品链接、福利等，保证社群分享的流程顺畅。以预告文案为例，可参考以下模板：

标题：第××期分享来啦！

分享主题：这一期的分享主题是×××。

分享者介绍：关于分享者的简介，要侧重于介绍其跟分享主题相关的内容。

分享主题的价值体现：提出跟分享主题相关的信息或问题，以体现分享主题的价值。

分享时间：分享时间尽量安排在非工作时间，如星期五 20:00—21:00。

邀约结尾：邀请群成员参加的文案，如“期待大家来交流！欢迎大家对这次交流过程进行记录、总结、分享”。

（5）时间预设。

在整个分享过程中，社群运营者要把握好以下三个关键时间点：

1）通知时间。确定好分享的主题，并写好预告文案之后，接下来就要发布预告，告诉社群成员什么时间来参加讨论。一般需要进行三次通知：分享的前一天晚上、分享当天的早上、分享开始前一小时。

2）互动时间。在每次分享中，都需要注意明确互动时间，要提前提醒主持人、分享者安排好时间，以避免耽误互动问答。

3）不同话题的讨论时长。一般来说，每个话题的讨论时长为半个小时，如果群成员对某个话题的讨论很热烈，主持人可以适当延长该话题的讨论时间。如果群成员对某个话题的反应较为冷淡，则可以减少该话题的讨论时间，提早进入下一个话题的讨论。

（6）反复通知。

确定好了分享时间，就需要在社群内反复通知，提醒社群成员按时参加，以免有的社群成员错过。如果分享活动特别重要，社群运营者还需采取“一对一”私聊的方式进行精准通知。如图 5-2 所示。

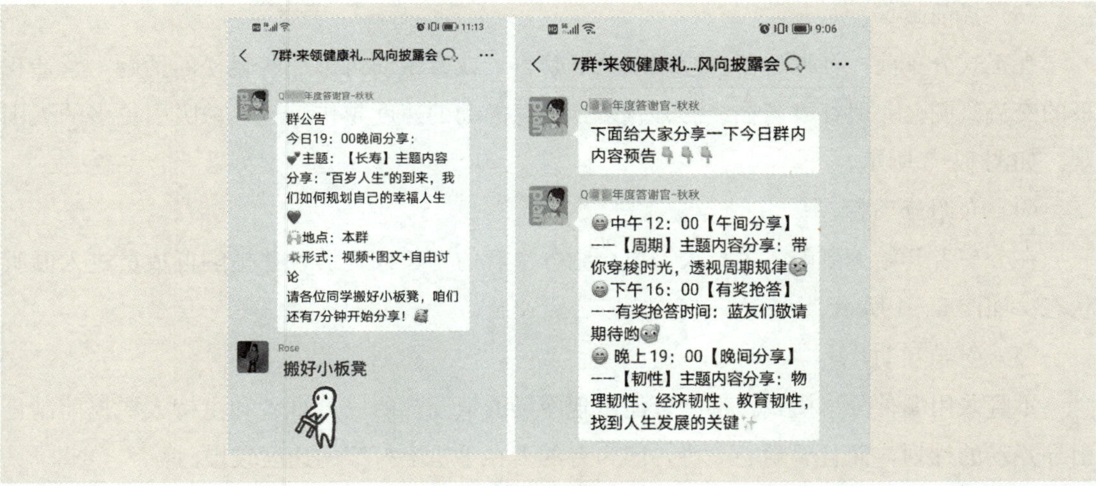

图 5-2　分享通知

2. 分享过程

（1）互动话术。

开场：一般情况下，在开场阶段只需将预告文案重新发一次即可。

过渡阶段：要做好话题之间的衔接，需要考虑怎么说才可以让群成员及时结束上一个话题的讨论，进入下一个话题的讨论。根据经验，比较自然的过渡方式是，主持人先简单总结上一个话题的讨论成果，并说一下自己的看法，接着再引出下一个话题。

提醒“刷屏”者：在分享过程中，可能会有人进行和主题无关的“刷屏”，如果分享的时间较长，可以允许社群成员发送少量的无关信息，当发送的无关信息渐多时，主持人则需要委婉地提醒“刷屏”者。

观点提醒：当有人说出比较偏激的消极观点时，主持人需要委婉地提醒该社群成员，并巧妙地转移话题。

结尾：主持人以积极的话语对本场分享进行总结，并顺势引导社群成员进行记录、分享。例如，“今天的分享就要接近尾声了，大家的表现说明大家都在积极地思考。我相信就算是来不及‘冒泡’的同学看见大家的讨论也一定会收获颇丰。如果觉得意犹未尽，可以根据大家的讨论找其他同学‘小窗’再聊。另外，欢迎大家对讨论过程中出现的疑问和观点等进行记录、总结、分享”。

（2）强调规则。

每次分享活动开始前，社群运营者都需要在社群内强调规则，这是为了避免在分享过程中，新加入的社群成员因不了解规则而在不合适的时候插话，影响嘉宾分享。

如果是在 QQ 群中分享，社群运营者可以在说明规则后临时禁言，避免规则提示被很快地“刷”掉。如果是在微信群中分享，可以将群名冠以“禁言期”或者用表情或文字反复提醒禁言。

（3）提前暖场。

在正式分享前，社群运营者应该取消群禁言，或者主动讨论一些轻松的话题，营造积极的交流氛围。一般社群内在线的人越多，消息滚动的速度越快，越容易吸引更多的人围观。如图 5－3 所示。

（4）介绍分享者。

在分享者开始分享前，主持人需要介绍分享者的专长或资历，并提醒群成员进入倾听状态。如图 5－4 所示。

（5）引导互动。

不管采用哪种分享模式，都有可能出现冷场的情况，所以分享者和主持人要提前制订引导互动的计划，而且要耐心等待，因为有的人在手机上打字的速度较慢。

一般情况下，社群运营者需要提前安排几个人负责引导互动。当在分享过程中发现互动气氛不足时，可以让安排好的人说一说提前准备的问题或看法，进行“你一言我一语”的讨论，这样就容易将互动气氛调动起来。如图 5－5 所示。

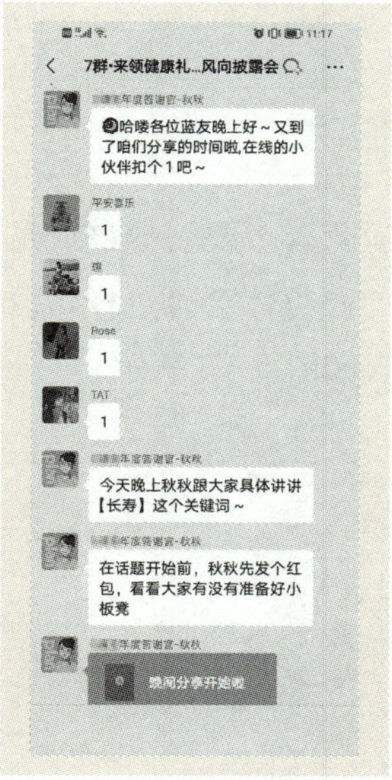

图 5－3　提前暖场

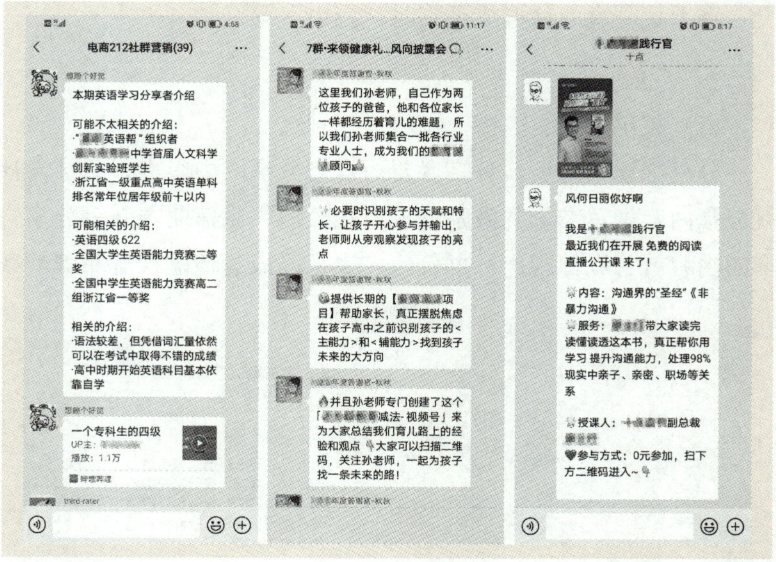

图 5－4　介绍分享者

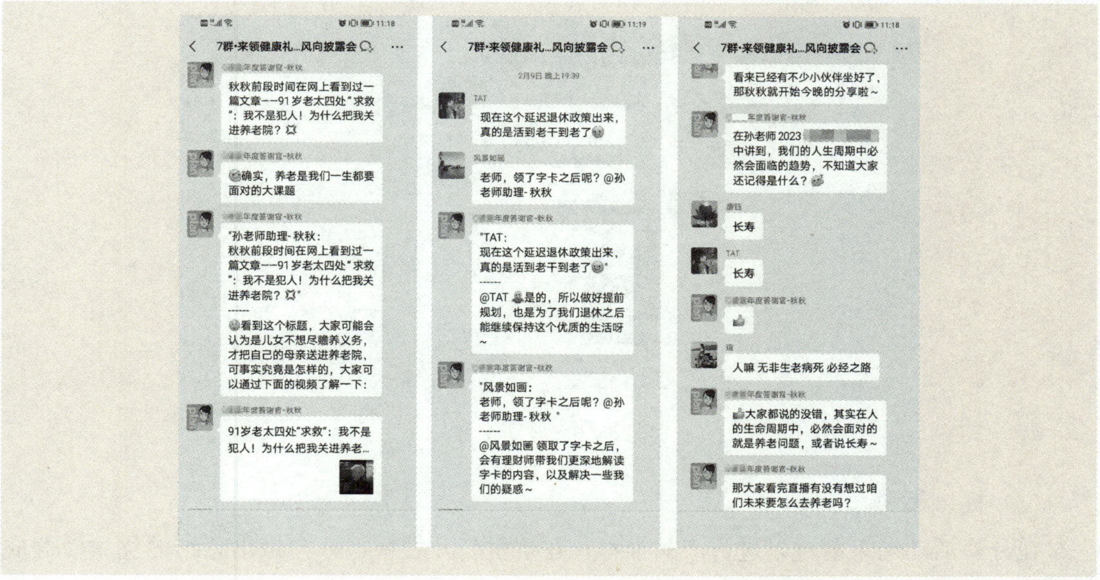

图 5－5　引导互动

（6）随时控场。

若在分享过程中有人干扰，或者讨论与主题无关的内容，主持人就需要与其私聊做出提醒，引导这些人遵守社群规则。

如果是在 QQ 群中分享，直接“小窗”沟通就很方便，必要时还可以用禁言的方式强制控场。但如果是在微信群中分享，操作起来可能会麻烦一些，而如果直接在群内提醒又会干扰分享者的发言。因此，社群运营者需要提前制订控场计划，安排合适的人员应对突发事件。例如，用特定内容“刷屏”控场；提前添加所有社群成员为好友，监控群内的情况，将干扰分享的社群成员临时“踢出”等。

3. 分享结尾

（1）收尾总结。

分享活动结束后，分享者要对自己分享的内容进行总结，社群运营者也要引导群成员就分享内容做总结，并鼓励群成员在微博、微信朋友圈等分享自己的心得体会。这样，分享的内容就可以体现出社群价值，也可以成为传播社群品牌的载体。如图 5－6 所示。

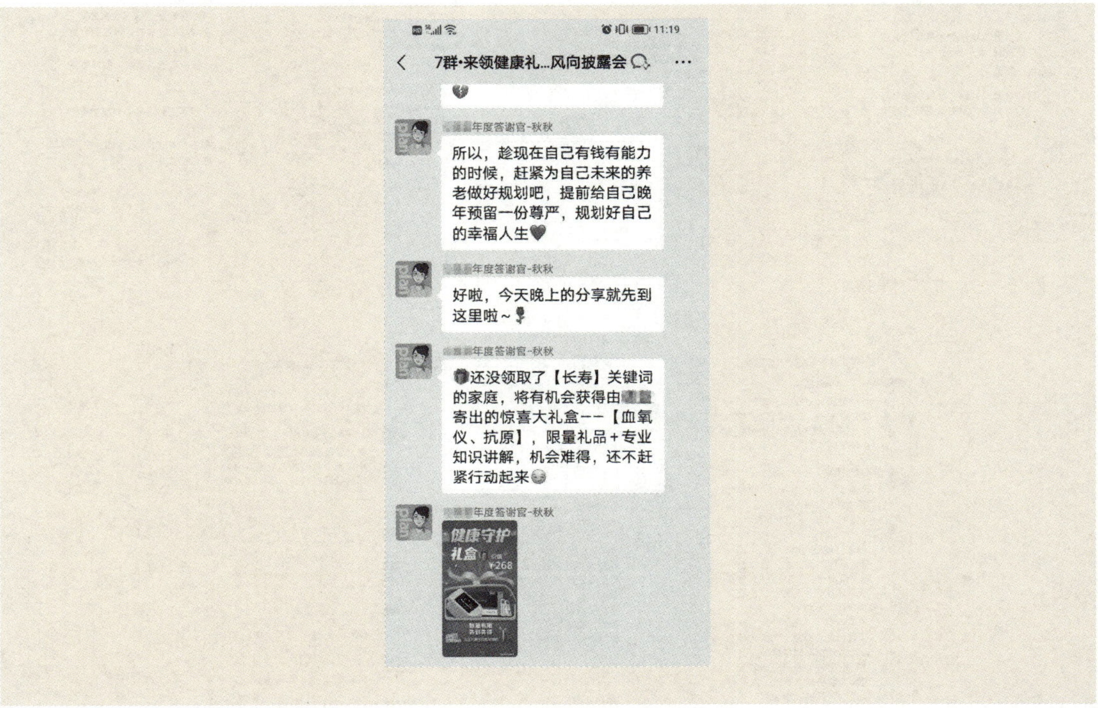

图 5－6　收尾总结

（2）提供福利。

在分享活动结束前可以进行产品推荐，在群里公开发售，并向做出总结的优秀社群成员、用心参与的社群成员提供一些有趣、有用的小福利。如图 5－7 所示。

（3）打造品牌。

在分享活动结束后，社群运营者可以对分享的内容进行整理并在微博、微信等新媒体平台上发布、传播。这样，社群就可以通过频繁的分享活动来提升品牌影响力。如图 5－8 所示。

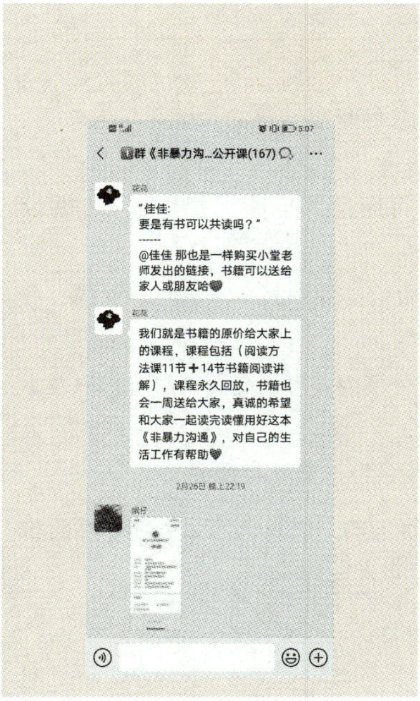

图 5－7　提供福利

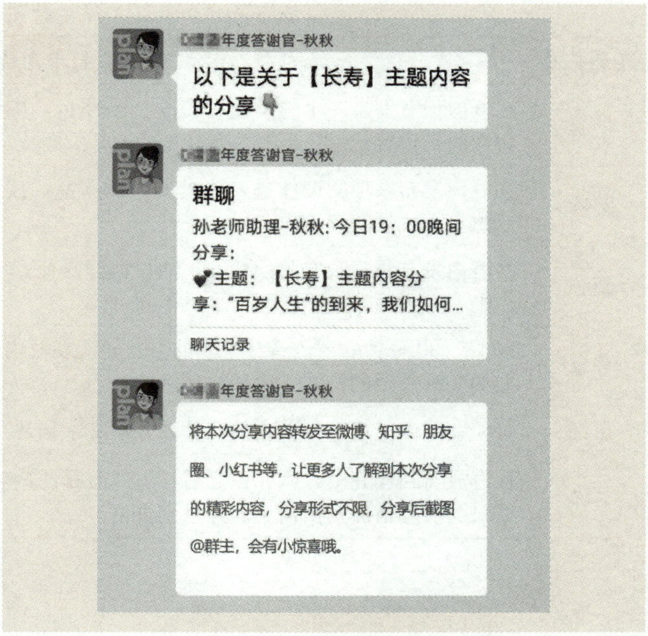

图 5－8　打造品牌

二、社群打卡

社群打卡的主要目的是吸引用户加入社群、培养用户习惯、增强用户的黏性、产生传播效果。社群打卡活动流程根据产品和所用的工具不同而有所不同，比如，某打卡群的活动流程如图 5－9 所示。

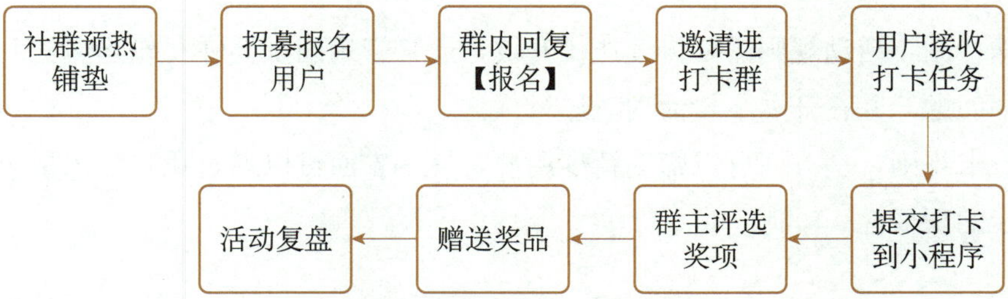

图 5－9　某打卡群的活动流程

（一）社群打卡活动的关键因素

要想让用户积极参与打卡活动，需要做到以下几点。

1. 设计具有吸引力的打卡主题

打卡的方式众多，社群运营者需要根据社群成员的需求策划吸引力强、参与度高的打卡主题。常见的打卡主题和打卡内容如表 5－1 所示。

表 5-1　常见的打卡主题和打卡内容

打卡主题	打卡内容
早起	在群内任意发布一个与早起有关的打卡项目，可以是早起做早餐、早起锻炼、早起学习、写晨间日记等
阅读	在群内发布一项阅读任务，让成员自由选择阅读书籍，可通过“拆书”、提炼金句、写读后感等方式做阅读输出
画画	在群内发布与画画有关的任务，如根据群内任意一人的微信头像作画，简笔画、素描、彩铅画、水彩画、油画皆可，画风不限
分享	以 15～30 分钟的“语音分享”的方式轮流在群内分享，分享内容可以是图书、电影以及掌握的某种有用的技能、生活技巧等
烹饪	每天在群内分享自制美食的照片，并用文字描述烹饪过程，群成员互相评分
写作	社群成员在读完书、听完课之后，思考有哪些内容是用得上的，以及该怎么去用，然后根据自身实际情况列出清单，并发到群内

2. 明确参与活动的规则

在开展打卡活动时，需要制定一定的规则，例如：

（1）押金制：设置加入门槛，押金在满足一定条件的情况下可退还，否则流入奖金池，奖励给打卡表现优秀者。

（2）淘汰制：超过 3 次不打卡就会被淘汰，扣除全部押金。

（3）监督制：分组监督，每组选出一个组长，并由组长建立一个新群，如果全组组员都完成了打卡，此组全部成员都会获得额外奖金。

（4）激励制：设置多种荣誉称号，如“全勤奖”“分享奖”“诚恳奖”“超额奖”“集体奖”等。

（5）迭代制：活动规则需要持续迭代升级，通常管理团队会在每轮运营过程中记录群成员反馈的问题，并在开展下轮活动时进行优化。

制定打卡规则，一方面可以筛选精准用户，另一方面可以通过用户投入的沉没成本来调动其打卡的积极性。

3. 确定打卡的周期长度

一般打卡活动的周期以 7～30 天居多，可根据具体的打卡频率进行调整，如果每天都打卡，那么建议短一些，比如 7 天，最长 21 天，因为行为心理学认为，一个人的动作或者想法如果重复 21 天就会形成习惯。这样的设置可以促进社群成员参与和交流，提高社群的活跃度。

4. 营造积极的打卡氛围

在社群中要让众多社群成员针对某个项目坚持打卡，除了需要社群成员具备较强的自制力外，还需要社群运营者营造积极的打卡氛围。而要营造这样的氛围，可以通过五个关键要素来实现，具体如表 5-2 所示。

表 5-2 营造积极打卡氛围的五个关键要素

关键要素	方法
榜样	选择每一期表现优秀的参与者，以优秀“学姐”“学长”的身份参与下一期的打卡项目，引导其他成员以他们为榜样
竞争	以小组的名义进行成果比赛，胜出的小组可以获得特定荣誉，如“先锋组”；也可以进行个人成果比赛，胜出者可以获得个人特定荣誉，如“个人先锋”
信心	通过社群成员互相点评和评分，让所有人都能及时得到反馈，从而增强他们坚持下去的信心和动力
情感	鼓励社群成员积极表达，分享他们在某一段时间内坚持打卡的故事和收获
文化	形成促使社群成员行动的打卡文化，可以设定一句标语或口号，如“先完成，再完美”“做一个极致的践行者”等

（二）组织社群打卡活动的注意事项

很多社群为了提升社群成员的活跃度，采用了早起打卡或任务打卡的方式。在社群发展早期，打卡可以激活社群，营造互相激励的氛围。但是，随着社群的成长，会出现打卡的人越来越少的情况，其活跃社群的作用自然也越来越弱。为了延长社群打卡的新鲜期，做好社群打卡项目的运营，需要注意以下几点：

（1）打卡主题应具有吸引力，能够激发社群成员的兴趣和参与热情，如一起背单词、一起晨跑、一起夜练等。如果打卡主题不是群成员感兴趣的主题，自然就难以形成“我们要一起打卡”的社群氛围。

（2）打卡项目应简单易操作，方便社群成员参与。有的社群鼓励每个成员早起念一段古诗文，这个项目看起来简单，其实难度很大。首先，早上这个时间段对很多社群成员而言不是参与社群活动的合适时间，因为早上时间紧张，对于上班或上学的人来说，压力比较大，也不方便随时拿出手机来操作。其次，社群成员要提前准备一段古诗文，还得朗读出来并录制成音频，再发到微信群，操作起来较复杂。

（3）打卡项目应具有交互性，能够促进社群成员之间的交流和互动。有的社群让每个成员早起用一句话表达今天的心情。这个要求虽然不高，也没有什么限制，但有的人就是写不出来，并且交互性不强。如果把早起“晒”心情改成“晒”今天让你心情变好的事情，如“晒”今天的美妆、今天的晨光、今天的早餐、今天给宝宝穿的衣服等，顺便加一句引导互动的话语，就能引起其他社群成员的互动。

（4）打卡的形式可以多元化，不一定要强调人人打卡。例如，在“雨滴××群”中，群成员每天都主动回复每日一问，这也是一种打卡形式；又如，在某结构思考力社群中，群成员每天都坚持结构化地总结今天的工作，这也是一种打卡形式。

（5）打卡也可以错时进行、默默参与。一些工作繁忙的人往往做不到每天在指定的时间打卡。对于这些人，社群运营者可以先引导他们每天都进群看一看，这其实也是一种有益于社群的打卡方式。例如，在某个聚集了很多企业家的社群中，每天都有小助手做“新闻早知道”栏目，内容组织得很好，很多成员早上有空顺便看一看，但并不在群里说话。这个栏目表面上参与度不是很高，但实际上它是一种借助群扩散的微媒体，只要内容整合得当，社群里的成员就会坚持看，如果突然不更新了，社群成员就会出来问：“今天的新闻怎么没有了?”当然，“新闻早知道”这种形式只有在主题明确、社群运营者能够围绕这个主题搜集及编写优质行业信息的社群中，才能被用来培养社群成员的阅读习惯。

（6）激励社群成员积极参与打卡，可以设置打卡排行榜或给予其他奖励。有的人打卡积极，有的人打卡不积极，有的人需要激励才愿意参与。有的打卡平台支持社群成员互相为彼此的打卡点赞，做打卡排行榜，这就是把游戏化思维引入打卡的体现。

此外，要想让每个人都愿意参与打卡，还需要在打卡方法上不断创新。例如，可以在每天打卡的人中按某种随机规则翻牌，给翻到的人发福利；可以设定一个标准，给打卡天数达标的人发一枚社群勋章或发一个红包等。

他山之石

案例拆解：21 天读书打卡成长营

一、案例背景

公司情况介绍：鸟哥笔记是一个集移动互联网资讯、手游、App 深度报道、爆料、手游运营推广、App 运营推广经验知识分享等于一体的移动互联网资源媒体平台。

活动契机：正值世界读书日到来之际，群成员会更有意愿参加，借此机会促进 App 的拉新、活跃、留存等。

推广渠道：公众号、个人号朋友圈转发（如图 5 - 10 所示）、社群。

App 情况：有“干货”“学院”“找合作”“圈子”四大板块。另外还有羽毛商城，“羽毛”主要用来兑换书籍、课程等福利。如图 5 - 11 所示。

二、活动要求

学习押金：21 元（按要求连续打卡 21 天可退）。由鸟哥笔记组织建群，由读书领读人和读书鼓励师以及 1 000 名同伴一起每日读书打卡。

打卡要求：每日在鸟哥笔记 App“圈子”内完成不少于 100 字的当日读书笔记即为打卡成功。

补卡机会：每人有 3 次补卡机会（获得任务卡完成任务可补）。

书籍要求：不做要求和限制。

活动奖励：按要求连续打卡 21 天可获得鸟哥笔记新书《营销增长实战手记》小绿书或灵感酷黑笔记本二选一。除了这些，每天打卡和获得高赞前 30 名者都可获得“羽毛”（鸟哥笔记 App 用户积分，可直接充值到账），每日打卡获得 10“羽毛”，每日打卡内容获赞前 30 名再获得 50 “羽毛”，21 天后总获得积分排名前 50 的人每人可获得自选书籍一本，21 天打卡内容累计被点赞数最多的人可获得自选书籍 10 本。

三、活动路径

扫码添加个人号报名→扫码添加好友→自动通过→自动弹出活动规则话术→交押金报名→进群→开营仪式→打卡 21 天 → 结营仪式。如图 5－12 和图 5－13 所示。

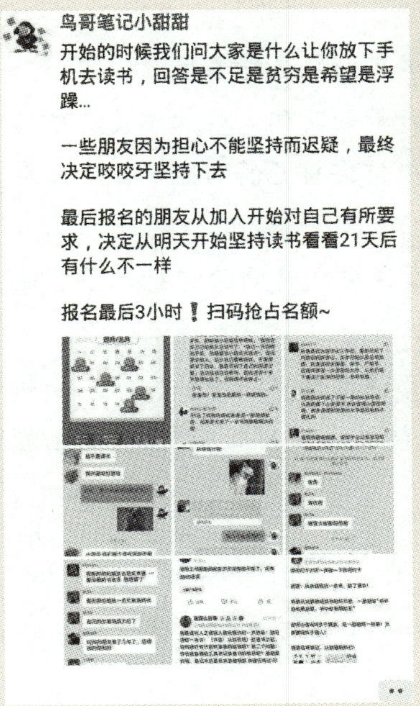

图 5－10　个人号朋友圈转发

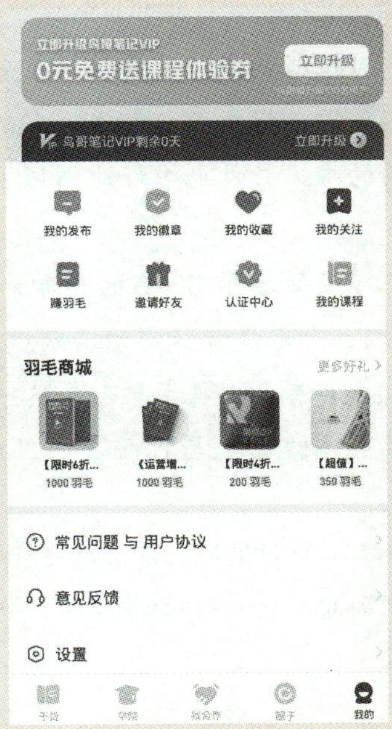

图 5－11　鸟哥笔记 App

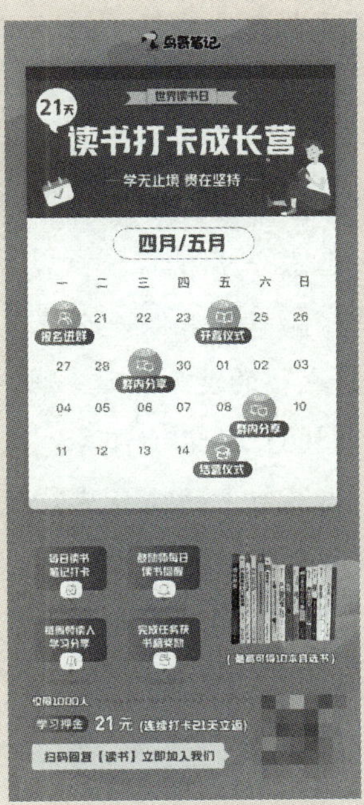

图 5－12　打卡活动安排

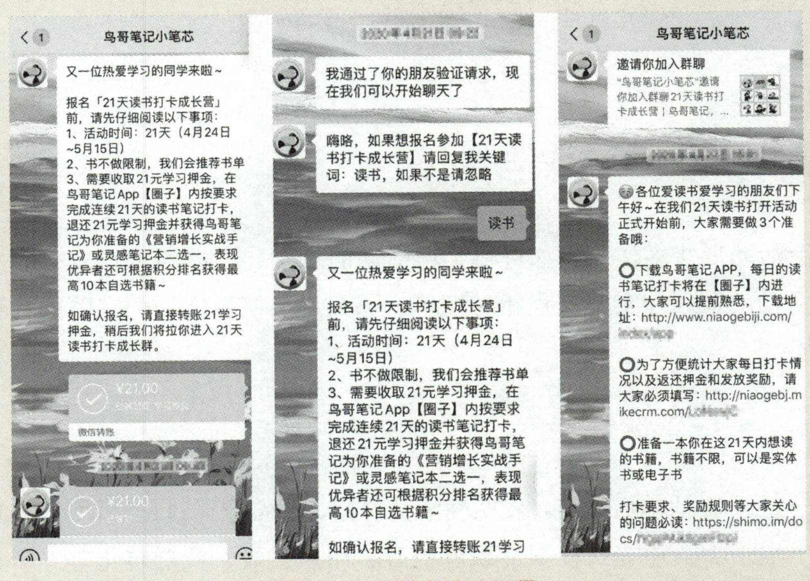

图 5－13　打卡流程场景

四、产品亮点及可复用的经验

（1）活动时间刚好在世界读书日之前，呼吁群成员一起读书，符合当下的热点与契机，不会显得突兀。

（2）押金打卡机制。鸟哥笔记这次的押金打卡机制周期比一般的更长，长达 21 天，为什么选 21 天？因为 21 天可以培养一个读书的好习惯，更重要的是，可以让用户以后习惯在鸟哥笔记 App 的圈子中活跃。

（3）活动奖励丰富，有可选择的空间，获赞数最多的可获得自选书籍 10 本。

（4）营造了良好的读书氛围，提高了打卡率。在刚进群的时候，群管理员就主动引导每个人推荐一本觉得不错的书；另外也很好地利用了微信群接龙的功能，让群成员更加愿意分享书单。

（5）每天做一个榜单公布获赞数前 30 名的同学，增强群成员的荣誉感，当然还有“羽毛”的奖励，这一点可以大大地提升社群的活跃度。

（6）补卡小任务。每人一共有 3 次补卡机会，这一点很人性化，而且可以充分利用用户漏打卡的愧疚感，趁机做一波曝光与拉新（让用户转发海报到朋友圈），这也是一件两全其美的事情。

资料来源：区帅说．案例拆解：鸟哥笔记　21 天读书打卡成长营．（2020－06－13）［2023－12－20］．https：//www.shangyexinzhi.com/article/2013669.html.

任务二　社群活动玩法

一、社群线上活动策划与实施

社群线上活动形式多样，比如进行某项活动的投票、举办线上比赛等。相较于线下活动，线上活动的策划和实施流程相对简单。那么，如何制定一个完整的社群线上活动策划方案呢？

（一）明确目标

微课

在活动启动前，要明确活动目标，即希望通过此次活动达到何种效果，比如品牌曝光、社群活跃度提升、用户引流、社群转化等。活动目标决定了活动的运营方向和核心方法。

（二）确定主题

活动主题可以是周年庆、社群特定日期、节日促销等。只有确定了活动主题，才能进行活动策划，吸引用户参与。为了确定社群活动主题，需要研究社群过去的运营情况，深入改进效果良好的活动以取得更持续的效果。同时，要明确目标用户及其特征，了解用户群体喜欢的主题和活动方式。首先，要明确用户的空闲时间及具体时间段等，再进行活动设计。其次，要分析用户的购买时机，即用户何时会产生购买行为。最后，还要明确以下几个方面：在该时间点，用户的最大需求是什么？是尝试新产品还是优化服务？是休闲娱乐还是兴趣爱好？综上所述，可以根据时间、需求两大属性精准定位用户，确定活动主题。

（三）确定活动类型

根据不同的活动目的和社群类型，选择不同的活动类型。以下是几种常见的活动类型：

（1）引流类活动：包括课程引流、资料引流、混群吸粉、媒体矩阵等。

（2）运营类活动：包括红包雨、你问我答、学习打卡、每日分享、成语接龙、群员分享等。

（3）营销类活动：包括促销、分销、场景营销、内容营销等。

（四）设计活动玩法

活动玩法既要求内容有趣，又要求形式新颖。总体来说，需要考虑活动的趣味性、易操作性和实用性。

（1）趣味性：活动中需要不断植入“游戏感”，比如通过积分奖励、通关升级、PK竞赛等方式，让用户乐于参与，而不是感到枯燥无聊。

（2）易操作性：应尽量简化操作流程，过于复杂的参与流程会导致用户流失。例如，参与活动需要用户填写各种表格，就会影响用户的体验感。

（3）实用性：让用户参与活动后能够有所收获，留下记忆点并与其他人分享。

（五）进行筹备工作

在确定了活动类型和活动玩法后，需要进行以下筹备工作：

（1）确定活动时间：结合用户的空闲时间和活动周期，选择合适的活动时间。

（2）确定活动规模：根据活动类型和目标，确定活动的规模和参与人数。

（3）制订预算和资源需求计划：根据活动规模和所需资源，制订详细的预算和资源需求计划。

（4）确定人员配备：确定活动组织人员和志愿者团队，并明确各自的职责和任务。

（5）设计活动内容：根据活动类型和目标，设计适合用户参与的活动内容，并制定详细的活动流程。

（6）宣传推广：通过各种渠道宣传推广活动，吸引更多的用户参与。

（7）活动前的准备：根据活动流程和计划，进行物料准备、人员培训等工作。

某社群线上活动筹备如表 5－3 所示。

表 5－3　某社群线上活动筹备

物料准备	
活动海报	包括活动主题、分享大咖、活动内容、活动时间和活动价格
活动文案	包括活动主题、大咖介绍、利益点、活动时间、报名咨询、往期活动展示、合作机构等活动细节
活动预告	撰写活动预告文案，通过群发预告、私信群好友等方式，预告社群近期的活动
奖品或礼物	如果是免费活动，还要考虑成本问题，可以找一些广告商合作，由对方提供赞助以节省成本，用户获得奖品，还能帮助合作方宣传产品
活动链接或二维码	通过第三方平台工具，如草料二维码等制作活动链接和活码，以备活动发布之用
人员准备	
嘉宾名单	线上活动前，要和嘉宾确认一些活动细节，如入群分享时间、分享的主题等
人员安排	包括统筹、设计、开发、编辑、推广等，人员可根据活动规模大小增减，小的社群活动可一人身兼多职
风险预测	
风险预测就是在活动正式实施前进行活动的假想演练，考虑是否有政策、法律、舆论、规则等方面的风险	

（六）实施活动

根据计划，按时按需完成各环节的任务，包括线上直播、主题讨论、专题分享、兑奖等。活动实施过程大致包括以下三个阶段。

1. 活动预热

在活动正式开始前，通过社群平台、邮件、社交媒体等进行宣传，吸引目标人群关注和参与。例如，在各个用户群发布活动通知，引起用户的兴趣。同时，提前联系一些关键人物和 KOL，激励他们在活动开始前和活动进行时，在群内带头活跃气氛、积极参与互动。

2. 活动引爆

在活动正式开始时，利用小游戏和马甲号营造一个活跃的场景，让用户积极参与其中。在朋友圈、微信群、公众号以及其他社群能够触及的平台发布活动通知，展示用户参与活动的热闹场景，持续引爆活动氛围，吸引更多人来参与。

3. 活动跟进

当活动流程步入正轨后，进入活动跟进期。在这个阶段，主要关注已经参与活动的用户，为他们提供优质的服务。同时，要注意监测活动数据，随时准备调整相关的话术、流程等，做好群内答疑工作，控制舆论和其他风险。

（七）活动复盘

活动结束后，要结合活动最初的目标，进行复盘总结，分析这次活动的效果是否达到了预设目标，并总结出可复用的经验，为下次活动做好准备。复盘总结主要包括以下几个方面。

1. 回顾目标

活动总体目标是否达成？每个环节的目标是否达成？用户活动体验度的目标是否达成？

2. 评估效果

用户或粉丝满意度怎么样？活动流畅度怎么样？分享内容的实用性、趣味性怎么样？是否有需要改进的地方？

3. 分析原因

没有达到预设目标的原因是什么？问题出在哪里？是流程问题还是规则问题？是素材问题还是自身流量问题？

4. 总结经验

哪些内容可以放进日常活动清单中？有哪些亮点和不足？不足之处以后如何避免？下次活动如何改进？

只有不断地对活动进行复盘总结，社群活动才能越做越好，社群影响力才能越来越大。

他山之石

社群线上活动之 PS 设计挑战赛

一、营销分析策划

（一）确定营销目的

某导举办 PS 设计挑战赛，其营销目的在于用“以赛促教”的方式吸引更多的学生群体和教师群体，引入更多的网站浏览流量，提升企业品牌形象。

（二）确定目标用户

根据此次比赛的目的，对比赛的受众群体定位如下：(1) 全国中、高职院校电商相关专业学生；(2) 全国中、高职院校电商相关专业教师。确定目标用户之后，建立一个或多个不同受众群体的 QQ 群，便于有效管理，也便于分别发布信息。

在制定比赛方案时，运营者预计初赛参赛人数不低于 1 500 人，包括来自全国不少于 15 个省市的院校学生、指导老师。因此，赛前所做的推广不仅面向学生群体，还面向中、高职院校的教师群体。借助某导建立的 QQ 服务号、全国学生 QQ 群、全国教师 QQ 群发布大赛通知，在 QQ 群发布内容设计上对不同群体量体裁衣，计划性地分批次、分阶段发布，以求能够实现社群营销的最大价值。

（三）营销策划

1. 内容策划

社群营销需要体现出特色与价值，需要确保社群营销目的明确、思路清晰。由于每个阶段的营销效果目标与受众群体利益关注点不同，因此，在 QQ 群内容呈现方面也要有所不同。具体内容策划如表 5－4 所示。

表 5－4　针对不同受众群体的内容策划

受众群体	需求特点	内容呈现
学生群体	1. 了解大赛最新动态 2. 明确大赛流程 3. 查询大赛结果	比赛最新进展、参与方式、参赛要求、比赛结果
教师群体	1. 大赛对学生技能的要求 2. 了解大赛最新动态 3. 询问学生的比赛结果	比赛最新进展、参与方式、参赛要求、学生比赛结果

2. 消息策划

为了囊括更多的内容并以美观得体的样式呈现，消息内容采用图文并茂的形式——文字加小图标再加上某导官网链接，来满足不同群体的需求。营销人员以群主的身份发布在全国教师 QQ 群里的比赛消息如图 5－14 所示。

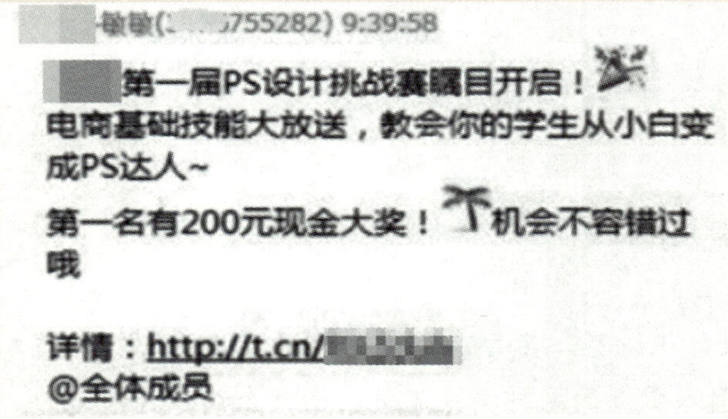

图 5－14　发布在全国教师 QQ 群的比赛消息

3. 实施策划

循序渐进地向受众群体发送大赛相关内容，有利于引导受众加深对本次大赛的印象，及时了解大赛的最新进展，促使受众报名参赛。策划具体实施过程如表 5－5 所示。

表 5-5　策划具体实施过程

发送批次	受众	主要内容传递	目的
初赛阶段	中、高职院校学生、教师	大赛时间 参与方式 比赛要求	提升某导平台的知名度，传递本次大赛的基本信息，播报大赛的报名人数
复赛阶段	中、高职院校学生、教师	大赛最新进展 大赛复赛结果	告知进入复赛的名单及复赛要求，播报比赛最新动态
决赛阶段	中、高职院校学生、教师	大赛最新进展 大赛决赛结果	告知进入决赛的名单及决赛要求，播报比赛最新动态

4. 制订进度计划

根据策划结果，制订出进度计划，并落实到人，如表 5-6 所示。

表 5-6　进度计划

时间	所属阶段	主要工作内容	执行人
4.10—4.11	前期准备	添加目标行业的 QQ 群，准备利用企业 QQ 空间发布消息	小刘
		内容策划与整理	
		内容形式的设计	小敏
4.12—4.19	初赛阶段	针对学生 QQ 群每日发送比赛报名消息	小敏
		针对教师 QQ 群间隔发送比赛报名消息	小刘
4.20	复赛阶段	针对学生/教师 QQ 群发送初赛/复赛结果 在 QQ 空间发布比赛最新动态，附站内链接	小刘 小敏
4.25—4.26	决赛阶段	针对学生/教师 QQ 群发送决赛结果 在 QQ 空间发布比赛最新动态，附站内链接	小刘 小敏
4.27—4.28	效果分析	社群营销活动完毕，对效果进行分析	小刘 小敏

二、社群营销实施

（一）目标人群添加与管理

1. 目标人群搜索

某导申请了不同的目标群，这样对于大赛的宣传和推广具有极大的促进作用，而且有助于提升大赛的知名度和影响力。

具体方法为：查找→找群→输入关键词搜索→找到适用的 QQ 群→申请入群→获得有效目标用户的账号→邀请对方加入 QQ 群。如图 5-15 所示。

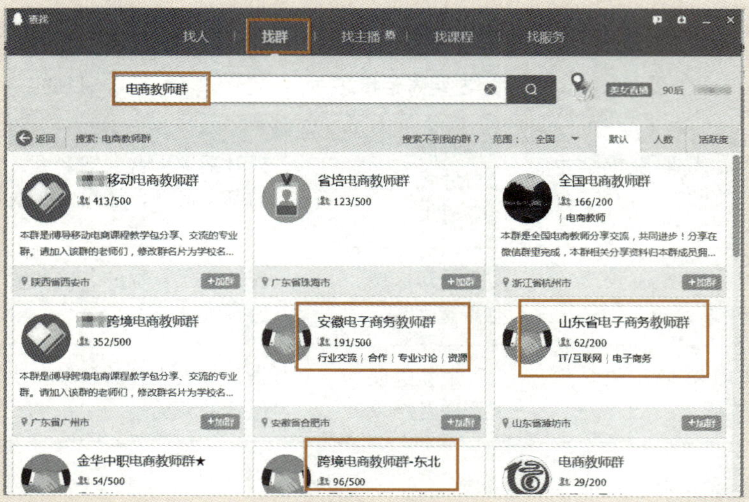

图 5-15　目标人群搜索

2. 用户资料管理

除了日常交流群的人员扩充，以及群的不断复制，某导还针对本次比赛组建了名为“某导 PS 比赛的大牛们”的专属 QQ 群，邀请对 PS 感兴趣的学生、教师入群。如图 5-16 所示。

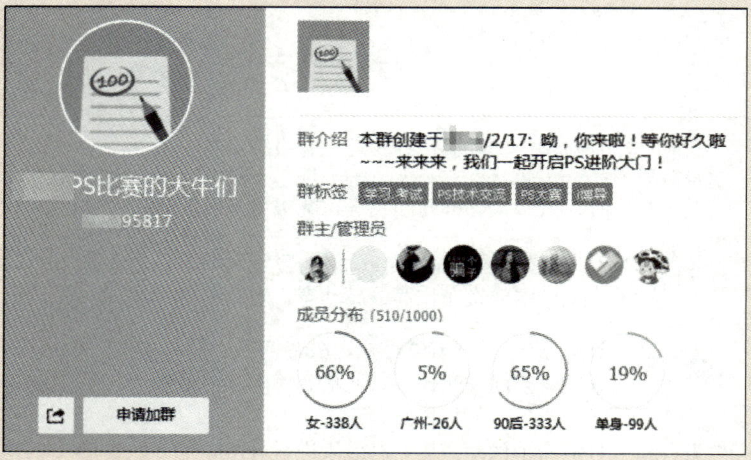

图 5-16　“某导 PS 比赛的大牛们”专属 QQ 群

（二）营销活动实施

1. 完成内容编写及发布

某导本次 PS 设计挑战赛主要借助 QQ 展开，具体内容发布如下：

(1) QQ 群。

在 QQ 群消息内容的末尾，附上某导平台网址链接，QQ 群成员可以通过点击链接快速进入企业网站，进一步关注活动的详细内容。网址链接的添加可以增加某导平台网址的曝光度，给网站带来优质流量。

初赛期间，每天适当投放“文字＋小图标＋网站链接”的大赛消息内容，循序渐进地完成营销推广，如图 5－17 所示。

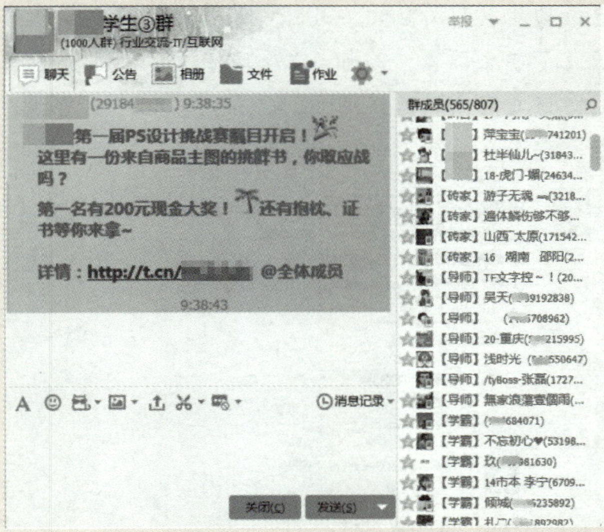

图 5－17　某导在学生群发布的消息

(2) 腾讯说说。

腾讯说说类似于微博，会实时更新并显示在 QQ 聊天面板中，某导平台会通过说说对商品、公司的动态进行即时宣传。图 5－18 所示即为某导腾讯说说对本次 PS 挑战赛的介绍。

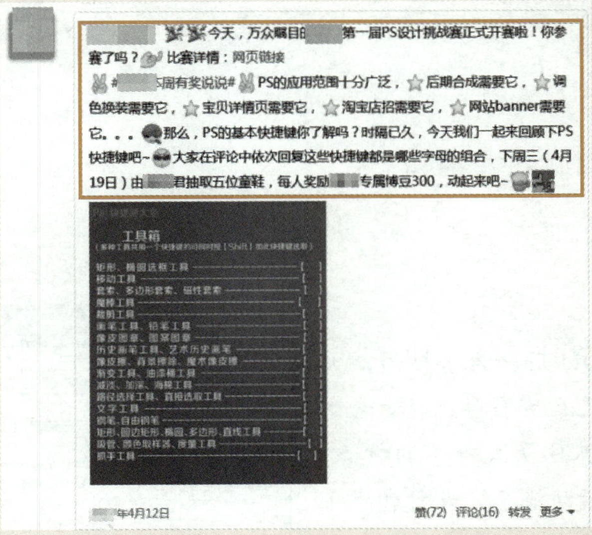

图 5－18　某导腾讯说说对本次 PS 挑战赛的介绍

(3) QQ 空间。

某导在本次 PS 设计挑战赛期间，赛前宣传推广、赛事实时报道、赛后结果公布都是通过 QQ 空间的说说功能发布消息的。另外，某导平台的 QQ 账户每天都会更新不同主题的动态，吸引了大量学生访客。例如，“每日话题”栏目，不仅增加了 QQ 空间的访问量，也提升了 QQ 好友用户的活跃度，同时在内容里附上网站的社区链接，增加了网站的点击访问数量。如图 5-19、图 5-20 所示。

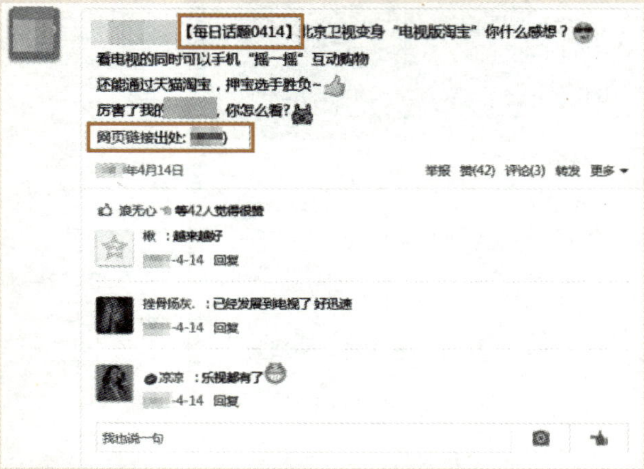

图 5-19　某导 QQ 空间说说“每日话题”栏目

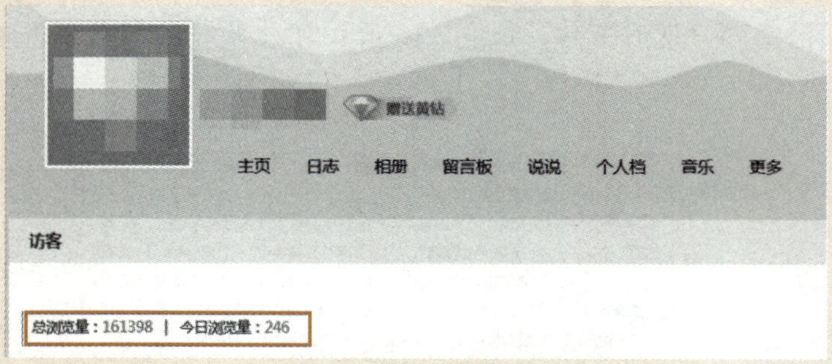

图 5-20　某导 QQ 空间访问数量

(4) QQ 社区。

QQ 社区是以 QQ 用户为基础的广大网友交流分享的社区互动平台，颇受青少年用户喜爱。某导抓住受众群体的特点，利用 QQ 社区发布活动消息，吸引青少年用户群体的关注，提升了用户群体的活跃度。如图 5-21 所示。

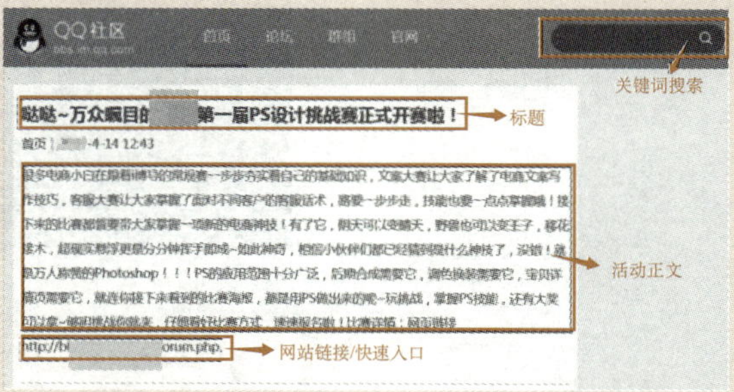

图 5-21　利用 QQ 社区发布推广消息

2. 交流

(1) 群内秩序维护。

在本次挑战赛的赛前、赛中及赛后，群内管理人员都很好地维持了群内讨论秩序，并对群成员提出的疑问及时做出了回应。如图 5－22 所示，在挑战赛开始之前管理人员发布了群内辩论秩序公告，活泼俏皮的语言在表明秩序要求的同时也不失亲和力，达到了与群成员友好交流沟通的目的，有效保障了 PS 设计挑战赛的顺利举行。

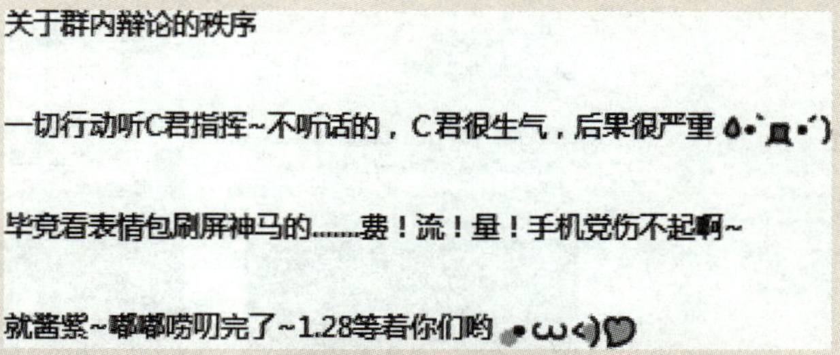
关于群内辩论的秩序

一切行动听C君指挥~不听话的，C君很生气，后果很严重

毕竟看表情包刷屏神马的……费！流！量！手机党伤不起啊~

就酱紫~唠唠叨叨完了~1.28等着你们哟

图 5－22　群内辩论秩序公告

(2) 问答话术设计。

面对不同的用户，某导对问答的设计也因人而异。学生群管理员要做到及时回复学生提出的关于某导 PS 大赛参赛的问题，群成员可以在群内反馈各种问题，也可以私下一对一与企业服务账号进行即时在线交流。教师群管理员要做到及时回复教师成员的疑问和反馈，快速高效地解决群成员的问题。

在解答群成员问题的过程中，管理员需明确所在社群目标群体的定位，再设计出相应的问答话术，切忌答非所问，敷衍了事。

3. 引导

在本次挑战赛中某导用红包奖励的政策吸引新成员加入，并对比赛中表现较好的选手及指导教师给予奖励，鼓励成员积极参与。如图 5－23 所示。

初赛晋级
＋30 战力
复赛晋级
＋50 战力
一等奖 1 名
现金 200 元，PS 设计挑战赛电子荣誉证书
二等奖 2 名
现金 100 元，PS 设计挑战赛电子荣誉证书
三等奖 3 名
现金 50 元，PS 设计挑战赛电子荣誉证书
创意奖 3 名
某导周边抱枕一个，PS 设计挑战赛电子荣誉证书
优秀奖若干
凡决赛中得“优”者皆可获得此奖项，奖励 PS 设计挑战赛电子荣誉证书
优秀指导教师奖
学生获奖，指导教师即可获得 1 000× 豆奖励，及优秀指导教师电子荣誉证书

图 5－23　比赛奖励政策

在此次 PS 设计挑战赛进程中，某导运营者在论坛进行了赛项实时直播，并在某导君的 QQ 空间中发布说说，如图 5－24 所示。

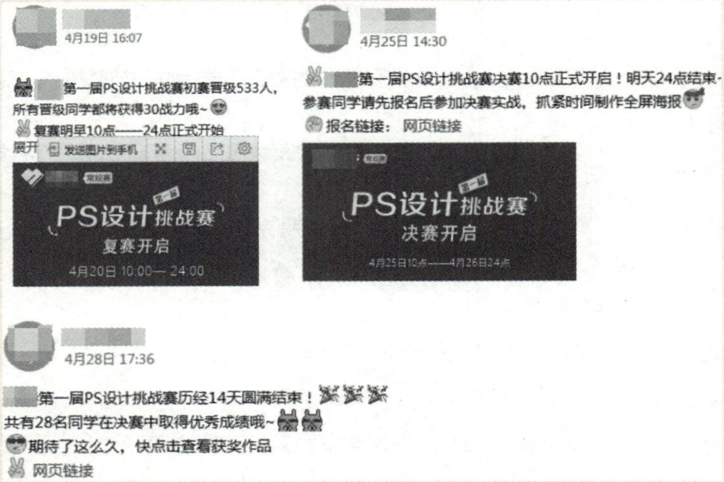

图 5－24　某导君 QQ 空间说说

在挑战赛结束之后，某导君对本次挑战赛做了总结回顾，如图 5－25 所示。

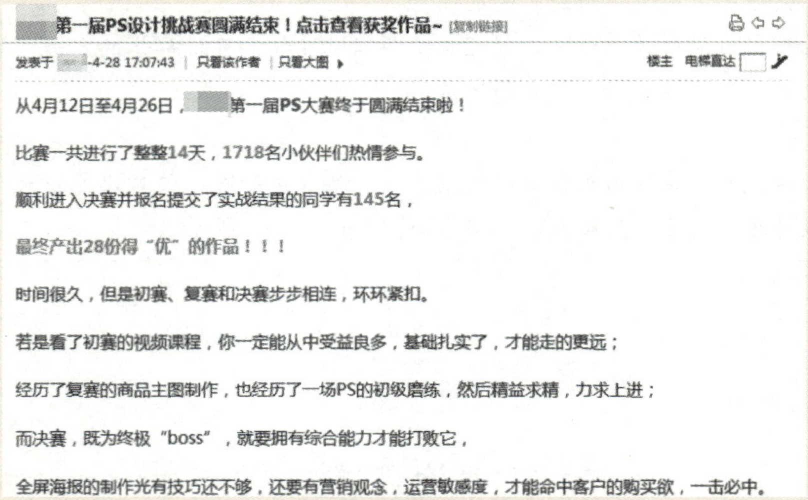
第一届PS设计挑战赛圆满结束！点击查看获奖作品~ [复制链接]

发表于 -4-28 17:07:43 | 只看该作者 | 只看大图

楼主 电梯直达

从4月12日至4月26日，第一届PS大赛终于圆满结束啦！

比赛一共进行了整整14天，1718名小伙伴们热情参与。

顺利进入决赛并报名提交了实战结果的同学有145名，

最终产出28份得“优”的作品！！！

时间很久，但是初赛、复赛和决赛步步相连，环环紧扣。

若是看了初赛的视频课程，你一定能从中受益良多，基础扎实了，才能走的更远；

经历了复赛的商品主图制作，也经历了一场PS的初级磨练，然后精益求精，力求上进；

而决赛，既为终极“boss”，就要拥有综合能力才能打败它，

全屏海报的制作光有技巧还不够，还要有营销观念，运营敏感度，才能命中客户的购买欲，一击必中。

图 5－25　挑战赛赛程总结回顾

三、营销效果分析

20××年 4 月 12 日至 4 月 26 日，某导第一届 PS 设计挑战赛历时 14 天圆满结束。经过某导运营部在 4 个学生群、9 个教师群不间断发布比赛推广消息，至初赛报名时间截止，有来自全国各地千余名学生、教师在群内咨询大赛信息，据统计，参加初赛的选手共计 1 718 名，大大提升了某导平台的影响力和知名度。

资料来源：弹老师．企业案例：i 博导社群营销案例．（2020－10－25）［2023－12－20］．https：//www. docin. com/p-2458494425. html.

学以致用

如果通过微信群开展这样的比赛活动，具体应如何实施？在营销过程中应该注意些什么？

二、社群线下活动策划与实施

一场完整的社群线下活动，其活动周期主要包括活动前期、活动进行、活动后期三个阶段，如图 5－26所示。

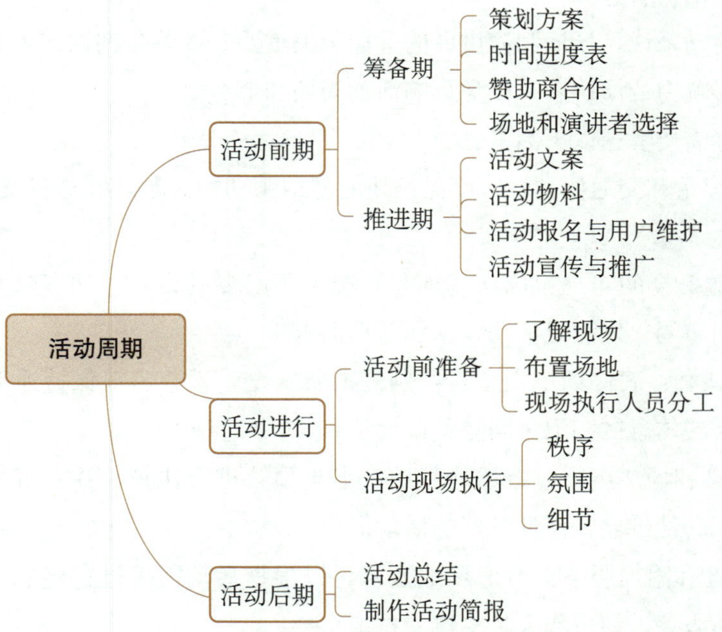

图 5－26　社群线下活动周期

（一）活动前期

活动前期可以划分为筹备期和推进期。筹备期是指活动构想和策划阶段；而推进期则是指确定活动主题后持续推进活动的过程。

1. 筹备期

（1）策划方案。

活动的筹备以策划方案为基础。一份完整的策划方案应涵盖活动目的、意义、周期、细节、宣传推广、预期效果及风险控制等内容。这个方案能够为团队提供明确的活动方向，确立活动目标，并帮助团队有计划地把控活动风险，从而有序地掌控整个活动进程。

（2）时间进度表。

时间进度表详细规定了每个时间段内的任务分工和完成时间，以确保全体成员紧密合作和高效执行。时间进度表包括任务事项、负责人、协助人、完成期限及每日进度记录等细节。

（3）赞助商合作。

线下活动需要资金支持，若需要赞助，就要在活动前准备招商 PPT，以获取更多的经济支持，降低活动成本。在商务合作中，也可以采用双方资源互换的方式，例如一方提供场地，另一方负责场地宣传等。

（4）场地和演讲者选择。

对于线下活动来说，场地和演讲者的选择至关重要。在筹备期内，务必提前确定合适的场地和具有影响力的演讲者，以免影响活动周期和节奏。

场地的选择需要考虑以下因素：

1）适宜的容量和交通便利性：确保场地能容纳预期的人数，并选择交通便利的地点，方便参与者到达。

2）设备设施和空间布局：确认场地是否配备了必要的设备，如音响和投影设备，并考虑合适的空间布局，以满足活动技术和互动需求。

3）安全与便利：确保场地安全，特别是消防安全，紧急出口保持通畅且有清晰的标识，并提供足够的休息区和卫生间等基础设施。

4）成本预算和场地声誉：将场地租用成本与预算进行比较，并了解场地的声誉和评价，以获得较高的性价比，保证良好的活动形象。

5）可定制性和附加服务：考虑场地是否可以根据活动需求进行定制，同时了解是否提供额外的辅助服务，如工作人员支持和技术支持。

最终确定的场地，应该是以上几点因素综合考虑后的最佳选择。

活动演讲者要有一定的影响力，可以吸引更多的人来报名参加活动。选择社群线下活动的演讲者时，需要考虑以下关键因素：

1）专业知识：确保演讲者在活动主题领域拥有丰富的专业知识和经验。

2）声誉和影响力：选择有良好声誉和一定影响力的演讲者，以吸引更多的参与者。

3）沟通能力：优秀的演讲者应具备良好的沟通能力，能够清晰地传达复杂的概念。

4）互动性：考虑演讲者是否能与听众互动，比如提问和讨论，提升活动的参与度。

2. 推进期

（1）活动文案。

活动文案用于吸引用户报名。高质量的活动文案能够吸引更多的参与者。活动文案可采用多种形式，如通知型和故事软文型。一般而言，活动文案需包括活动主题、时间、地点、嘉宾、流程、报名方式等要点。撰写活动文案时要注意：1）使用引人入胜的标题或开场语句，吸引读者的注意力，激发他们的好奇心，让他们想要继续了解活动的详情。2）突出活动的亮点、特点和参与价值。明确告知读者参与活动可以获得什么样的收益、知识或体验，为什么他们不应该错过这次机会。3）在文案中清晰列出活动的基本信息，包括主题、时间、地点和参与方式，并使用积极的语气鼓励读者立即行动，报名参加活动或获取更多信息。

（2）活动物料。

线下活动所需物料可以分为舞台布置、演讲相关、表演相关、花材、台下布置等类型。基本物料包括海报、易拉宝、邀请函、横幅、宣传单、签名墙、指引牌等，可根据活动类型和规模进行适度删减和扩充。

（3）活动报名与用户维护。

一旦开始接受用户报名，就需要进行用户维护，提高到场率。可组建活动用户群，及时与参与者联系，促进沟通。如无法形成社群，可采用短信、电话等方式与用户联系和沟通。

（4）活动宣传与推广。

宣传推广的目的是吸引更多人参与活动，提升活动影响力。宣传推广一般可以从以下几个方面开展：1）自有媒体渠道宣传，如主办方在官方微信、微博发布消息进行预告、官方网站发布专题页预告、利用活动介绍 H5 海报传播等；2）外联媒体平台宣传，如报名平台宣传、微博话题维护、观众报名入口和链接传播、行业组织及社群转发等，利用往届活动的参与者和合作伙伴的口碑，鼓励他们分享自己的经历和感受。除此之外，还可通过邮件、传单、广告投放等渠道进行宣传推广。

（二）活动进行

1. 活动前准备

活动实施前必须要去现场勘察，以了解现场，做好人员分工和现场布置。首先要调试音响等设备、测试 PPT、测试话筒，把控好细节。其次要对现场进行布置，保证现场的气氛和专业性。最后要对人员进行分工，安排每个人的工作职责，如指引、签到、主持、控制气氛、拍摄照片等，各司其职。

2. 活动现场执行

按照事先制定的活动流程表开展活动，及时控制活动秩序，注意现场效果。在嘉宾演讲后引导反馈，穿插游戏环节活跃现场氛围，如有意外情况需及时调整活动流程。

（三）活动后期

活动结束后及时进行活动总结并制作活动简报。

1. 活动总结

活动总结的目的是总结活动成败，分析经验与教训，将经验运用到后期其他活动中。做活动总结时，可以邀请现场执行的工作人员，一起开会讨论活动失误和成功之处，可发起活动评价收集参加活动的用户的意见，使活动总结更加完整和全面。

2. 制作活动简报

活动简报是活动总结的书面形式，一般是呈报给公司领导、同事和赞助商、合作方。活动简报的内容包括以下几个方面：

（1）目标回顾：评估整体目标是否实现，是否达到用户满意度和活动体验度目标。

（2）效果评估：探讨用户满意度如何、活动流程是否顺畅，以及分享内容的质量如何等。

（3）原因分析：分析活动失误之处的原因。

（4）经验总结：总结可应用于其他活动的经验，以及下次活动应避免的错误。通过经验的总结和复用，对社群活动进行改进，不断提升社群影响力。

他山之石

如何“零成本”策划一场二十多人的线下社群活动

一、活动背景

××运营苑是互联网运营相关专业学生群体垂直媒体，在全国分设29个省市社群、覆盖高校运营人5W+，是面向全国，专注于大学生互联网运营学习、技能成长，解决运营岗实习、就业等问题的服务平台。广东班级以线上“21天新媒体加速计划”课程为契机组建而成。本次活动是课程后第一次线下活动，由××运营苑广东1班发起，面向广东班级的所有成员及有兴趣了解××运营苑的新成员，旨在通过线下沙龙的方式增进班级同学之间的感情，让同学们畅聊学习运营技巧，共同进阶。

二、活动目的及意义

展现平台价值，加深成员对平台的认知，让成员更全面地了解平台，增强成员相互之间的信任感，提高社群活跃度，增强成员的黏性，为以后平台发展打下良好的基础，也为引入新鲜血液创造条件。

三、活动开展形式及时间、地点

形式：破冰活动、PPT 分享、宣传片、视频/图片、班级介绍、同学介绍。

时间：周日（20××年 12 月 10 日）13:00—17:00。

地点：广州，详细地址见海报，如图 5－27 所示。

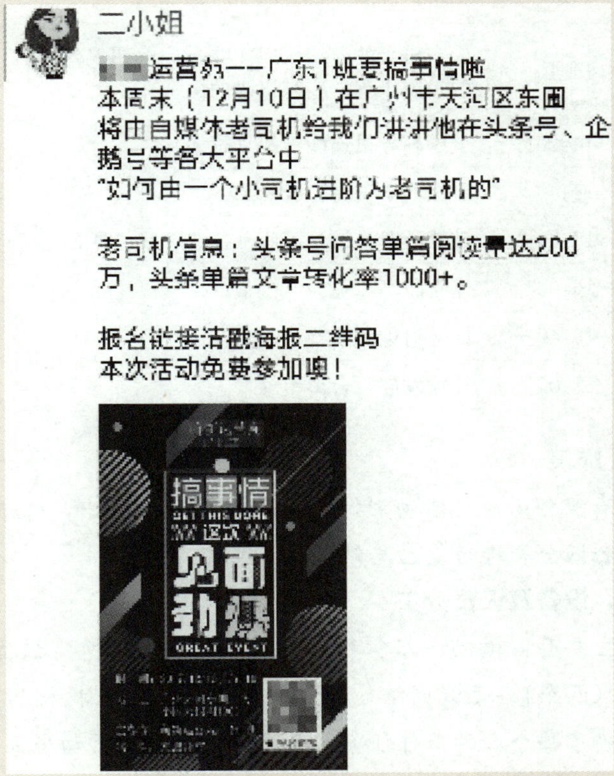

图 5－27　活动海报

四、活动开展

本次线下活动主要内容为介绍××运营苑从 0 到 1 的发展历程、平台价值及平台未来目标展望，班级同学进行自我介绍、相互交流并合影留念。

（一）活动准备阶段

制定活动流程表，具体到每一个时间节点，如表 5－7 所示。

（二）微信群宣推

12 月 2 日确定整体活动策划方案，22:00 统一优化修改，确定活动场地。

12 月 3 日晚在微信群、朋友圈发布海报，进行活动预热。

12 月 5 日至 12 月 8 日确定参与人员、场地安排，参与人员必须要再三确定（私聊拉群）。主持人、负责人、工作人员提前到会场熟悉场地、做好准备。

12 月 8 日报名截止，整理名单表格用于签到。

表 5-7 活动流程

时间	内容
13:10—13:30	签到
13:30—13:40	主持人开场
13:40—14:10	广东班级的介绍（PPT 形式，介绍××运营苑从 0 到 1 的发展历程、广东班级的由来）
14:10—14:20	全国辅导员连线祝福（寄语）
14:20—14:40	班级同学进行自我介绍
14:40—15:30	破冰游戏：谁是卧底（备选游戏“算 21 点”）
15:30—16:00	嘉宾分享
16:00—16:40	话题讨论和答疑
16:40—17:00	礼物发放，合影留念

（三）活动后续阶段

活动结束后需清理会场，将活动影像资料发送至班级群中，并进行活动成果展示。根据会议记录，对会议全程进行复盘总结。

五、活动物料、设备及人员分工

所需活动物料主要有：横幅、零食和水、路线指引图；所需设备主要有：投影仪、幕布、音响、话筒（两个）、无线网络、翻页笔等。针对所需物料和设备，运营团队进行了分工安排，明确了每个人的工作任务，要求相关人员于活动当天上午到场地，布置会场，确定签到处，调试设备。工作人员分工如表 5-8 所示。

表 5-8 工作人员分工

工作小组	负责内容	负责人	协助人员
签到组	统计到访者名单，指导签到入场	九儿	志愿者小鹿
后勤组	地点引导、接待	二小姐	志愿者 A
	布置会场	全体成员	
	电脑控制，相关设备确认	萌大	
	场控、维护现场	二小姐	
	零食和水的提供	九儿	yuling
采集组	活动照片素材采集	志愿者 B	yuling
记录组	活动进程记录	二小姐	九儿

六、总结复盘

（1）班级 PPT 介绍环节存在不足：讲解人员对 PPT 内容的讲解不全面。建议：要在活动前让讲解人员把 PPT 内容多看几遍，同时要确定一名备选人员。

（2）视频同步连线环节存在不足：参与连线的人员为全国辅导员，他们与广东班级的同学们之间比较陌生，连线效果较差。建议：人与人之间的关系并不紧密时，可采取小视频录播形式。

（3）嘉宾分享环节存在不足：在嘉宾分享过程中，激光投影笔和话筒、课件内容衔接不到位。嘉宾的分享内容较复杂，不好理解。

（4）时间、场地安排存在不足：有很多同学迟到导致一些环节时间稍微有些延后；活动初期预计参与人数为 15 人左右，实际到场人数为 22 人，场地空间偏小。

资料来源：北二小姐．如何“零成本”策划一场二十多人的线下社群活动．(2018-04-27)［2023-12-20］. https://www.jianshu.com/p/1746bac1ea78.

任务三　社群积分与会员

一、社群积分体系

社群积分体系是一种基于积分制度的管理机制，用于激励社群成员在社交平台或社群活动中积极参与、互动和贡献。通过积累积分，社群成员可以获得特定的奖励、权益或称号，从而提高他们的参与度、忠诚度和互动频率。一个完善、合理的积分体系，能够协助社群运营者将社群运营、管理效率提升数倍，让社群成员管理更加规范化、专业化、系统化。

微课

在搭建社群积分体系时需要注意以下三个核心点。

（一）确定积分体系目标

确定社群积分体系的目标，例如提升活跃度、增加知识分享、吸引新成员等，后期群成员获取积分的整个运营过程都以最后的转化为目标。确定可以获得积分的具体行为，如发帖、回复、点赞、分享、邀请好友等。图 5-28 所示为某社群的积分规则，群内成员获取积分的所有动作设置，都是为了促使成员最后下单。群内的买家秀激发成员买衣服的欲望，然后成员买了衣服“晒”买家秀、在群里积极发言互动等，都可以获得积分，而积分可以兑换成抵扣券，为下次购买做好铺垫，整个流程形成用户动作的闭环。

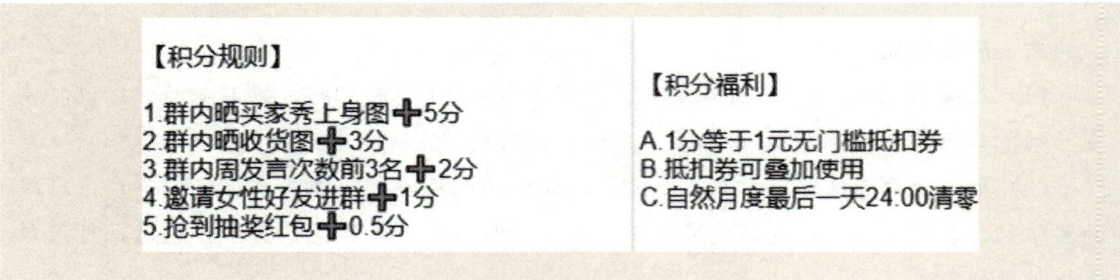
【积分规则】
1.群内晒买家秀上身图+5分
2.群内晒收货图+3分
3.群内周发言次数前3名+2分
4.邀请女性好友进群+1分
5.抢到抽奖红包+0.5分

【积分福利】
A.1分等于1元无门槛抵扣券
B.抵扣券可叠加使用
C.自然月度最后一天24:00清零

图 5-28　某社群的积分规则

(二) 设计积分奖励

积分奖励是整个积分体系中最重要的部分。积分奖励需要从社群定位、社群转化产品(服务)的价格等多个维度去参考、设计。可设置虚拟奖励,如设定积分达到一定值后,成员可以获得虚拟奖励,如勋章、徽章、等级称号等;也可设置实物奖励,如针对积分排名前几名的成员,提供实物奖品、优惠券等奖励。可设置积分上限,即设定每位成员每日/每周/每月可获得的最大积分数量,以防止滥用。图 5-29 所示为某社群积分奖励规则,该社群业务为提供服务,按年收取服务费用,所以其积分奖励以延长社群服务期限为主。

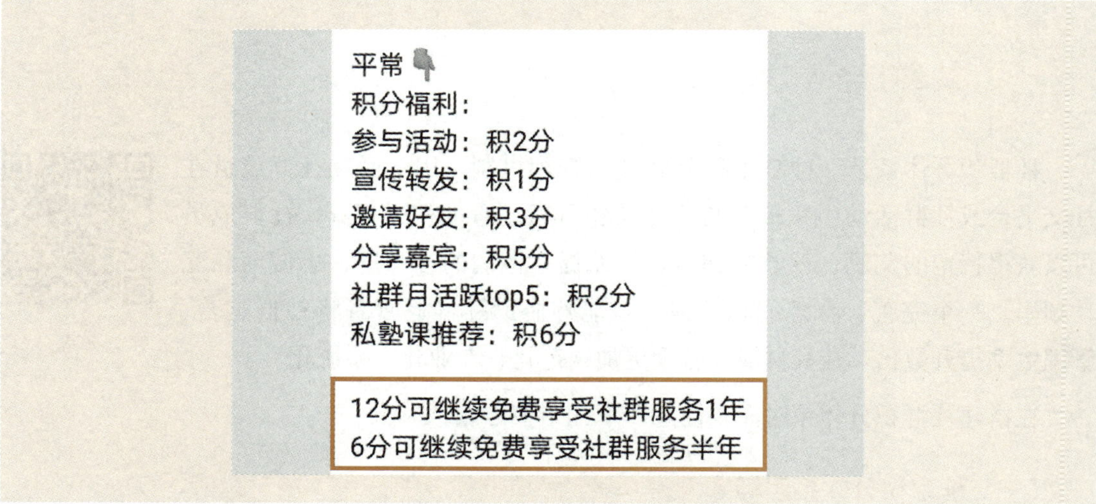
平常
积分福利:
参与活动:积2分
宣传转发:积1分
邀请好友:积3分
分享嘉宾:积5分
社群月活跃top5:积2分
私塾课推荐:积6分
12分可继续免费享受社群服务1年
6分可继续免费享受社群服务半年

图 5-29　某社群积分奖励规则

积分可设置一定的等级,使积分获取方式中的核心动作形成一个由低到高、由易到难的过程,以提升用户的参与度;同时不同积分层级可以获得不同的好处,对于用户来说,越复杂的操作能够获得越多的积分,越多的积分能获得越高的回报,这样就能充分调动用户的积极性。

除了设计积分奖励外,还需要设计积分清零机制,或者是积分有效期。积分清零机制能有效激励用户，让用户在获得积分后，还能更进一步进行转化。

（三）激励和沟通

可以定期在社群内宣布积分排名、奖励等，激励社群成员参与，或通过社交媒体、邮件等方式通知社群成员有关积分和奖励的信息。图 5－30 所示为某社群通过积分表激发成员比较心理。同时，要根据实际情况，不断优化积分规则和奖励体系，使其更加适应社群发展和成员的需求。

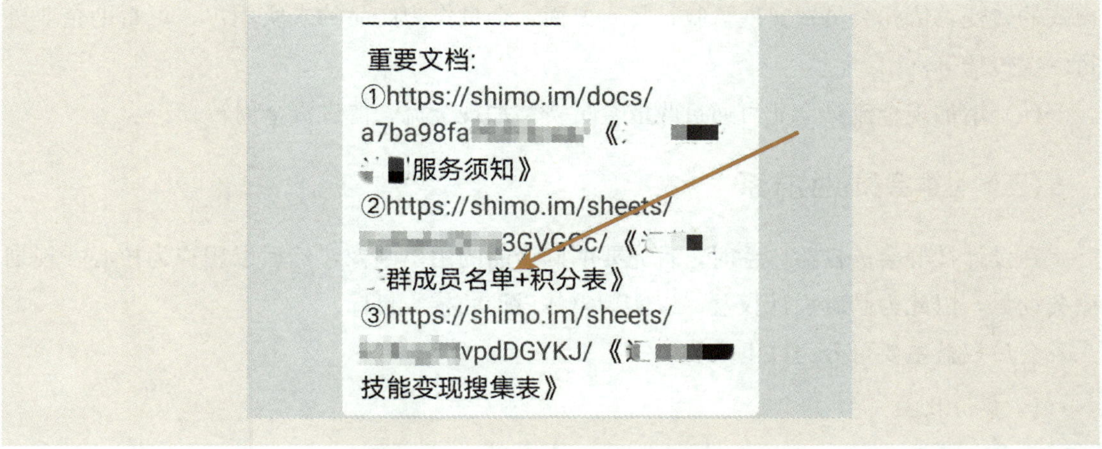

图 5－30　某社群通过积分表激发成员比较心理

二、社群会员体系

社群会员体系是一种管理机制，用于对社群成员进行分类和分层，根据不同的会员等级或身份，为他们提供不同级别的权益、服务和体验。这有助于提高社群成员的忠诚度、参与度和互动频率，也有助于维持社群的稳定性、促进社群的发展。与社群积分体系相比，社群会员体系更注重成员的身份和地位划分，据此提供更为个性化的待遇和权益。社群积分体系主要通过积分奖励激励成员积极参与和互动，而社群会员体系更多关注成员的身份认同和不同等级的差异化服务。

（一）会员体系的价值

（1）增强黏性，增加复购：通过提供权益、奖励、关怀等让用户持续使用产品，把用户留在社群的生态圈，刺激用户重复消费。

（2）分层运营：通过会员体系将用户分层，实现精细化管理，在用户生命周期不同阶段可通过不同的权益体系及激励体系激活用户，从而促进用户成长，延缓流失。

（3）异业合作，流量互换：通过品牌联动，开放异业合作，形成相互导流。例如，京东会员与携程会员打造联名会员卡；购买天猫会员可获得爱康国宾体检卡。

（4）场景营销：通过独特消费场景的构建来绑定用户，抢占用户心智，使用户形成使用习惯，从而增加营销触点。例如，买 3C 数码产品会首先想到京东；点外卖会首先想到美团或饿了么。

（5）实现二次增长：如今互联网已成为一个存量市场，在存量中找到增量是企业的一个突破口。一方面，会员可帮助企业实现从传统产品盈利模式到以会员费收入为主要盈利模式的转变，依托会员费实现营收；另一方面，会员作为产品的忠实用户，可帮助企业进行二次传播等。

（6）增加现金流：企业可通过收取会员费增加现金流，促进资金周转。

（二）社群会员权益体系

在设计社群会员权益体系时，首先要明确产品的用户画像，然后以用户为核心，规划服务场景，以此为基础设计权益，以实现整体设计的核心目标。

会员权益主要可分为以下几类。

1. 身份权益

会员最显著的特权是其独特身份的标识。例如，QQ 会员拥有钻石标志，而在钻石会员体系内，还可以进一步细分为绿钻、黄钻等。

2. 价格权益

价格权益直接体现为价格优惠，包括会员价、会员折扣及品类折扣等。同时，价格权益也可以通过间接手段提供，如免运费、优惠券、代金券等。价格权益的制定需要充分考虑成本、营收等因素，确保收支平衡和投资回报。

3. 服务权益

服务权益是商家为了优化用户体验而提供的权益。例如，成为某旅游网站的会员，用户可以享受机场专车接送、豪华候机室候机、快速通道登机等服务。服务权益可根据产品的特性来设置，比如功能型产品可以提供功能权益，如某网盘为会员提供更快的下载速度；内容型产品可以提供针对内容的权益，如某视频平台会员可以跳过广告直接观看视频等。

4. 合作权益

商家还可以与其他企业或平台合作，扩充会员权益的同时实现相互引流。例如，某购物平台为会员赠送 QQ 音乐会员。

（三）社群会员成长体系

在会员运营中，也需要进行分层管理，根据会员生命周期的不同阶段设定不同等级，以体现其价值，从而构建完整的会员成长体系。成长值可以根据用户行为价值进行计算，比如，电商平台可以基于订单提交、购买频率等数据进行分层；内容平台则可以基于打开次数、点击次数、浏览时间等数据进行分层。为每个动作都赋予相应的成长值，同时也要设置成长值的扣减规则，如违规行为或删除操作要扣去一定的成长值。根据成长值的不同区分会员等级，不同等级的会员享有不同权益，以此激励会员持续成长。表 5-9 所示为某社群会员成长体系。

表 5-9　某社群会员成长体系

会员等级	成长值	尊享特权
VIP1	50	2 项
VIP2	100	3 项
VIP3	150	4 项
VIP4	300	5 项
VIP5	800	6 项

1. 什么是成长值?
成长值是根据会员在当前店铺内的消费类行为所计算出来的用户价值分。成长值决定会员等级，成长值越高会员等级越高，所享受的会员权益就越多。
2. 如何获得成长值?
（1）完成完善信息任务，即可获得 1 点成长值；
（2）完成其他任务，获得更多成长值。
3. 升级规则
当成长值满足更高等级条件时即升级。
4. 成长值扣减规则
会员发起售后维权，退款成功后，将扣减这笔交易赠送的成长值

（四）社群会员激励体系

在基于会员行为计算成长值的基础上，以积分、勋章、大 V 标识等作为成长值的展示方式，强调等级制度，以产品方式展现，为用户带来荣誉感。不同等级的会员可以获得不同的奖励。通过等级权益刺激用户不断购买和使用产品，获取更多权益，实现持续成长，从而构建起积极的循环。表 5-10 所示为某社群的会员激励体系。

表 5－10　某社群的会员激励体系

会员等级	尊享特权	细分
VIP1	2 项	入会礼/新人礼
VIP2	3 项	入会礼/新人礼/回购礼
VIP3	4 项	入会礼/新人礼/回购礼/积分兑换
VIP4	5 项	入会礼/新人礼/回购礼/积分兑换/0 元试吃
VIP5	6 项	入会礼/新人礼/回购礼/半价兑换/0 元试吃/超级 VIP

案例分享

同福盛老北京酱肉社群营销

扫码阅读全文

同福盛老北京酱肉品牌起源于 1910 年，是著名的百年老店。百余年来，同福盛以匠人之心，守护着老北京家传酱肉的手艺。本案例分享的是同福盛的社群运营历程，先从简单的组建社群开始，获取原始用户，沉淀会员，再通过福利群内的活动来激活和留存用户，培养用户意识，最终入驻外卖和电商平台，拓展渠道，导流会员。

资料来源：弹老师．企业案例：同福盛老北京酱肉社群营销．（2023－01－05）[2023－12－20]. https：//www.docin.com/p－2458495789.html.

职业技能训练

一、分享类社群文案实践

1. 实训背景

假设你是某考研学习监督群的群主，由于许多社群成员在群里咨询“如何才能快速记忆知识点”，因此你决定在周六开展一次分享活动，并邀请了社群中常为其他成员解答这个问题的某位成员作为嘉宾。现在你需要为此次分享活动写作社群文案，以帮助社群成员解答问题，增强社群成员的凝聚力。

2. 实训任务

（1）为此次分享活动写作通知文案、暖场文案、控场文案和互动文案。

（2）要求至少包含两种社群文案的组成要素。

（3）要求文案具有明确的活动目的。

3. 实训步骤

（1）写作通知文案。在写作通知文案前，需要先列出活动的时间、主题、嘉宾，并通过@所有人的形式，提醒所有社群成员查看。

(2) 写作暖场文案。暖场文案通常用在活动刚开始时，以活跃气氛，调动社群成员的积极性。

(3) 写作控场文案。控场文案用于在分享活动过程中避免活动主题跑偏，以保证活动的顺利开展。写作控场文案时，可根据以往的活动经验，预先准备不同的应对策略。

(4) 写作互动文案。互动文案是指引导嘉宾与社群成员之间进行互动的文案，需要结合活动的主题及嘉宾的分享情况进行写作。

二、社群分享实践

1. 任务目标

分小组实践社群分享整体流程。

2. 任务载体

社群、分享主题。

3. 实施步骤

(1) 小组讨论进行人物角色设置、话题策划、分享形式设计、物料准备、互动话术准备、时间预设等。

(2) 小组在社群中实施提前暖场、强调规则、介绍分享者、引导互动、收尾总结等环节。

(3) 总结小组分享的流程及亮点，并做一个简单的PPT进行结果展示。

三、社群线下活动实践

1. 任务目标

制定社群线下活动的策划方案。

2. 任务载体

社群、海报、小奖品、活动二维码、群机器人工具。

3. 实施步骤

(1) 明确主题，策划活动内容。列出活动主题、活动目的、活动时间、活动地点、活动对象、参与方式、成本预估、推广渠道、活动规则等。

(2) 制定活动运营团队工作表，明确人员职责分工。

(3) 制定线下活动预算方案。

(4) 制定活动物料方案，制作宣传海报，准备现场物料。

(5) 制定活动互动方案，确定线下活动运营流程。

(6) 活动结束后，做好清场工作，制定活动复盘方案。

项目评价

职业素养、自我认知与评价表

<table>
<tr><td colspan="2">班级：</td><td>姓名：</td><td colspan="2">学号：</td></tr>
<tr><td colspan="5">项目五　社群活跃互动</td></tr>
<tr><td colspan="2">评价项目</td><td>评价标准</td><td>分值</td><td>得分</td></tr>
<tr><td colspan="2">考勤（10%）</td><td>不无故迟到、早退、旷课</td><td>10</td><td></td></tr>
<tr><td rowspan="2">工作准备（20%）</td><td>预习知识</td><td>能预习项目知识，形成思维导图</td><td>10</td><td></td></tr>
<tr><td>社群工具</td><td>能准备微信、创客贴等社群工具</td><td>10</td><td></td></tr>
<tr><td rowspan="4">工作过程（45%）</td><td>社群分享</td><td>能设计实施社群分享活动的流程</td><td>10</td><td></td></tr>
<tr><td>社群打卡</td><td>能设计实施社群打卡活动的流程</td><td>10</td><td></td></tr>
<tr><td>社群积分体系和会员体系</td><td>能设计搭建社群积分体系和会员体系</td><td>10</td><td></td></tr>
<tr><td>社群线下活动</td><td>能设计实施社群线下活动的整体流程</td><td>15</td><td></td></tr>
<tr><td rowspan="3">职业素养（25%）</td><td>活动能力</td><td>具备有条不紊、灵活变通的活动能力，能够协同他人完成实训项目</td><td>10</td><td></td></tr>
<tr><td>创新意识</td><td>具备创新意识、创新精神，能够学以致用，提高社会实践能力</td><td>10</td><td></td></tr>
<tr><td>职业精神</td><td>热爱本职工作，具备目标思维、职业精神和职业素养</td><td>5</td><td></td></tr>
<tr><td>合计</td><td colspan="4"></td></tr>
<tr><td rowspan="2">综合评价</td><td>自评（20%）</td><td>小组互评（30%）</td><td>教师评价（50%）</td><td>综合得分</td></tr>
<tr><td></td><td></td><td></td><td></td></tr>
</table>

项目六 社群营销转化

知识目标

1. 了解社群营销转化的理念及形式
2. 理解快闪群发售的流程
3. 理解社群团购、直播等营销转化方式的策划与实施
4. 理解数据化运营思维

能力目标

1. 能够知晓社群营销转化的方式
2. 能够提出社群的各种付费运营策略
3. 能够通过数据化运营实现社群变现
4. 能够策划与实施社群团购、直播等活动

素养目标

1. 具备团队协作、团队互助意识，小组能够共同完成各项社群运营任务
2. 具备较强的理解能力及实践能力，能够结合案例分析社群营销转化的

原因、过程、方法等

3. 在营销过程中遵守商业道德和法律法规，保障消费者的权益不受损害，不进行误导性营销

情景引入

通过开展社群线下活动等运营活动，李小嘉的产品销售社群变得非常活跃，他觉得时机已经成熟，可以加大销售力度，真正在社群里进行商业行为了，但他又觉得有点茫然，不知从何处着手，而且遇到了不少问题，比如：

- 在什么场景下推广产品最有效？
- 社群拼团怎么做？如何进行快闪群发售？知识付费能做吗？
- 如何分析社群销售数据并进行优化？

任务一 社群转化体系

一、转化场景搭建

在社群中，用户发生购买转化的时间与契机通常可分为以下几种：

微课

（1）入群诱饵：刚进群时的诱饵介绍诱导用户进行首单转化。

（2）直播/大促/团购等活动：直播/大促/团购等活动的价格与福利优势吸引用户进行购买转化。

（3）日常销售转化：销售通过一对一私聊跟进，与用户建立联系，介绍产品与服务，最终使用户做出购买行为。

（4）周期维护：周期维护会带来周期性需求。用户在社群互动后可能会产生购买需求，在产品使用周期将至时，跟进提醒购买，促使用户下单。

二、私聊销售转化体系搭建

（一）梳理用户购买行为路径

用户从产生需求到完成购买的整个过程，即产生需求—萌发满足需求的意愿—收集能满足需求的产品信息—整合信息后选择产品—决策购买，这条由用户行为组成的时间轴称为用户购买行为路径。分析用户从产生需求到购买的路径和触点，依据用户购买行为路径提供产品或服务。

（二）厘清产品体系

在销售前须确定产品体系中的引流款、爆款、利润款等，提炼产品卖点并编制成表格。对不同的销售场景，可以采用不同的产品销售机制，如清仓时可以推出清仓品进行减价促销。对不同的用户，也可以采用不同的产品销售机制，如向重复购买用户推送高客单价产品。针对不同的场景和不同用户类型搭配相应的产品销售机制，完成销售转化。

（三）根据用户分层制定销售策略

根据用户购买金额与购买频次进行用户分层管理，针对普通用户、高消费用户、普通忠诚用户、高价值忠诚用户等不同用户群体，制定相应的销售策略，如图 6－1 所示。尤其要注重高客单、高复购频次的用户，可设置 VIP 专属管理方式。

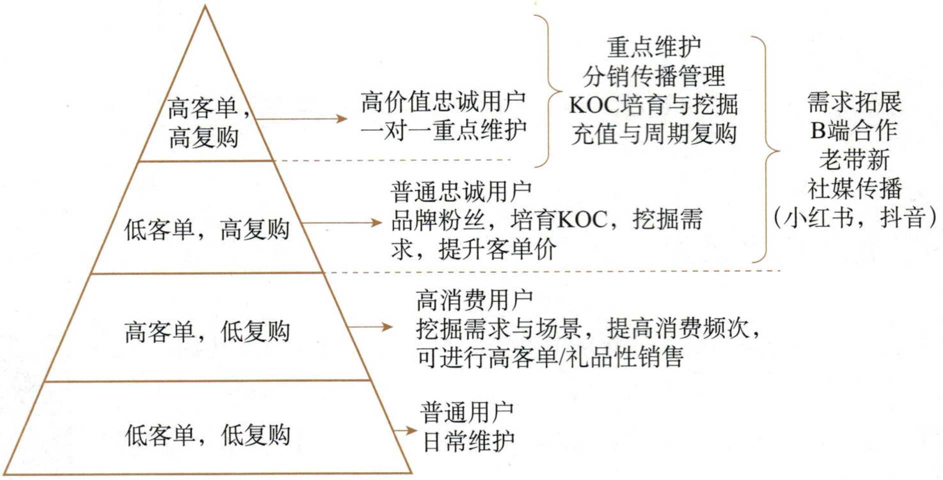

图 6－1　根据用户分层制定销售策略

（四）输出具体销售话术

针对不同场景和产品设计销售话术，形成话术手册（如图 6－2 所示），将常用话术固定下来并设置成自动回复，可节省人力成本。

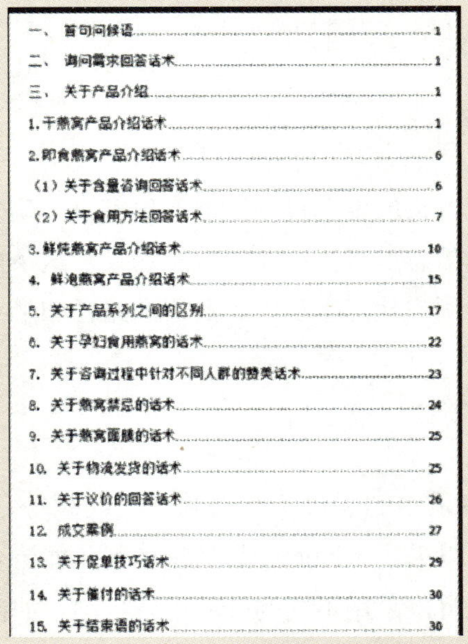

图 6－2　话术手册

在设计话术时要注意以下几点：

（1）用户易懂，信息简洁。

（2）突出产品背书、产品卖点与亮点。

（3）真诚交流，从关心和帮助的角度维护用户。

(4) 活用表情包，注重人设语气。可在文字中适当加一些表情包与语气词，以示亲切。

(五) 制定销售人员 KPI

制定销售人员 KPI（关键绩效指标），进行数据实时检测与跟踪，推进数据化运营。销售人员 KPI 示例如图 6－3 所示。

板块	目标1	分类	板块	目标2	抓手	动作拆解	责任人	开始时间	完成时间
转化率	提高20%	/	用户分层&对应商品匹配	从0.8%提高至1%	用户标签完善	现有标签整理	XXX	XXX	XXX
						用户标签补充完善	XXX	XXX	XXX
					商品信息完善	推送的数量确认	XXX	XXX	XXX
					各类用户的话术和沟通节奏	用户标签和商品信息的匹配	XXX	XXX	XXX
						沟通节奏	XXX	XXX	XXX
						沟通话术	XXX	XXX	XXX
			活动		内容	确定主打用户人群	XXX	XXX	XXX
						确定内容方向和类型（主题）	XXX	XXX	XXX
						确定主题内容话术	XXX	XXX	XXX
						确定不同内容的比例	XXX	XXX	XXX
						确定活动策划	XXX	XXX	XXX
						确定活动节奏	XXX	XXX	XXX
						确定活动内容	XXX	XXX	XXX
					促销	确定主打用户人群	XXX	XXX	XXX
						确认商品	XXX	XXX	XXX
						确认优惠力度和机制	XXX	XXX	XXX
						活动节奏的调整	XXX	XXX	XXX
						确定活动策划	XXX	XXX	XXX
客单价	提高20%	/	买更多件数	从客单价250提升至300	确定商品的消耗速度	根据季节信息	XXX	XXX	XXX
					根据产品卖点，整理产品差异，	整理产品卖点信息，产品差异化	XXX	XXX	XXX
						给用户打认知的话术&物料	XXX	XXX	XXX
					捆绑销售：商品组合搭配	确认可以搭配的组合类型	XXX	XXX	XXX
						提供可落地方案（能做到什么结果）	XXX	XXX	XXX
						确定组合是否可行	XXX	XXX	XXX
						给用户打认知的话术&物料	XXX	XXX	XXX
						落地执行	XXX	XXX	XXX
			买更多品类		捆绑销售：加价购	确定可以搭配的组合类型	XXX	XXX	XXX
						提供可落地方案（能做到什么结果）	XXX	XXX	XXX
						确定组合是否可行	XXX	XXX	XXX
						给用户加价购的话术&物料	XXX	XXX	XXX
						落地执行	XXX	XXX	XXX
					A-Btest时间	优化	XXX	XXX	XXX
复购频次	提高20%	/	提高复购频次	从复购频次1，提升至1.2	用户标签完善	已购用户标签收集	XXX	XXX	XXX
						用户分层	XXX	XXX	XXX
						筛选高低无需求用户	XXX	XXX	XXX
					商品信息完善	推送的数量确认	XXX	XXX	XXX
					各类用户的话术和沟通节奏	用户标签和商品信息的匹配	XXX	XXX	XXX
						沟通节奏	XXX	XXX	XXX
						沟通话术	XXX	XXX	XXX
					老客活动策划	活动节奏	XXX	XXX	XXX
						活动执行	XXX	XXX	XXX

图 6－3　销售人员 KPI 示例

三、快闪群发售

快闪群以小时为单位，在社群内通过短期的优惠刺激，利用人们的从众心理、紧迫感以及稀缺效应，达到快速出单、批量成交的目的。快闪群一般适用于决策成本低、产品服务相对标准化的零售企业、平台型电商或线下实体门店，适合运营参与活动或者大促的潜客、新客，商家可以通过快闪群做活动前的蓄水，活动正式进行时通过群的强触达能力召回顾客完成成交转化。

在快闪群中，组织者会在特定时间内宣布团购的商品、价格以及购买流程，然后成员可以在规定的时间内提交订单并付款。这种模式的特点是强调快速、限时、团体行动，成员可以通过群内互动参与团购，从而获得优惠或更低的价格。快闪群从建立、产品发布到转化往往以小时为单位，1～3 天完成所有动作，短时间内刺激用户快速下单、批量成交，最后活动结束解散社群。快闪群发售流程如图 6－4 所示。

快闪群发售活动要取得成功，需要做好以下四个方面的工作：

(1) 选品策略：发售产品本身要具备爆单潜质，性价比一定要高。

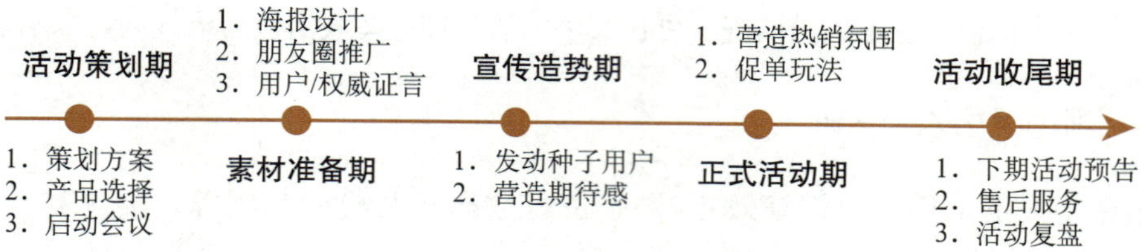

图 6-4　快闪群发售流程

（2）预热造势：前期预热环节要把活动期待值拉满，吸引足够多的意向用户进群。

（3）发售设计：活动流程和脚本的设计要环环相扣，激起用户的从众心理和紧迫感。

（4）售后追踪：活动结束后对意向用户要一对一追单，不放过任何一个成交机会。

（一）选品策略

（1）快闪群活动品建议选择客单价在百元左右的要推广的新品，或者是在节日等营销节点优惠力度大的畅销爆品，但是一定不能是清仓尾货。快闪群最重要的是利用用户的从众心理促使其冲动消费，滞销品就算低价也很难形成抢购的氛围。

（2）快闪群活动品要选择用户能在短时间内决定买或者不买的轻决策产品，至少要满足低价格、高价值、刚需、强适用性、强关联中的 2 至 3 个方面，比如食品、化妆品等；不适合需要审慎进行购买决策的产品，比如汽车、珠宝等。

（二）预热造势

1. 售前预热

活动前，商家要在社群、朋友圈、视频号、门店等可以触达用户的流量渠道进行预热和造势，帮快闪群找到更多精准流量。预热时间可以选择快闪群活动前的 1～4 天，既保证有充足的时间进行有节奏的传播，又不把时间拉得过长，导致用户关注度降低。

售前预热包括活动调查、活动剧透和活动预告等环节，活动宣发要新奇有趣，以提升用户的参与感和关注度。如表 6-1 所示。

表 6-1　快闪群售前预热流程

时间	朋友圈	社群	备注
活动前 4 天	权益调查：发起活动小调查，看看用户想要哪些热卖品打折； 让用户做选择题，在评论区积极留言，并表示呼声最高的前三个产品打折	同步进行权益调查，采用文字+图片形式； 邀请群内用户回复产品名称或序号	告诉用户此次活动的权益和福利是什么，观察用户反应，可根据用户反应更改选品
活动前 3 天	结果公布：公布第一天的调查结果，告诉用户哪些产品呼声最高，将作为活动品； 提醒用户点赞，活动开始后通知用户进群抢购	同步进行结果公布，对活动进行预告，通知群内感兴趣的用户添加活动企微，活动前邀请用户进快闪群	吸引用户注意力，让用户感觉到这次活动对用户意见的重视，让用户辅助进行活动选品

续表

时间	朋友圈	社群	备注
活动前 2 天	活动打磨：分享活动准备的过程，例如，加班加点备货、对比快递服务、检查产品品质	活动打磨文案＋图片/视频宣发，通知群内感兴趣的用户添加活动企微，活动前邀请用户进快闪群	让用户感受到满满的诚意，多用真实场景
活动前 1 天	活动预告：活动开始前 1 天就可以正式预告时间，将此次活动时间、权益、福利明确告诉用户，让用户提前做好准备，不要错过时间； 开展朋友圈点赞有礼活动，第××个和××个点赞的用户送××礼品，调动用户积极性	活动海报宣发，通知用户如何参与，邀请用户参与朋友圈集赞活动	尽可能多地进行集赞互动，为之后触达用户做准备
活动当天	活动宣发：活动开始前 6 小时、2 小时、半小时发倒计时朋友圈，做最后的活动预热，将用户引流进快闪群	发布活动相关海报，将用户引流进快闪群	正式官宣活动，注意快闪群内要做好流量承接

2. 朋友圈预热

通过朋友圈造势剧本，发布产品软文，吸引用户的注意。朋友圈预热一方面能够提升用户的参与感，使用户更积极地参加活动；另一方面在活动开始后，可以追评之前发过的朋友圈动态或一对一私聊，让所有评论或者点赞过的互动用户都能收到通知，不浪费每个精准流量。如图 6－5 所示。

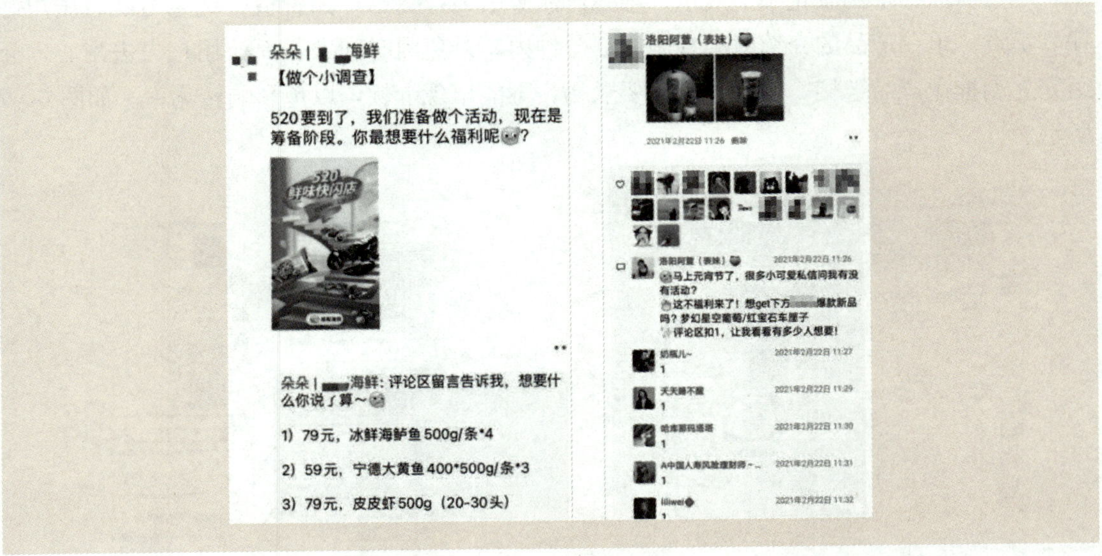

图 6－5　朋友圈预热

3. 保持群氛围

在用户进群后，可通过社群管理软件自动设置定时群公告，欢迎新群员的同时预告活动时间和内容，并提醒用户将群置顶不要错过活动。群名也可以做相应修改，比如今晚18点秒杀××活动群、倒计时1小时××秒杀群等。还可以通过社群管理软件等预先设置好防骚扰机制，有发广告和带节奏的人及时移出群。

如果活动选品比较好，短时间内可能有大量用户进群，要注意控制引流节奏，防止被微信平台警告。进群的活码也要在后台多准备几个，满足随时替换的需要。如果进群用户比较少，可发起一些裂变活动增加人气，提高活跃度，比如邀请3位好友进群，额外再得10元无门槛消费券等，具体运营过程中可根据用户进群情况快速调整，保证活动的启动量。

（三）发售设计

1. 发签到红包

发售前10分钟可以在群内发几轮红包提醒群成员签到等待，提前活跃群氛围。比如活动是21点开始，那么20:50就可以在群内发第一轮红包，红包数量不用太多，控制在群人数的10%～20%即可，金额也不用太大。如图6-6所示。

封面文案可以是“群成员都在吗?”“倒计时！在的扣1”等，引导领红包的群成员在群内回复1或者其他关键词接龙，让群里热闹起来，吸引更多人关注。

2. 产品介绍+群接龙等刺激下单

“红包雨”热完场后正式开始进行产品发售，推荐用文案、图片、视频的形式介绍产品，尽量多图、多场景化细节展示，增强产品吸引力，突出产品价值、优惠力度、用户好评等卖点。单一产品的介绍时间控制在3分钟内，避免因时间太长而让用户失去耐心，介绍完立刻推送产品链接，所有的环节要顺畅，不能出现卡顿，以免影响转化率。如图6-7所示。

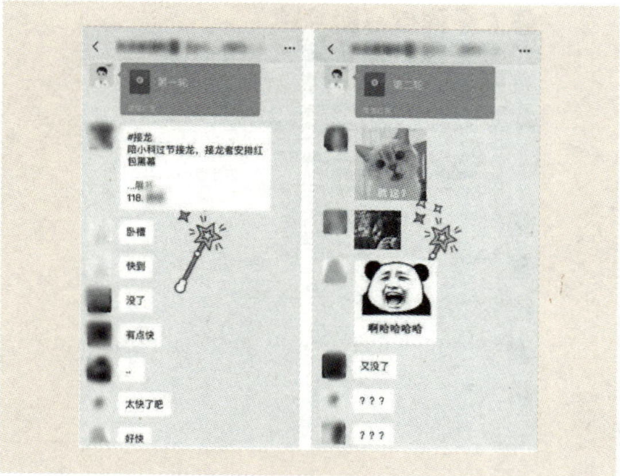

图6-6 签到红包

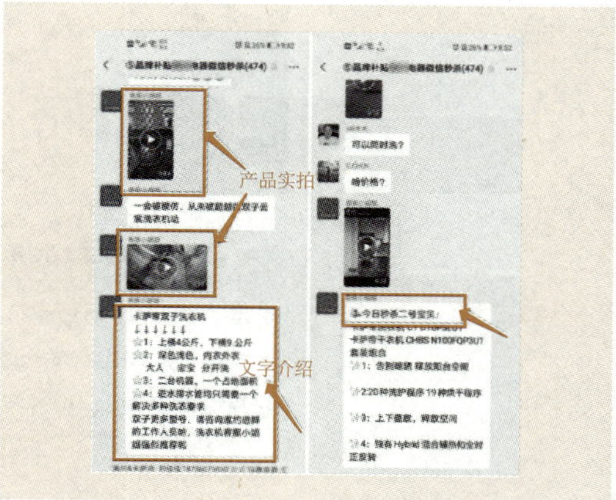

图6-7 产品介绍

因为快闪群是短时间内实现快速转化的模式，所以活动玩法要选择比如限时折扣、秒杀、社群接龙等更有紧迫感的方式，可利用详情页的倒计时和刷屏的接龙营造氛围刺激下单。如图 6－8 所示。

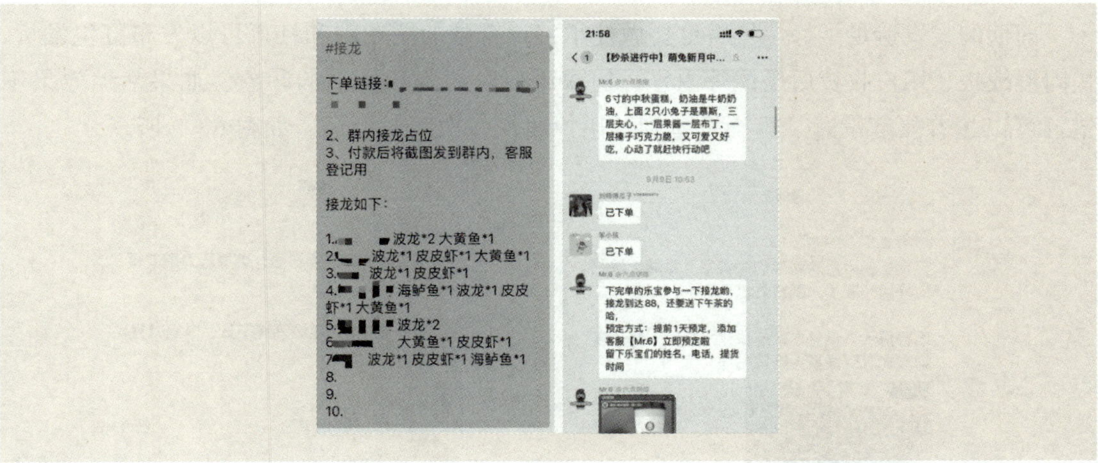

图 6－8　接龙刺激下单

3. 打造销售高峰

快闪群发售时可以邀请已经下单的用户把支付订单截图发回群里，刺激其他观望的用户下单，利用从众心理持续吸引用户。常用话术有：“群成员太热情了，刚发售就已经卖出××件，为了回馈群成员的热情，请群成员把支付订单截图发到群里，随机抽 3 个免单！”“感谢群成员的热情，请已经付款的群成员把支付订单截图发到群里，发货时为每位再赠送一份小样”。

4. 限时限量

一般快闪群发售 30 分钟至 2 小时，发售快结束时可利用限时限量的稀缺性原则，采用一些方法继续促进营销转化。常用话术有：“倒计时 1 小时秒杀即将结束，特惠商品还有不到 100 份，还没下单的要抓紧啦！”“活动过于火爆，应群成员要求加赠 80 份”“销量满 500 份，赠送礼品/服务”。同时，附上产品购买链接方便用户直接下单。

（四）售后追踪

活动结束后，快闪群已经完成使命可以直接解散，在解散前还可以做以下动作，保证活动完美收尾。

1. 用户分流

快闪群的流量是一次性的，但是辛苦聚集起来的用户有长期运营价值，因此可以在解散群的同时，通过提供物流信息查看途径、专属福利等方式把用户沉淀到企微号或者其他社群，进行长期运营。比如解散前告知用户下次还想参加的可以添加群主微信，私聊发个

"1"，下次有活动第一时间通知。这样就能知道哪些人属于价格敏感型用户，做好标签记录，后续可以进行有针对性的触达。

2. 售后反馈

前期的宣发造足了势，售后也要做好承接，企微的朋友圈和社群可以发布打包发货、快闪群战报、用户收货后反馈等内容，加深用户对品牌和活动的印象。如果活动效果不错，可以趁着热度没过，再为没抢到的用户组织一次限时返场。如图 6－9 所示。

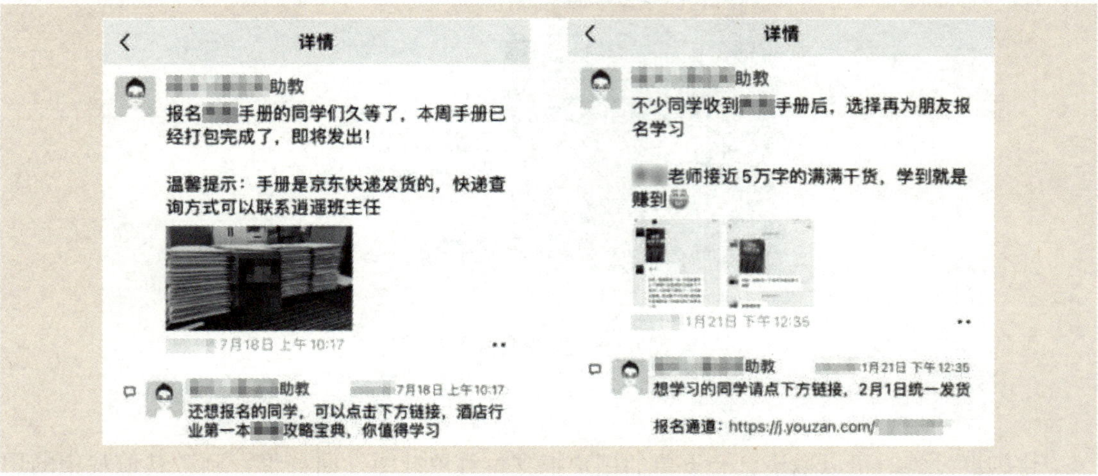

图 6－9　售后反馈

总体来说，快闪群发售是一种非常重运营的转化活动，在整个活动运营过程中需要投入大量的精力，也会进行很多次玩法打磨调整，但是一次好的活动也一定是物超所值的。比如某水果商家，通过快闪群配合视频号直播，当晚单品成交额突破了 80 万元，这就是快闪群批量成交的爆发力。

四、社群团购

社群团购是一种借助社交媒体、社群平台运营的团购模式，它主要依托于社交媒体的力量，通常是通过微信群、微信公众号、QQ 群等社交平台，在特定的社群内组织和推广团购活动。

（一）开团前准备

1. 团品策划

根据社群用户的特点，从用户属性出发，结合当时市场的流行趋势来进行选品，选品要符合用户的需求，并且有较高的性价比。

根据活动目的，可将团购商品分为以下四个系列：

（1）引流型：用于活动引流，吸引用户关注的商品。通常选择超低成本的商品，如纸巾、笔、毛巾等，低价或免费提供给用户。

（2）走量型：客单价较低，性价比不错，用户能够轻松购买的商品。由于性价比高，用户能快速做出购买决定。此类商品有助于建立用户信任，促进后续购买行为。

（3）明星团品型：用于直接、快速地加深用户信任和认知的商品。这类商品通常比较稀缺、性价比高，在活动中少量呈现，用于营造社群氛围。

（4）利润型：侧重品牌价值、商品质量、外观和功能的高利润、高客单价商品，一般是高客单价单品或套装（高客单价商品与低客单价商品的组合）。

2. 选品技巧

在非活动期，每天（或3～5天）分享一款商品（主要为高利润商品或未团购过的新品），关注用户反馈，利用调研问卷收集用户意向。活动期间分两个阶段：第一阶段是本期团购商品；第二阶段是挑选后的部分商品，作为补充展示但不参与本次活动，如果多数用户表示感兴趣，可在活动结束后临时加入团购，利用活动热度促进转化，或者进行锁客活动，销售或赠送定金券，促使用户参与下期优惠团购。

3. 活动策划

在活动开始前，详细策划活动流程，主要包括以下内容：

（1）引流活动策划：根据活动规模、成本预算等，规划引流活动。可以通过邀请用户进群获取奖励、团购定金券获取奖励、活动期间社群打卡获取奖励等方式吸引用户。引流活动也可通过营销页面发起，并记录用户参与数据，为奖品发放做准备。

（2）团购商品上架排序：在团购活动中，商品上架顺序很关键。有时相关商品按顺序上架能增强用户购买欲望。同时，将用户更关注的商品放在后面，可以延长关注时间，提升其他商品的曝光率。

（3）活动规则策划：规划整个活动流程，分配时间节点和跟进人员，并传达给每位工作人员。同时，制定活动参与规则，如购买数量、次数、上架时间、团购人数限制等。

（4）商品宣传策划：包括商品宣传所需物料、发布时间点、发布顺序等的策划。

（5）营销活动策划：在团购活动中插入一些小型营销活动，如拼团有奖、达到一定人数返下次活动优惠券、定金优惠、领用优惠单品、下单赠品等，提升转化效果。

（6）结团后续策划：结团后，准备下次活动，并可为本次团购商品返场预定买家秀返图等。同时，对本次活动进行复盘，根据数据总结优劣之处，为下次活动提供数据支持。

（7）人员准备：社群团购活动通常需要运营、客服和气氛组三类人员（如图6-10所示）。活动开始前，需安排好所需人员，以避免人手不足造成问题积压或回复不及时，影响活动效果。

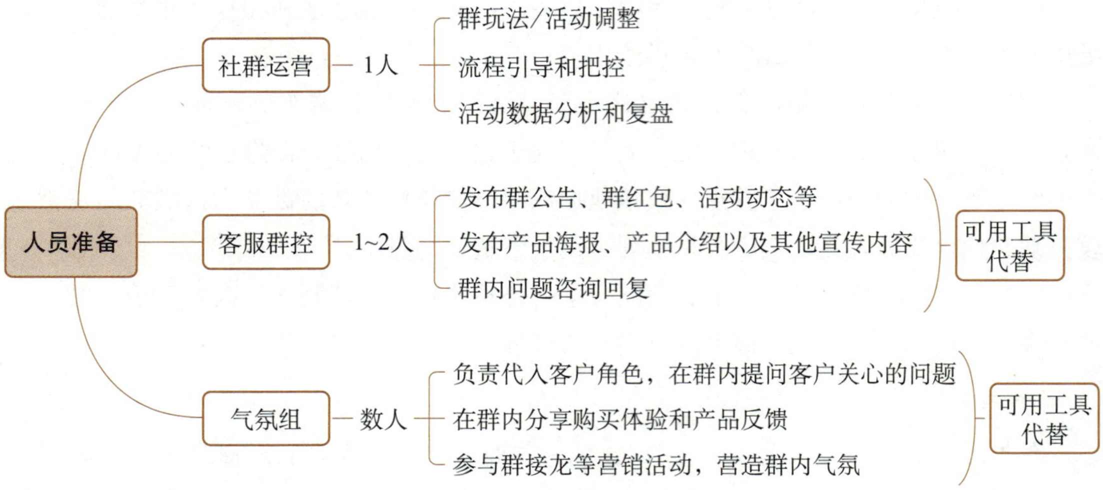

图 6 - 10　人员准备

(二) 预热

预热阶段（一般为活动前 2～3 天）的目标是引起用户关注，让用户持续关注本次活动。预热阶段具体工作如下：

(1) 准备活动物料，包括活动推广文字、图片、视频资料，如图 6 - 11 所示。

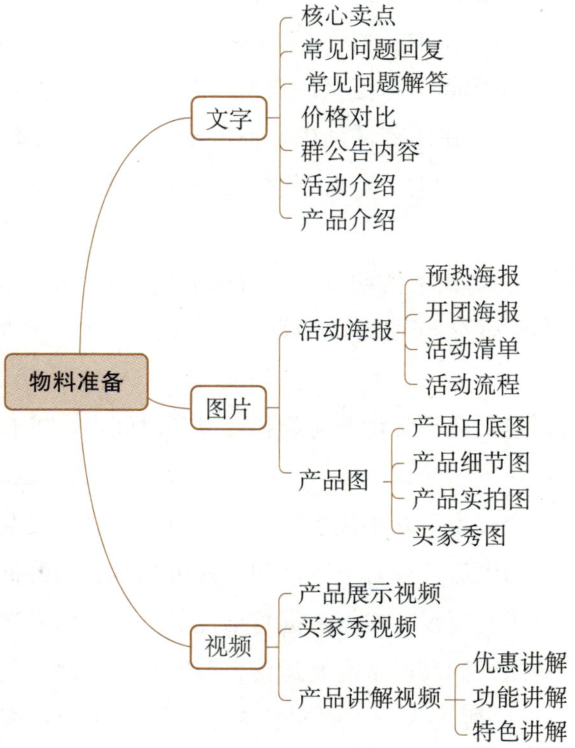

图 6 - 11　物料准备

（2）预热活动流程：

1）发布群公告：在活动开始前适当时间发布群公告，明确团购活动内容，并附上团购商品介绍链接。

2）发布倒计时海报：可采用倒计时海报提示活动开启时间、规则等。也可展示部分明星商品，吸引用户关注。

3）发布活动文字介绍：以文字形式介绍本次活动的参与方式、途径，配合海报展示完整的活动细节。

4）分享团购商品图片或小视频：展示商品外观、局部细节、搭配效果，用适宜的文字展示商品优点、整体效果。

5）预热活动介绍：在预热期间，对活动进行介绍，引导用户分享，锁定用户，提高活动转化率。

（3）制定预热活动时间安排表，如表 6-2 所示。

表 6-2　预热活动时间安排表

<table>
<tr><th>时间</th><th>工作</th><th>具体内容</th><th>备注</th></tr>
<tr><td>开团前 3 天每天早上 8 点</td><td>发布群公告</td><td>1. 开团时间介绍
2. 活动介绍
3. 参团商品介绍（链接或图文）</td><td rowspan="4">1. 图片用手机 App 做成长图，一到两列均可，不多于 8 张
2. 务必配上文字说明
3. 一个团购商品做一张长图，每次发不多于 3 张
4. 每张图大小不大于 2M
5. 团品目录单独做成一张长图</td></tr>
<tr><td>开团前 3 天每天早上 9 点</td><td>倒计时海报</td><td>每天一张，显示倒计时天数</td></tr>
<tr><td>开团前 3 天每天早上 9 点、下午 3 点</td><td>发布预热海报</td><td>通过海报展示主打团购商品、主要卖点</td></tr>
<tr><td>开团前 3 天每天晚上 7 点</td><td>分享团购商品美图</td><td>1. 团购商品目录
2. 团购商品实拍图/短视频（图内外配上文字介绍）</td></tr>
</table>

团购预热时间一般为 2～3 天，不宜过长也不宜过短。预热阶段主要工作是通过答疑、分享等方式解答用户的疑问，引起用户的购买欲望。

（三）正式开团

（1）正式开团仪式：发布群公告、开团海报、详细活动信息、团购价格（商品目录图），可通过发群红包的形式吸引群成员关注、参与活动。

（2）团品介绍分享：先由气氛组活跃气氛，然后从商品的功能、细节、质量、价格、优惠等角度进行介绍，使用专业术语，配以通俗解释。介绍内容要丰富，展示商品外观、功能、质量、售后等多个方面，消除用户疑虑，建立用户信任。

（3）日常管理：分配人员，持续关注群内动态，及时解答问题，处理突发事件。

开团转化时间安排表如表 6-3 所示。

表 6-3 开团转化时间安排表

时间	工作	具体内容	备注
第1天8点	发布开团群公告（活动详细介绍）	群公告内容：活动周期、活动详细介绍、团购参与流程、下单渠道	
第1天9点	1. 发开团海报 2. 发群红包 3. 发团品清单 4. 活动流程预告 5. “气氛组”带节奏、感谢群主、提2个以上问题	三张图（开团海报、团品清单图、活动流程预告图）；一段文字（宣告正式开团、欢迎语、邀请关注活动）；发红包	气氛组的任务是带节奏、活跃群气氛、引起群内成员的关注、促进用户参与和成交（在每一个黄金时间点，都需要互动20分钟以上）
第1天15点	气氛组提问，发起第一次群接龙	气氛组的提问集中在本次活动的主打团品上，可咨询1～2款团品的相关疑问，回答尽量图文并茂	1. 气氛组发起接龙 2. 接龙的成团条件不宜过高，比如5人团较为合适 3. 成团的优惠要有吸引力
第2天到最后一天的每天9点	晒团品实拍美图、团品目录，用户晒订单、晒图	1. 实拍美图的数量最好控制在2张长图 2. 团品目录图1张	鼓励已下单用户“晒”订单图（不强求），可以给“晒”单的用户发小红包
第2天到最后一天的每天15点	老用户、气氛组分享团品反馈、使用体验，气氛组活跃气氛	倒数2天必须有内容分享，其他时间量力而行	分享时长控制在20分钟左右，气氛组参与讨论
日常回复（时刻）	回复用户问题，跟进用户的需求，特别注意特殊问题、负面问题的处理	提前准备部分常见问题的回复，用户发问后如果没有继续提问，应该主动向用户了解他的想法，根据他的实际需求推荐合适的团品。特殊或负面的问题，如果不适宜在群内回复，可私加好友进行友好答复	主动跟进用户不代表死缠烂打，要在充分了解用户需求的情况下进行推荐，不可推荐用户完全不感兴趣的团品，以免造成用户反感
气氛活跃时	及时进行群接龙，发团品清单目录，发团品介绍链接		在气氛较为活跃时，可以适当进行群接龙，或者发团品介绍链接、清单目录等，以增加团品的曝光，在用户不主动要求的情况下，10分钟内不重复发送

（四）结团后维护

结团后，举行结团仪式感谢用户支持，预告下期活动，维护本群提供的后续价值。整理活动资料，引导用户持续关注群空间等历史信息保留区。结团后具体工作时间安排如表6-4所示。

表 6－4　结团后具体工作时间安排

时间	工作	具体内容	备注
结团后第 1 天 9 点	发群公告、群红包，进行本群后续价值反馈	通过群公告正式感谢用户支持，告知用户群后续如何安排、如果有活动怎么进行活动预告等	
结团后 3 天内	整理好本群活动的相关资料并公布，同时引导用户关注群空间等历史信息保留区	在群空间内整理历史信息或者较为完整的活动资料及团品介绍文档，以方便用户回顾	
每周 1 次	好物分享、晒图活动、优惠券发放、免费试用	分享和晒图活动可以间隔进行，每次活动都可以搭配优惠券发放，促进非活动期用户的了解和购买，在下次活动前可以举办免费试用活动，为活动选品提供参考	
随时	用户咨询回复、售后服务	视具体情况而定	

多学一招

快团团小程序开团流程

一、快团团说明

团长可以通过快团团发布团购销售的产品，顾客可选择自提或快递模式，自提适合小区周边落地配，快递则可覆盖更多顾客群体。

二、开团操作步骤

(1) 进入快团团小程序，点击“一键开团”，点击“创建普通团购”，如图 6－12 所示。

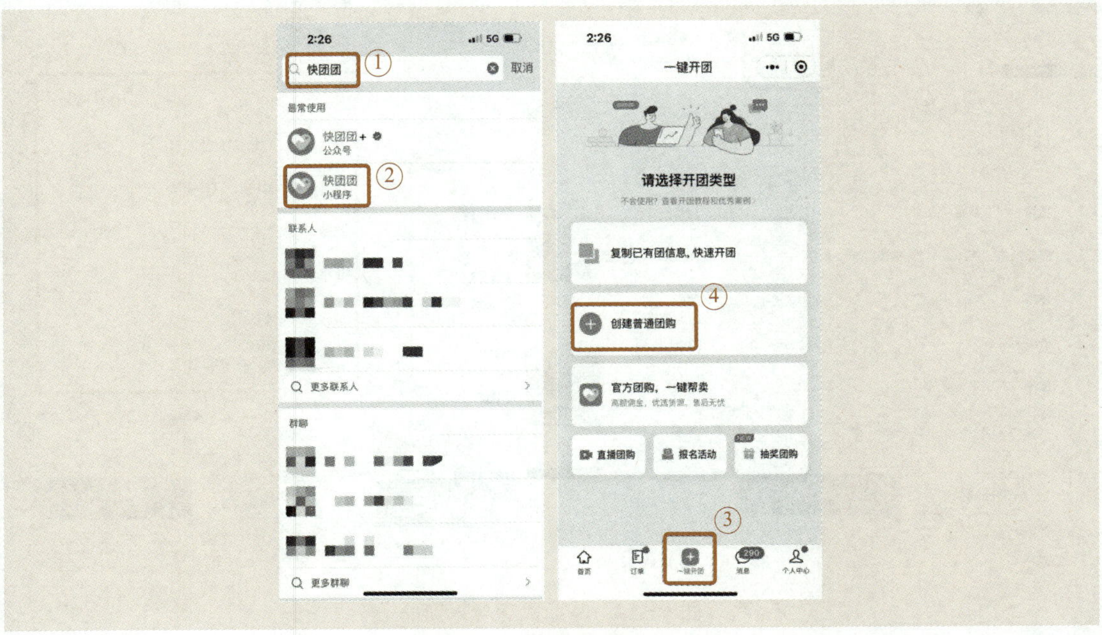

图 6－12　创建普通团购

(2) 依次填写团购介绍、团购商品信息、团购设置规则，点击“发布团购”，如图6-13所示。

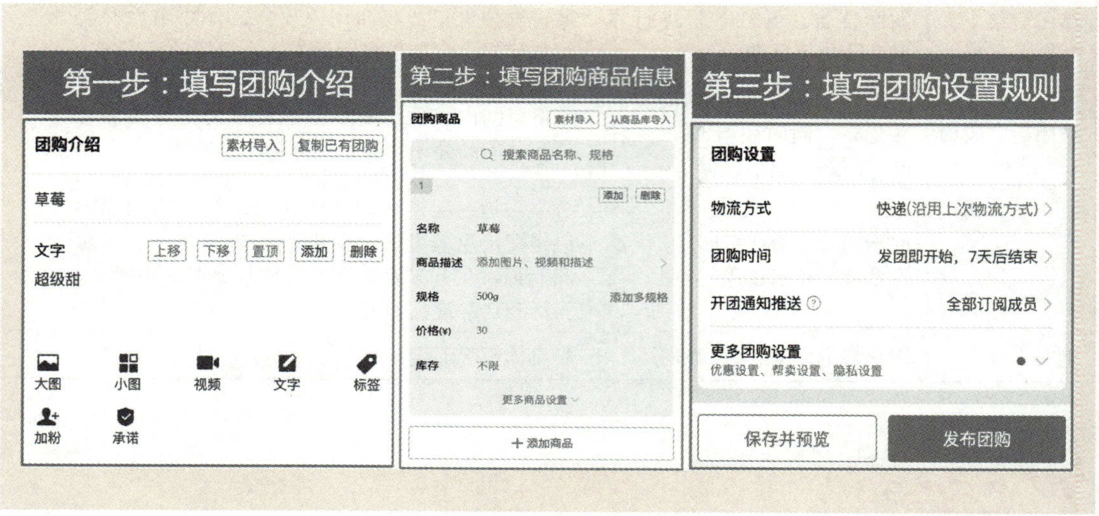

图6-13 填写相应内容并发布团购

三、其他重要功能说明

(1) 可以从商品库导入商品，如图6-14所示。

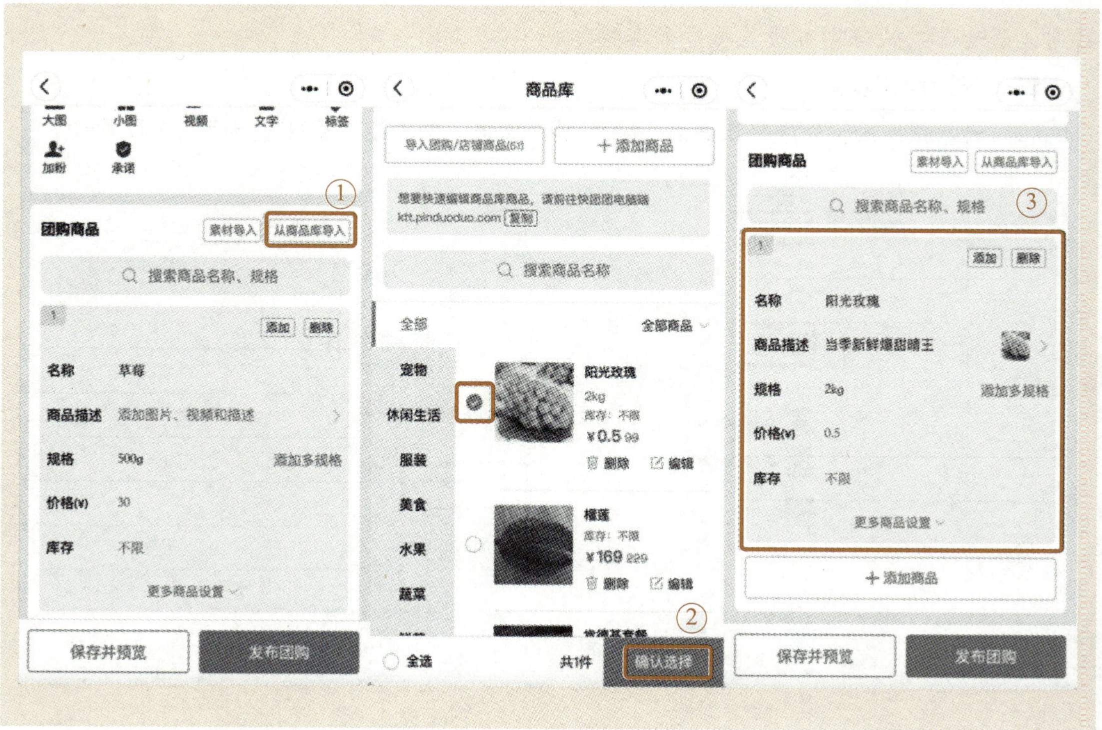

图6-14 从商品库导入商品

（2）可以从相册素材导入商品，如图 6－15 所示。

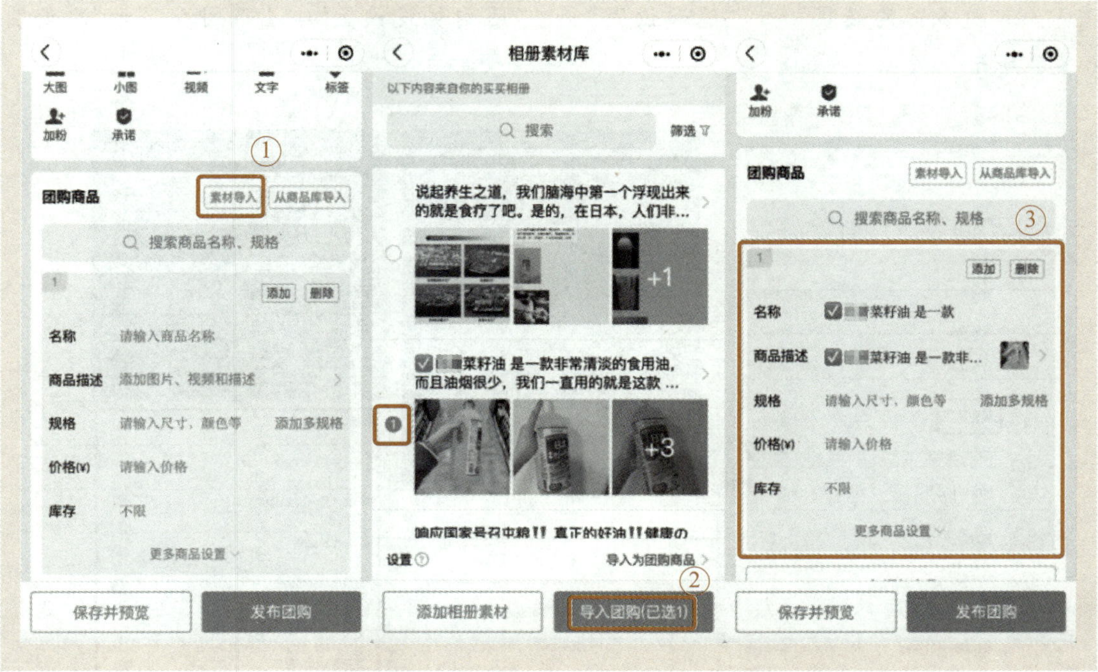

图 6－15　从相册素材导入商品

（3）可以设置团长帮卖，路径为：“团购设置”—“更多团购设置”—“帮卖设置”—“复制我的团进行帮卖”，在“复制帮卖设置”页面设置佣金比例，选择佣金发放方式，如图 6－16 所示。

图 6－16　设置团长帮卖

(4) 可以设置团购的展示与转发权限、跟团用户显示的信息，路径为：“团购设置”—“更多团购设置”—“隐私设置”—“团购转发设置”/“跟团人显示”。如图 6-17 所示。

图 6-17 设置团购的展示与转发权限以及跟团人显示的信息

五、社群直播

社群直播前需要进行社群团队和直播团队配置，如表 6-5 所示。

表 6-5 社群团队和直播团队配置

团队	岗位	岗位职责
社群团队	日常运营	新人引导；简单问题解答；配合互动
	活动运营	抛出用户关心的问题；配合互动；营造购买氛围
直播团队	主播	熟悉产品；介绍、展示产品；复盘直播内容
	副播	抽奖互动；展示产品；回答粉丝问题；协助进行直播
	场控	上架产品、发布优惠信息；发布红包公告、评论抽奖送礼；产品改价、改库存；提醒主播节奏、提醒主播话术；数据临时调整
	客服	盘点订单、会员维系；物流打包发货；售后服务；数据复盘

（一）直播前准备

1. 积累种子用户

利用公众号推广、视频等手段吸引用户进群，视频内容要尽量贴近用户的需求，同时每一期视频都要挂有入群链接，目的是将目标用户沉淀到社群中。

2. 企业微信配置

进入工作台，点击“视频号”→“在视频号展示「添加企业微信」”，如图 6－18 所示。

企业微信配置完成后，工作人员可以在“链接”中选择添加配置后的企业微信名片，如图 6－19所示。直播过程中，任意时间都可以推送企业微信名片，引导用户添加；用户点击后，即可添加企业微信，沉淀私域流量。

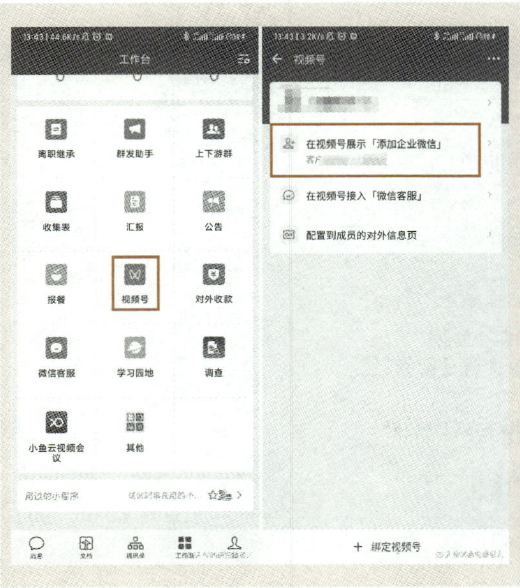

图 6－18　企业微信配置

图 6－19　添加企业微信名片

（二）直播转化＋社群沉淀

1. 直播前预热

在直播开启前，可以通过一些福利活动促使用户从社群进入直播间，提高用户活跃度。如图 6－20 所示。

同时，可以同步播报福利预告，剧透直播卖点，提醒用户预约、收看直播，比如“××直播间派发××个红包”，引导群里的用户跳转至视频号。如图 6－21 所示。

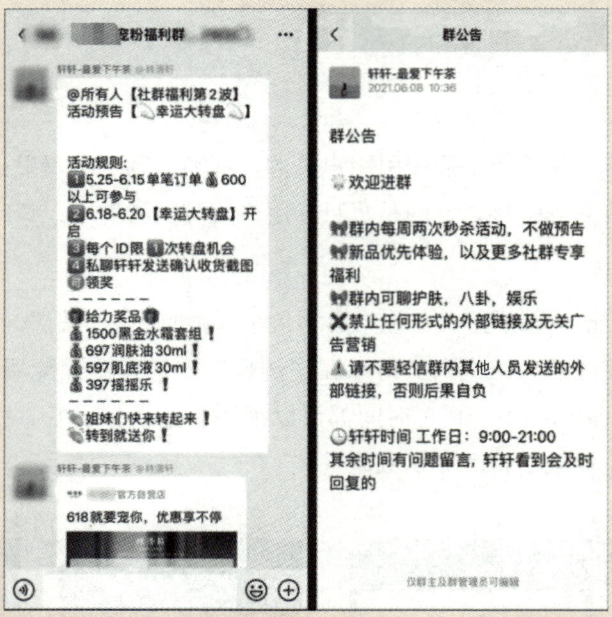

图 6－20　直播前预热

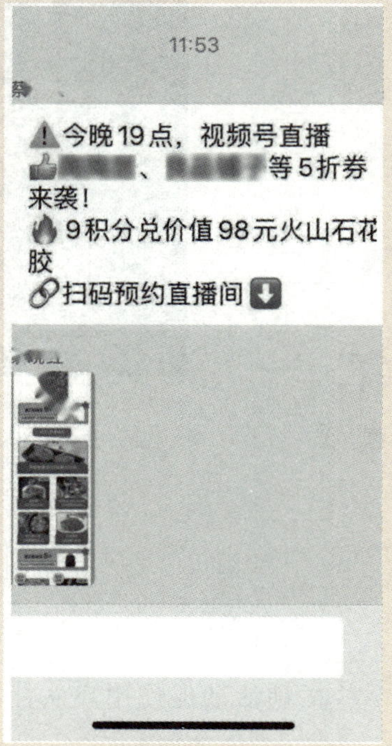

图 6－21　直播前福利预告

2. 直播中转化

直播可以做转化，社群也一样可以做转化，福利不要局限于视频号直播中，商家在直播时，还可以将福利活动转发在社群中促进转化。如图 6－22 所示。

在社群中分享直播限时抢购商品、优惠券抢购、专属社群福利商品等，如图 6－23 所示。

图 6－22　将福利活动转发在社群中

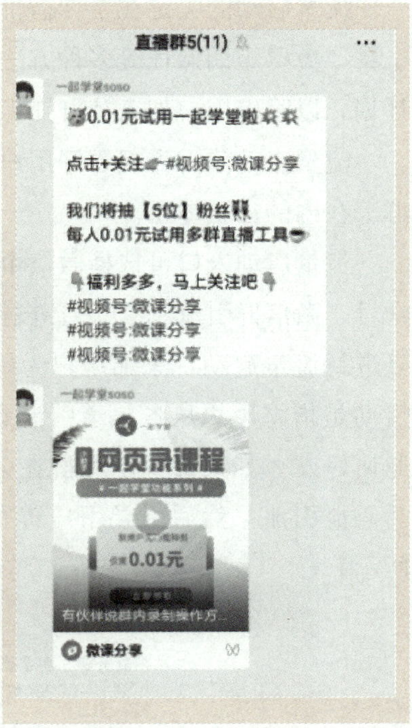

图 6－23　转发视频号内容引导转化

3. 直播后留存

直播结束后，可以对本场直播进行总结与回顾。在视频号助手的数据中心找到“直播数据”→“单场数据”，查看数据详情或直播回放，结合人数、互动等的变化，进行分析复盘。对直播中的重要信息、重要产品进行再次宣传，活跃社群的同时促进直播后留存。还可以在社群中进行话题分享与互动、问卷调查等，比如“你最喜欢直播间的什么福利”等，根据获得的信息为下一次直播调整方向做好准备。

六、社群知识付费

社群知识付费是一种商业模式，是指通过在特定社群内以付费形式向用户提供有价值的专业知识、内容、课程或服务来获取收入。这种模式的基础是建立和维护一个热情、活跃、有共同兴趣的社群，使其成为知识传播、交流和商业活动的场所。在社群知识付费中，用户愿意为获取社群内专家、导师或其他成员提供的独特知识和体验支付费用。

（一）社群流量获取

流量启动的关键在于传播价值和吸引目标受众的注意力。可采用社交媒体宣传、裂变工具、免费短期课程等多种方法，根据不同的社群和目标受众，制订切实可行的流量启动计划，以吸引用户加入社群知识付费，体验其中的独特价值。

流量启动前需先规划好用户路径并创建社群，一般需搭建包括引流群、转化群、会员群等在内的社群体系。

流量启动入口可选择微信个人号或引流群。微信个人号启动是指将用户从各渠道如公众号、微信群引流到个人号进行裂变，或者直接拉入微信群。如某辅导学习群就常用个人号进行流量启动，添加用户为好友后依靠个人号裂变工具，利用诱饵促进裂变。引流群启动是指将用户从各渠道引流到引流群后，采用福利等方式提醒群内用户转发或者直接邀请好友。如某课程学习群在公众号和已经结束课程的微信群以免费送课的方式直接往活码群引流，然后引导用户转发，帮助其实现流量的短期增长和循环利用（如图 6－24 所示）。

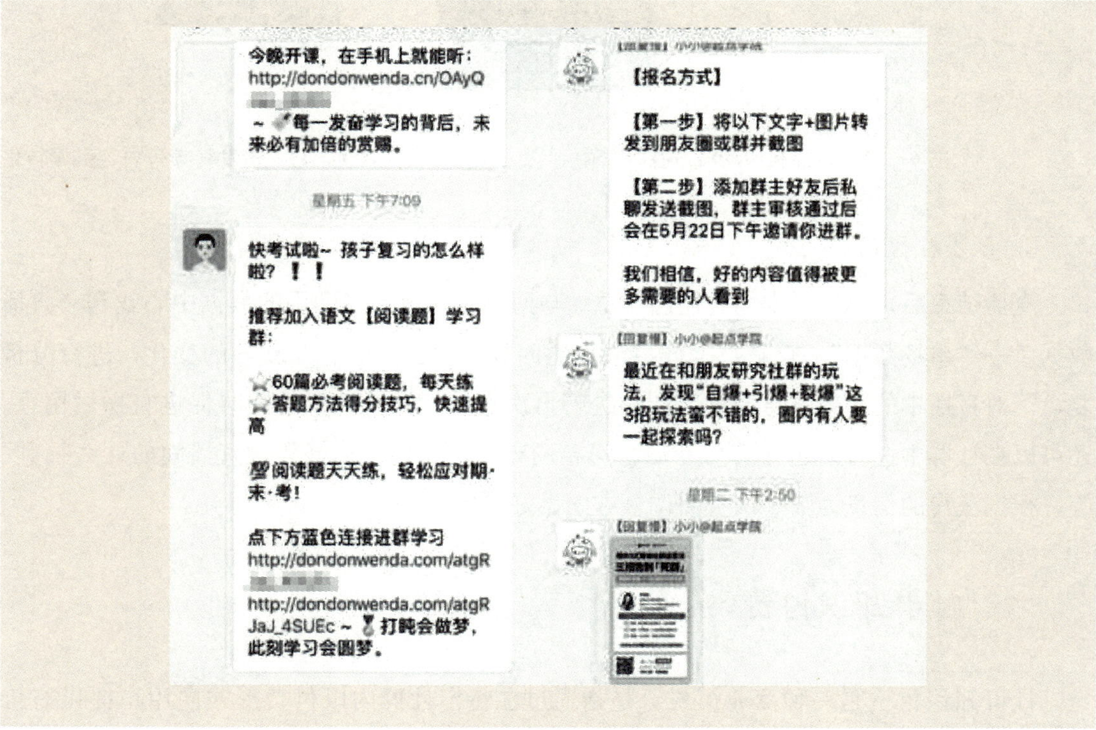

图 6－24　引流群启动

（二）新成员沉淀

在进行引流群向转化群留存时最好能进行用户分群，尽量给用户打上标签，便于定期向不同需求和特点的用户推送相应内容，达到更高效精准的转化效果。

1. 进群引导

用户进群后，采用群公告等方式让用户了解群功能、群规则、群福利、需要完成的动作，防止用户沉默甚至流失。如某英语学习群在拉用户进群后，会以公告的形式告知用户课程介绍、学习安排、学习福利、报名方式、学习规则等内容，让用户一目了然。如图6－25所示。

2. 福利发放

用户进群一般是为了领取福利，福利可以通过群机器人根据关键词自动发放，也可以在用户加群管理员个人号后由群管理员个人号发放。群管理员个人号发放更方便沉淀用户和直接转化，但成本较高。如某英语学习群在用户进群后会告知回复不同关键词可以获得不同的资料、文章、讲座和课程，效果很不错，并且提高了运营效率。再如某辅导学习群对新进群用户进行资料领取的提醒，并推送个人名片。如图6－26所示。

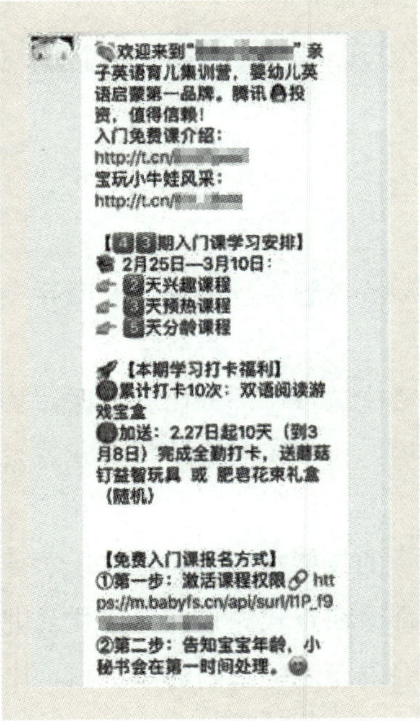

图6－25　进群引导

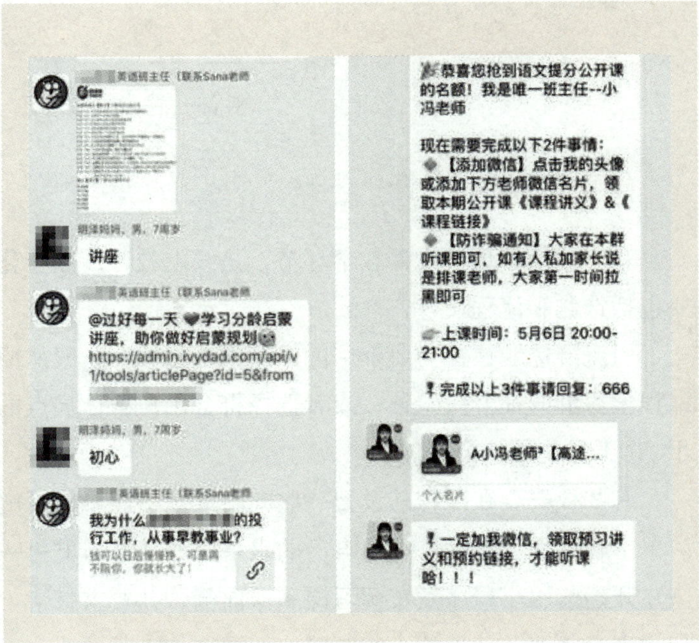

图6－26　福利发放

（三）开课仪式

开课仪式的常规流程是先提前1～3天进行倒计时预告，引起群成员注意，然后当天正式举行仪式。预热内容一般包括课程、老师、学习安排、行为规则、行为奖励、上课方式、有效期限等常规内容的介绍。如图 6 - 27 所示。

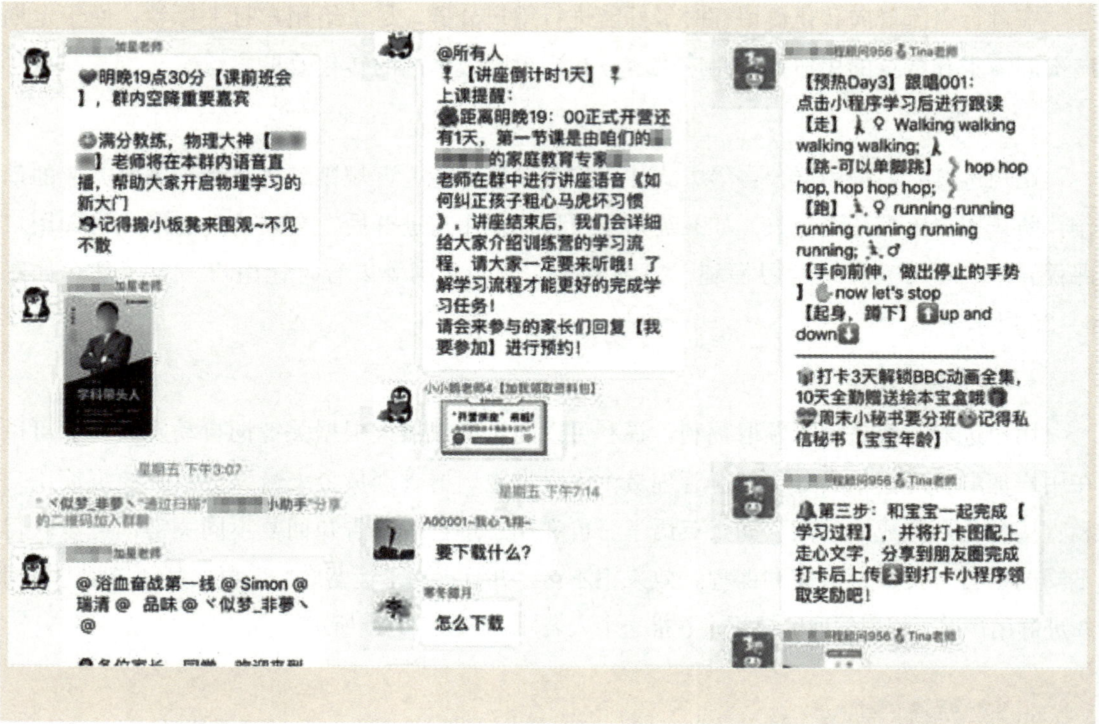

图 6 - 27　开课仪式

（四）教学环节设计

基于微信群环境设计教学环节，是线上教育产品转化的核心。教学环节设计的内容主要包括选题和流程设计。

引流群选题往往与要推广的产品紧密相关，一般从原课程中选取一部分内容，比如某课程学习群的社群体验营；或者选择符合用户群体痛点的内容，比如针对设计师举办的关于 AI 工具使用的公开课。

有些社群会在课程前设置一些问卷或预习课，以了解学员的技能水平，同时也让学员简单了解课程、老师，以及自己的水平。如某学习群每一次都会在正式课程（包括开营讲座）开始前用小程序发布预习课和课前测，并要求打卡，还会发布老师录制的短视频，比如物理老师演示简单的小实验等。如图 6 - 28 所示。

通过社群或 App 直播上课，优点是用户体验好、方便互动，非常利于转化，在整个课程期间，运营者每天都会通过@全员、私聊等形式提醒用户上课、查看回放、提交作业，甚至解答问题。另外，录播解锁也是比较常见的课程形式，多用于绘本、儿歌等语言类教育产品，比如某英语学习群将某课程分成八天，每天解锁一节，除第一天是学前必读外，后面每一节都分成“磨耳朵”“学单词”“学句子”三个环节，每学完一个小环节才能解锁下一个小环节。如图 6－29 所示。

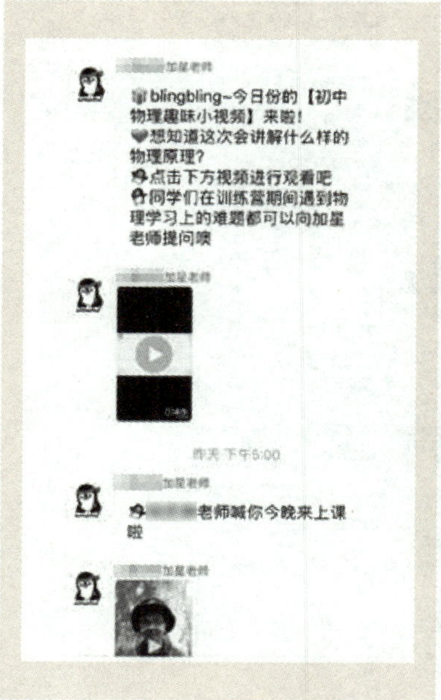

图 6－28　预习课

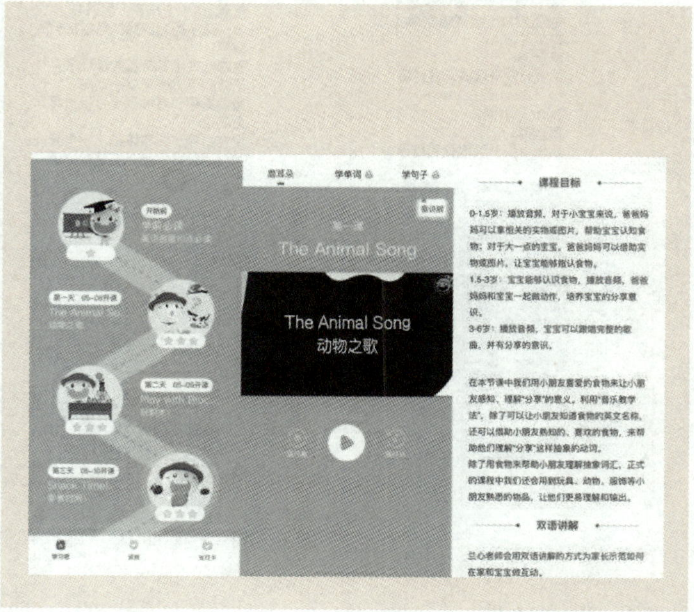

图 6－29　录播解锁形式

直播或录播课程上完后要留下知识点复习任务和课后作业。课后作业的常见形式是引导用户在小程序中完成习题，或者让用户完成作业后拍照或录视频发到群内。还可以设置打卡环节，用以证明用户完成了课程的学习，并且生成图片和话术，便于用户转发；有的还设置打卡奖励，进一步刺激用户分享。

（五）营销转化

经过上一环节之后，就要对群成员进行转化了，比如在整个学习活动的开头、中段和结尾进行推广；在直播即将结束时进行推广；在整个活动结束后的较短时间内一对一追单或在朋友圈追单；等等。常见的转化方法有以下几种。

1. 倒计时＋“晒”单

倒计时利用稀缺效应制造紧迫感，可以促使用户采取行动，其表现形式一般为倒计时图片或动态的倒计时时钟，同时发布用户购课的截图，进一步增强紧迫感。如某英语学习群为了推广其精品体系课，就在群内发了倒计时 3 天下架的海报，并以整理名单的名义在群内“晒”出其他用户购课的截图。如图 6－30 所示。

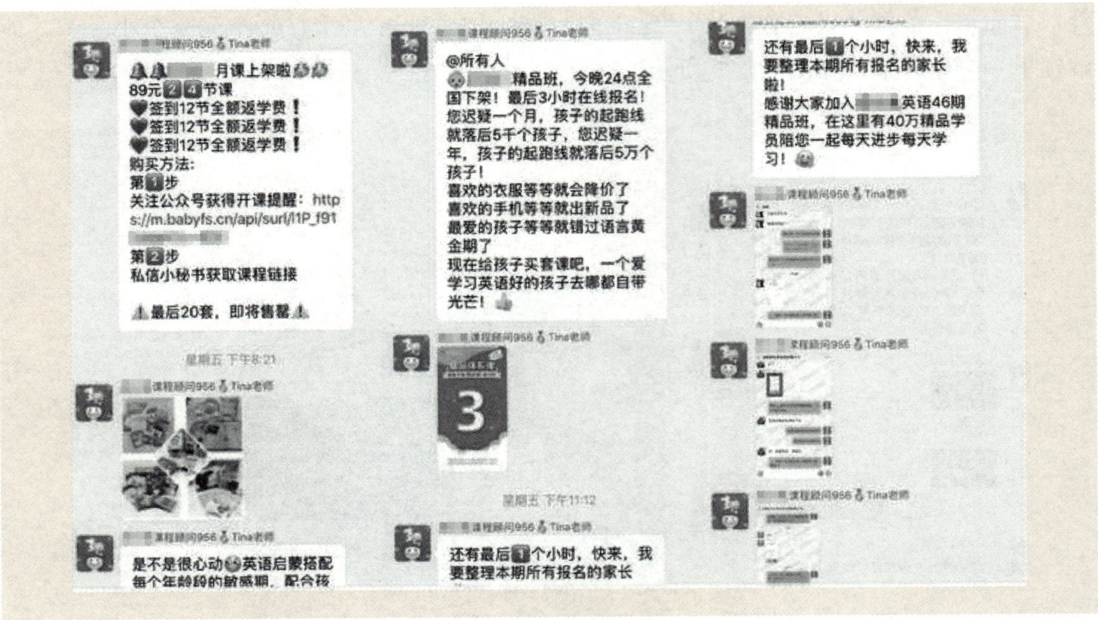

图 6-30　倒计时＋“晒”单转化

2. 用户证明

在微信群的环境中，用户证明多表现为邀请学员进行学习课程后的效果分享，或者官方展示学员的学习成果及学习表现等。如某幼儿学习群在群里请一两位学员妈妈用文字的形式分享孩子学习课程的经历，提升可信度，进而提高转化率。如图 6-31 所示。

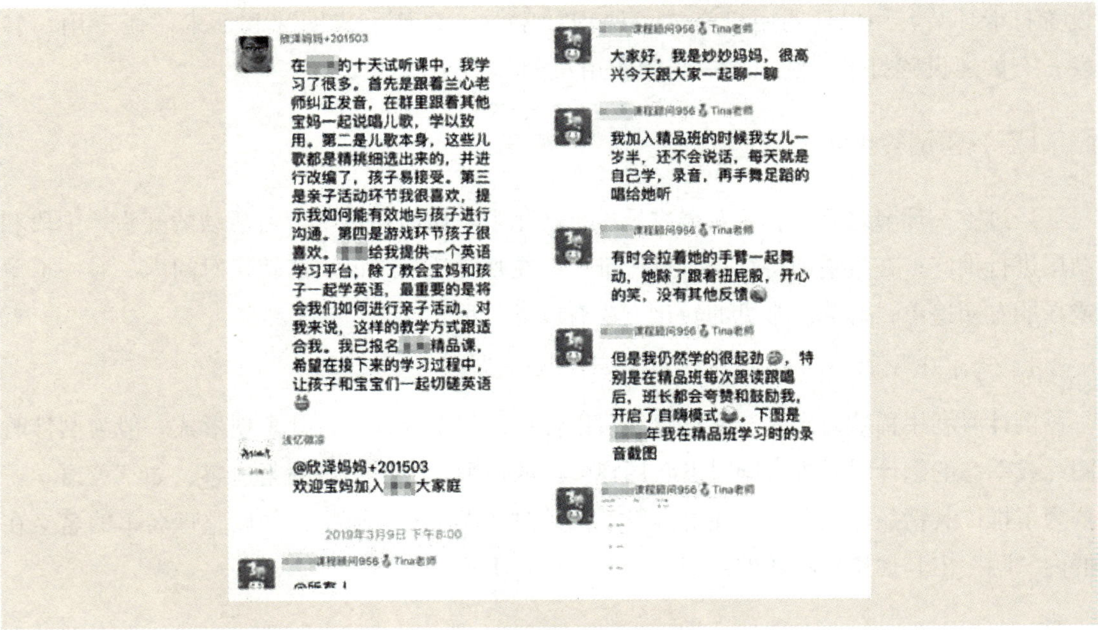

图 6-31　用户证明

3. 权威效应

权威效应即介绍课程中的专业要素，增强说服力，常用于开课仪式和结课仪式的课程推荐环节。群主可发布一系列文字和图片介绍课程老师专业、科班出身，并介绍课程体系参考的标准、采用的科学方法，以及分成几级、几个模块等，以此降低用户决策成本，促成转化。

4. 有奖问答

有奖问答环节的核心在于题目设计要与被转化的课程相关，比如出几道趣味英语选择题让群成员抢答，在后面的话术中就可以直接引出英语课程，让群成员在娱乐的氛围中快速决策，主动询问购买。如某英语学习群在毕业典礼上设计有奖问答环节，群主依序抛出设计好的互动性问题，群成员需要发消息抢答，回答正确率高的可以领奖。如图 6 - 32 所示。

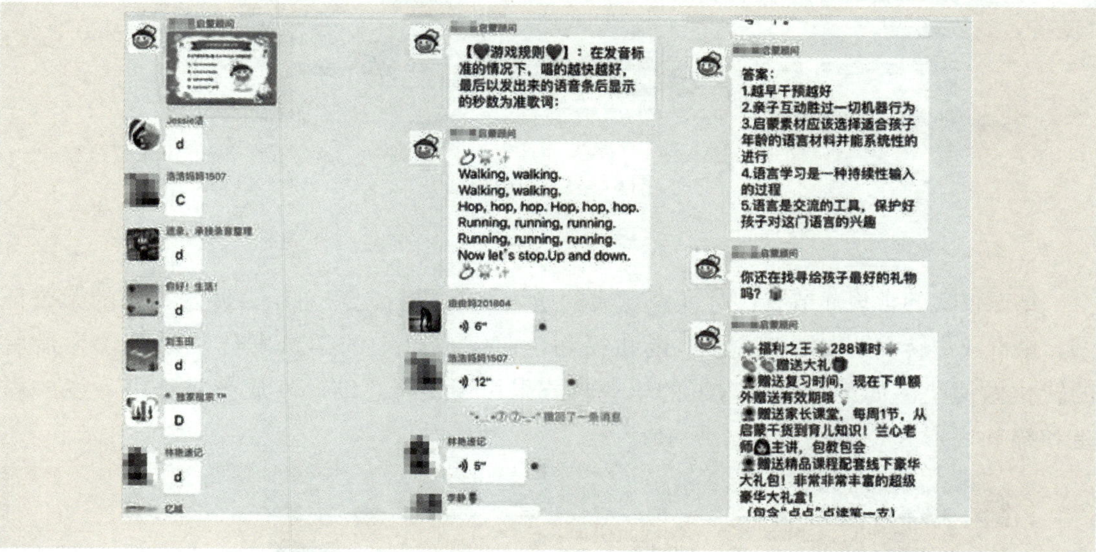

图 6 - 32　有奖问答环节

5. 限时拼团

拼团是一种效果明显、非常适合群体转化的营销玩法，可与利用稀缺效应的营销手段结合实施。其底层逻辑是组团购买能最大限度地降低用户决策成本，让转化快速见效。

6. 购课赠礼

当用户下单付款之后，可采用购课赠礼的形式扩大转化成果。如某英语学习群以倒计时、秒杀等限时手段促使用户下单，然后引导购买者在群内“晒”付款截图，同时回复关键词领取转发海报，用户可凭转发截图找群主领取福利。如图 6 - 33 所示。

除了群中转化外，个人号转化、朋友圈营销、短信触达跟踪也是非常重要的三个促发成交手段。其中，个人号转化一般采用统一群发话术＋海报的形式，或以课程节奏＋限时策略＋制造焦虑的形式进行营销，或根据每个好友的上课表现进行分层管理，采用不同转化手段、不同转化文案，更有针对性地进行转化，实现效果最大化。

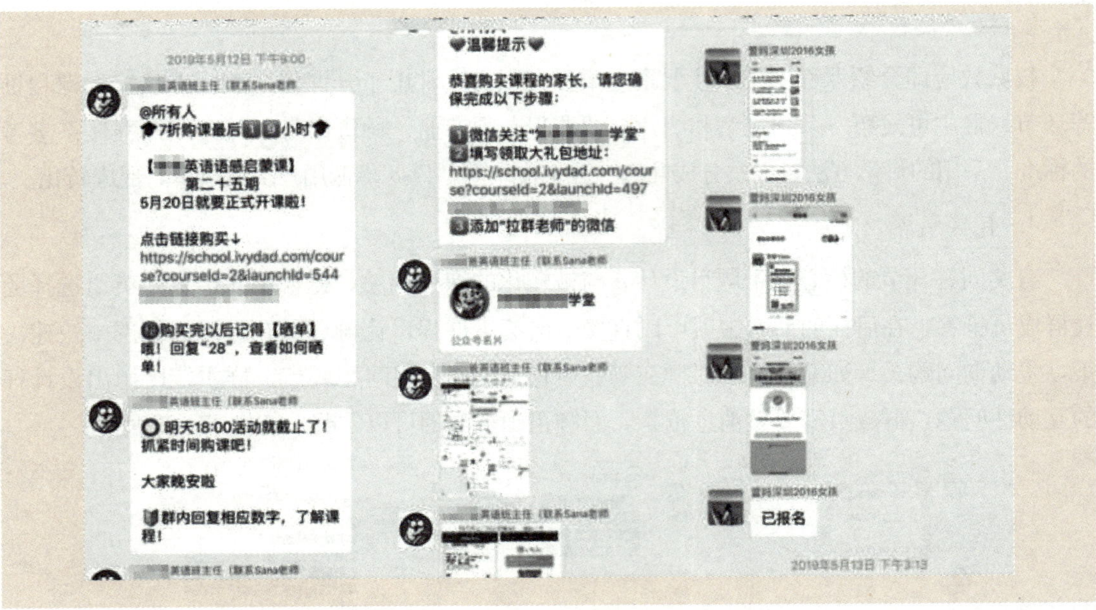

图 6-33　购课赠礼

7. 结课仪式

结课仪式的常规环节有：对过去几天的学习内容进行复习总结，颁发结课的荣誉证书，供群成员转发朋友圈；发布彩蛋和福利，向完成打卡的学员发放奖励等，为最后的转化做铺垫。如某英语学习群的毕业仪式采用了复习总结、发放荣誉证书、发放彩蛋和福利等形式，如图 6-34 所示。

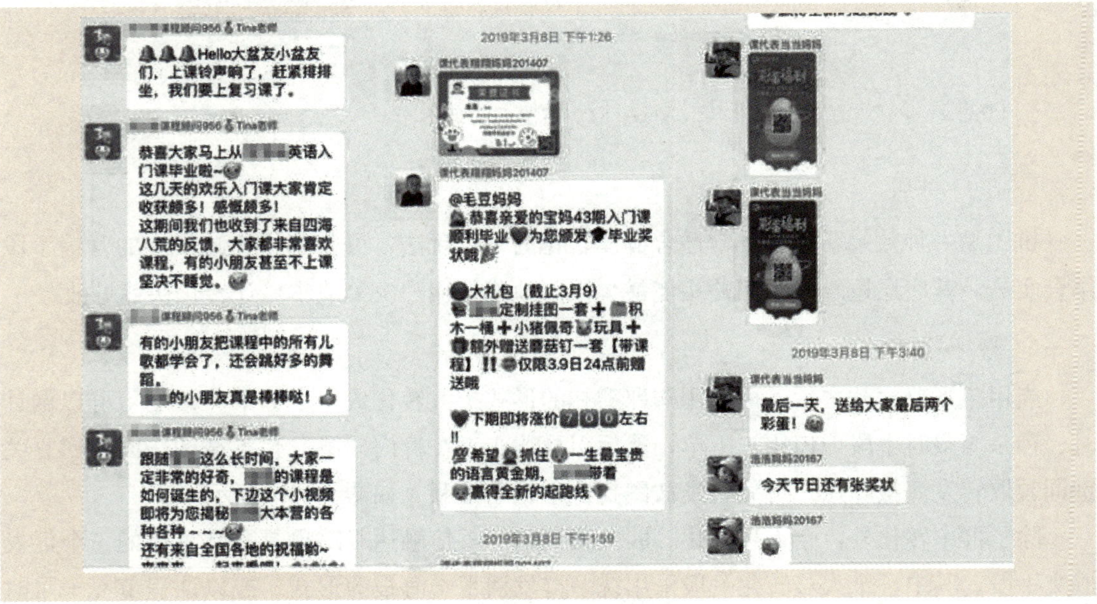

图 6-34　结课仪式

任务二 社群数据化运营

数据化运营是指通过数据化的工具、技术和方法，对运营过程中的各个环节进行科学的分析，为数据使用者提供专业、准确的行业数据解决方案，从而达到优化运营效果和效率、降低运营成本、提高效益的目的。

微课

一、社群运营数据分析

社群运营数据分析的价值包括帮助社群运营者优化决策、降低整体运营成本、协同组织目标与行动等。

（一）如何搭建社群运营数据体系

在整个社群运营生态下，需搭建一个功能完善、查询方便快捷的数据体系供社群运营者使用，使运营者可以快速、准确地判断用户在各环节的转化效果。搭建社群运营数据体系的步骤包括：明确运营目标、搭建指标体系、数据获取、数据分析。

1. 明确运营目标

梳理获取社群目标用户、用户进群、用户沉淀、活动转化各阶段的整体路径，明确各阶段的运营目标及手段。

2. 搭建指标体系

基于业务逻辑漏斗，从结果指标和过程指标入手，结合数据维度，可以搭建出以下社群运营指标体系：

（1）社群用户行为数据化。

社群用户行为数据化的本质是通过拆解用户在社群里的行为，统计得出用户行为的相关数据，然后社群运营者可以根据数据体现的社群运营实际情况，进行精细化管理，提升社群用户的活跃度。用户在社群中的交互行为有很多，最基础的有加群、退群、发言、发红包等，利用第三方社群管理工具进行的有签到、购买和投票等行为。

通过这些行为数据可以直接拆解出每日/周/月入群人数、每日/周/月退群人数、每日签到数、活动参与人数等基础数据，再套入公式及算法，就可以得出人员流动性、社群活跃度、活动参与度等复合型数据。

不同运营目的下的社群，其用户行为是不一样的，要拆解的用户行为也不同。以某公众号运营研究社群为例，用户在社群里的行为包括访问、签到、发言、讨论、引导讨论和分享等，运营者对这些数据进行拆解，得出活跃度、用户黏性、流量变化、分享效果等复合型数据，并加以分析，这样就可以评估社群用户分布情况，知道在社群管理过程中哪部分用户出现了问题并对其进行重点优化。

（2）社群内容数据化。

社群用户行为数据化是对用户行为进行拆解和统计，而社群内容数据化则是把用户在社群里具体产生的内容数量、内容特征等信息转换为数据。

社群内容的统计项主要包括用户发言内容类别、观点趋势、转发分享量、内容的时间分布等，特定运营目的的社群还需要对特定时间段里的发言内容进行统计，这些数据可以拆解为话题排名、观点占比、转发量等数据，从中可以获知用户的喜好和习惯，为进一步完善用户画像和内容选题提供基础数据支持。

以某公众号运营研究社群为例，为了提升社群的内容输出能力，需要让更多的社群成员参与内容输出，所以社群根据用户在一周里的活跃走势图，确定每周二、周四进行话题讨论和分享；同时根据用户在 24 小时内的发言趋势图，确定当天 8 点、13 点、18 点和 22 点这四个时间段发布话题预告。

（3）社群业务数据化。

对于兴趣类、交流类等模式简单的社群，社群运营者可以清晰地知道社群的运营情况和重点需要优化的数据。但对于盈利类社群来说，社群用户数量、活跃度、积极性等数据都是次要的，最核心的是营收数据。此外，推广产品类、提供服务类的社群也是如此，对这些社群来说，提供的服务、创造的营收、推广的产品等都是社群的关键内容，都可以拆解出具体数据，这里把这些数据统称为业务数据。

业务数据包括产品曝光总量、购买用户量、销售额等基础数据，以及用户留存率、复购率、用户满意度等复合型数据。不同社群的业务数据差异极大，甚至同类型的数据在不同社群会有完全不同的数值。这意味着社群运营者不能简单地通过对比来分析社群的业务数据，必须结合自身实际情况，并考虑地域、用户类型、用户购买力等参数，来进行分析判断。

社群运营数据维度参考如表 6-6 所示。

表 6-6　社群运营数据维度参考

方式	数据分类	数据维度参考
拉新	活动引流	阅读人数、落地页访问 UV 与访问率、分享人数、回流人数、企微添加人数与添加率、新用户数、老用户数、新客占比、获客成本、投入产出比等
	渠道转化率	渠道梳理、曝光量、阅读量、点击量、参与数、添加人数、转化人数、付费客单价等

续表

方式	数据分类	数据维度参考
运营	用户运营	用户规模、触点用户数（进群人数、退群人数、进群率、发言人数、社群活跃人数、删好友人数、留存数、私聊人数、回复人数、评论数、互动频率）、用户等级等
	运营内容	内容质量：阅读数、活跃人数、互动率； 内容传播：分享人数、分享次数、下载数； 内容转化：付费人数、付费金额、活跃人数
	用户分层	活跃用户、沉默用户与流失用户，会员与非会员，付费与未付费等
转化	成本与收益	产品成本、补贴利率、销售额、产品销量、商品毛利、营销占比、每用户平均收入（ARPU）、ROI、GMV 等
	付费转化	业绩指标：商品毛利、营销占比、ARPU、ROI、GMV、会员数、非会员数； 商品指标：商品组合、类型、件数、付费人数与金额、订单数、客单价、首单人数与金额、首单转化率、复购人数与金额、ROI、复购频次

3. 数据获取

社群数据琐碎且难统计，社群运营者可通过平台提供的应用或第三方工具来获取社群数据。

（1）后台数据获取。如果需要分析的数据已经显示在新媒体平台后台，则无须花费时间进行收集，直接在后台复制或下载数据即可。例如微信公众号用户数据、微博阅读数据、小红书粉丝数据等。

（2）第三方数据获取。当平台的后台无法对某项数据进行统计时，可以借助相关工具，在授权后利用第三方工具进行数据收集，有些数据则需要付费获取。

（3）人工手动统计。如果需要分析的数据无法从平台后台和第三方获取，则需要数据分析人员手动统计，便于整合分析。

多学一招

企业微信数据管理功能

1. 联系客户统计

联系客户统计是企业微信客户联系下的一个工具，提供衡量企业成员添加客户、与客户聊天、客户流失情况的相关数据，满足企业分析、考核成员联系客户情况的需求。

业务负责人和超级管理员在手机端进入工作台，点击“客户联系”，再点击“联系客户统计”，就可以看到管辖范围内的成员数据。如图 6－35 所示。

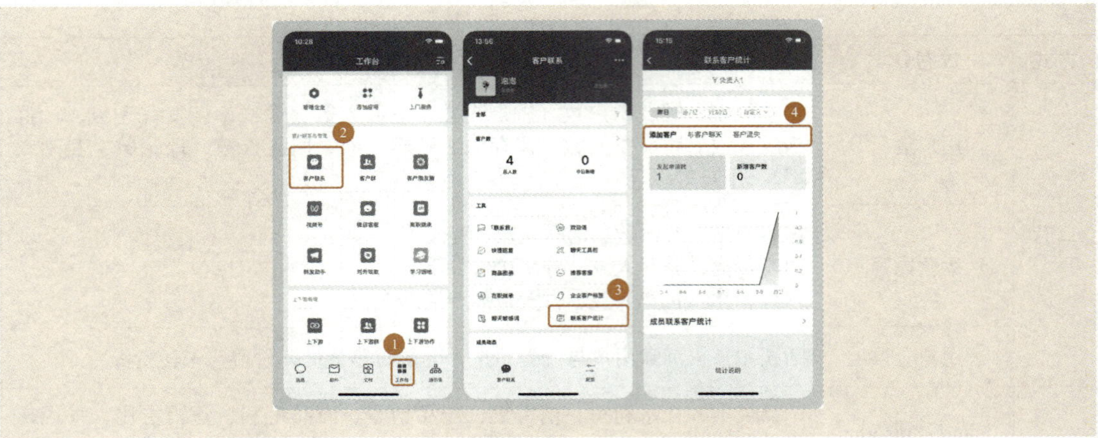

图 6-35　联系客户统计

2. 群聊数据统计

管理员在手机端进入工作台，点击“客户群”，再点击“群聊数据统计”，就可以查看管辖范围内成员的客户群相关数据，也可登录电脑端获取。客户群中的文本、图片、视频、链接、小程序消息会被纳入，系统消息及语音通话、入群邀请不会被纳入。群聊数据统计可导出为 Excel 表格进行分析。如图 6-36 所示。

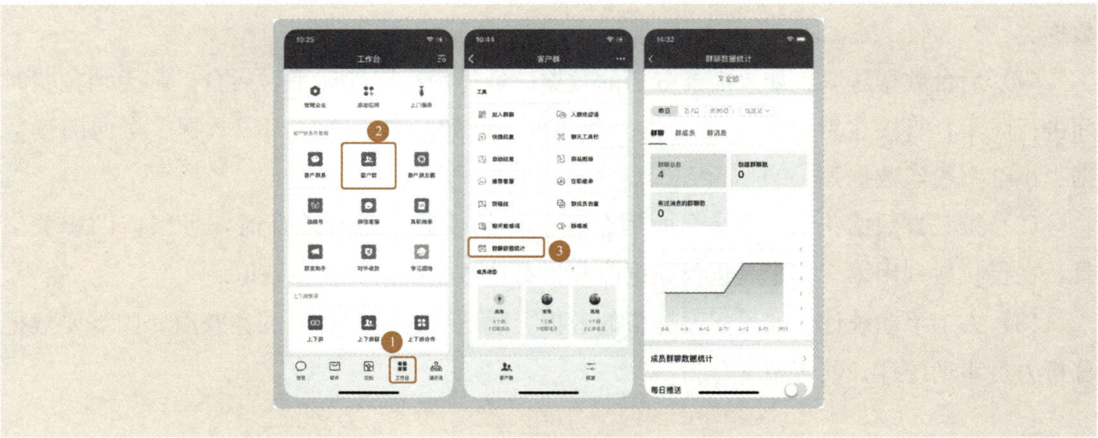

图 6-36　群聊数据统计

3. 一周小结

一周小结是为管理员、管理者、成员汇总的一周使用企业微信的情况。设置路径为：“管理后台”→“管理工具”→“一周小结”，如图 6-37 所示。一周小结的内容包括成员一周小结、部门使用小结、企业使用小结。成员一周小结的内容主要包括处理工作聊天次数、一共花了多长时间、最晚工作时间。部门使用小结会显示上周部门使用率以及未使用人数，未使用成员指的是一周内未登录过企业微信 App 的成员，点击“通知未使用的成员”可以查看具体名单。企业使用小结主要是统计上周企业内使用率以及未使用人数。

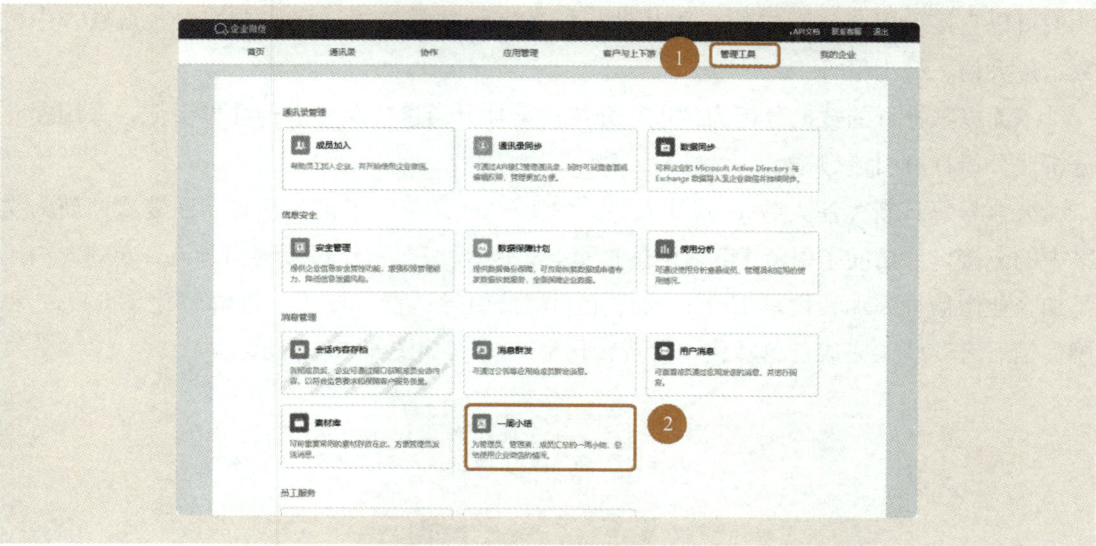

图 6-37　一周小结

4. 数据分析

进行数据分析，首先要进行数据预处理，即在对所收集的数据进行分类或分组前做审核、筛选、排序等必要的处理。数据预处理，一方面是为了提高数据的质量，另一方面也是为了适应数据分析的软件或者方法。

其次要选择合理的数据分析方法开展数据分析。常用的数据分析方法如下：

(1) 对比分析法。对比分析法，是将两个或两个以上的数据进行对比，分析其差异，进而揭示这些数据所反映的规律。

(2) 漏斗分析法。漏斗分析法能够科学反映用户行为状态，以及从起点到终点各阶段的用户转化率情况，是一种重要的分析模型。漏斗分析法已经广泛应用于网站和 App 的用户行为分析中，例如流量监控、客户关系管理、SEO 优化、产品营销和销售等日常数据运营与数据分析工作。

(3) 留存分析法。留存分析法是一种用来分析用户参与情况和活跃程度的模型，考查的是在进行初始行为的用户中，有多少人会进行后续行为。从用户的角度来说，留存率越高说明产品对用户的核心需求把握得越好，所转化的产品活跃用户也会越多，最终能帮助公司更好地营利。

(4) 分组分析法。分组分析法是指根据数据分析对象的特征，按照一定的标志（指标），把数据分析对象划分为不同的部分和类型来进行研究，以揭示其内在的联系和规律。

(5) 矩阵分析法。矩阵分析法是指将事物（如产品、服务等）的两个重要属性（指标）作为分析的依据，进行分类关联分析，从而找出问题的一种分析方法，也称矩阵关联分析法。

(6) 指标分析法。在实际工作中，当拿到一些可视化数据图表或者是 Excel 表格时，我们可以直接运用统计学中的一些基础指标来进行数据分析，比如平均数、众数、中位数、最大值、最小值等。

下面以某社群的数据分析为例进行介绍。某社群通过公众号进行社群引流，采用漏斗分析法分析社群引流数据。

公众号每日新关注人数 12 000 人，其中 10 000 人点击了被关注自动回复欢迎新人文案中的链接，并访问了引流 H5 活码落地页，访问率 83%；经过页面引导有 1 000 人扫码添加企业微信，添加转化率 10%；通过企业微信引导进群 600 人，进群转化率 60%；私聊促销后有 500 人完成首单转化，付费转化率 83%。如图 6－38 所示。

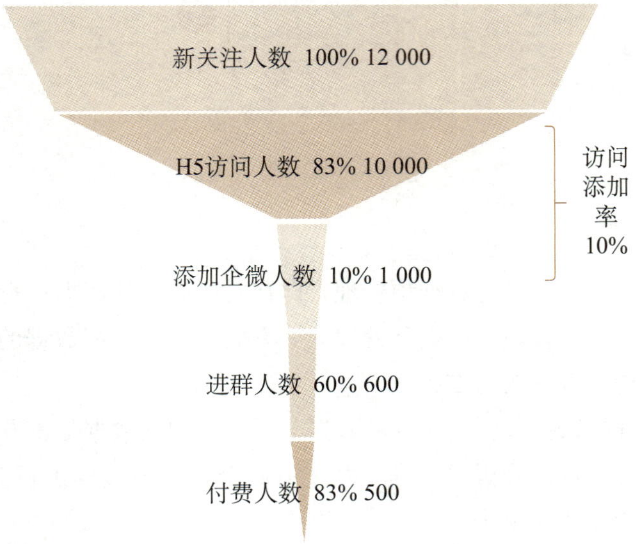

图 6－38　漏斗分析法案例

运用漏斗分析法，分析从起点到终点各个阶段用户的转化率情况，发现其核心问题为访问添加率较低，参考行业平均水平，访问添加率在 20%～30%为一般水平，30%～50%为合格，50%～70%为优秀，可见该公众号的访问添加率有很大提升空间。

进一步分析访问添加率的影响因素，应重点关注 H5 活码落地页各元素，如页面主题、页面设计、页面文案、活动诱饵、页面引导指令等，将各元素一一改进测试，最终获得访问添加率较低的解决方案。

（二）社群运营不同阶段核心指标

下面对引入期、成长期、成熟期社群运营的核心指标进行介绍。

1. 引入期

此阶段的运营关键是有效获客，商家通常采取活动裂变、内容引流等多种方式获取用户。这一时期主要关注的数据有入群率、退群率、净增用户数等指标。

（1）入群率。

入群率＝入群人数/入群渠道曝光量

入群率数据分析要点：哪个入群渠道进来的人数最多？这次活动的入群率是高还是低？这次活动的亮点或缺点是什么？如果入群率降低，可以通过扩大推广渠道、增强利益驱动提升用户入群率。

（2）退群率。

退群率＝周期内退群人数/社群总人数

退群率主要反映了社群是否有留住人的价值，根据退群率可以进一步分析用户退群的原因是什么、用户在什么时间点退群以及如何降低退群率。

（3）净增用户数。

净增用户数＝周期内新增人数－退群人数

净增用户数是最直接、客观的考核指标，决定了后续用户的规模和运营策略。数据的正负可以帮助社群运营者分析社群处于上升阶段还是下滑阶段，其主要价值在于参考，而非直接得出结论。累计与净增的差异，代表了用户留存和流失的情况，可结合当期的运营行为和某日影响比较大的运营动作进行分析改进。

2. 成长期

此阶段的运营关键是提高用户活跃度，通常来讲，社群的活跃度越高，社群的价值越大，反之社群的价值则越小。这一时期主要关注的数据有互动率、消息总量与人均消息量、消息的时间分布、话题频次等指标。

（1）互动率。

互动率＝当日有效发言人数/群成员总人数

互动率是衡量社群质量的一个重要指标。一般来说，互动率高代表着社群质量高；反之，互动率低则代表着社群质量低。如果碰到互动率下降的情况，可通过培养 KOL 的角色、设置群内聊天机器人、搭建积分系统等措施提高群员互动的积极性。

（2）消息总量与人均消息量。

消息总量指的是一定时期内社群中消息数量的总和；人均消息量是用消息总量除以社群人数得出的数据，一般用于辅助衡量社群活跃度和用户黏性。在兴趣类、讨论类、分享类等以沟通交流为目的的社群中，人均消息量的数据对分析社群发展现状具有较大价值。人均消息量高说明社群氛围活跃，发展较好；人均消息量低则说明群内气氛不佳，发展势头不好，需要社群运营者及时做出调整。

（3）消息的时间分布。

通过统计得出一天内消息的数量分布情况，把活动、分享、推送等内容安排在社群活跃的时间点，可大幅提高社群的活动参与率和用户积极性，同时提高用户满意度。

（4）话题频次。

统计一段时间内社群里出现的高频词汇，找出社群成员所喜好的话题，进而对成员的喜好进行分析，完善用户画像，使得活动、营销等行为更加受用户的欢迎，提高社群的收益。

3. 成熟期

此阶段的运营关键是提高留存率，实现转化，这也是社群运营的最终目标。这一时期主要关注的数据有留存率、转化率、社群 ROI、客单价、营销额等指标，同时还要进行用户数据分析，对不同的社群用户采取不同的运营策略。

（1）留存率。

留存率＝周期内留存的用户数/新增用户数

新增用户数是指在某个时间段新入群的用户数。

第 N 日留存率是指新增用户日之后的第 N 日依然还留存用户占新增用户的比例。例如：

第 1 日留存率：（当天新增的用户中，新增日之后的第 1 天还留存的用户数）/第 1 天新增用户数；

第 30 日留存率：（当天新增的用户中，新增日之后的第 30 天还留存的用户数）/第 1 天新增用户数。

（2）转化率。

转化率＝订单数/群成员总数

不同的业务类型有不同的社群转化率，比如社交电商的转化率在 10%左右。影响转化率的因素也比较多，比如产品质量、价格、服务、推广文章、成员质量等，可以通过限时、限量、限人群或制造稀缺性等方法提升转化率。

（3）社群 ROI（投入产出比）。

社群 ROI＝销售额/成本

社群 ROI 主要用来平衡投入和销售，避免过度补贴、投入太大。如果 ROI 大于 1，则说明可以继续加大投入。

（4）客单价。

客单价＝订单总额/订单人数

客单价是衡量一个社群营销情况的重要指标，在流量转化都不变的情况下，高客单价也就意味着高收益。但是客单价并不是越高越好，需要结合社群的实际情况而定。

（5）营销额。

营销额＝客单价×销售量

营销额是指在销售类或服务类社群中，群成员为社群运营者贡献的总销售金额。统计营销额的目的主要是用于对外展示和计算利润，在对外展示中可帮助社群运营者提高知名度。

（6）用户数据分析。

根据用户满意度和忠诚度的强弱，可将社群用户分成以下四种类型（如图 6 - 39 所示）：

1）忠实型用户（高满意度、高忠诚度）：每月都会复购，成功推荐朋友购买过 1 次以上。

2）羊毛型用户（低满意度、高忠诚度）：会因为价格实惠而购买，不会进行产品相关的推荐，平均客单价较低。

3）需求型用户（高满意度、低忠诚度）：对产品需求强烈，品牌忠诚度低，3 个月内无复购。

4）低需求用户（低满意度、低忠诚度）：只购买过 1 次甚至无购买的用户。

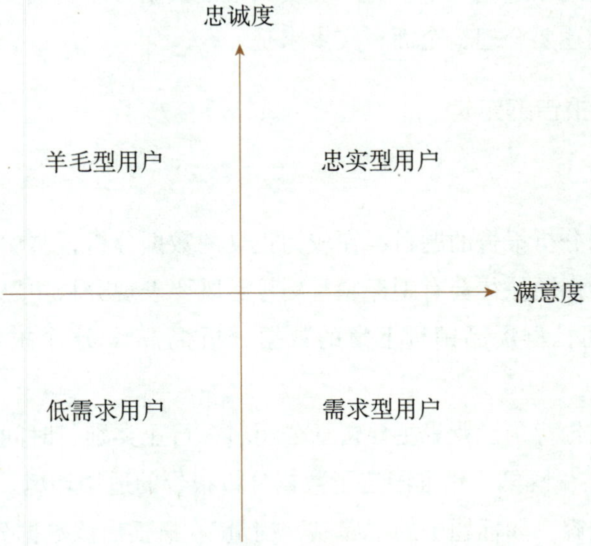

图 6 - 39　不同类型社群用户

可根据以上标准对社群用户进行分类统计，有针对性地采取不同的运营策略，比如针对羊毛型用户多的社群推出组合型优惠，提升客单价，或是以邀请好友砍价的方式进行促销，提升活动流量；针对忠实型用户多的社群可以推荐一些高客单价的单品，提供更加周到的服务。

二、撰写数据分析报告

数据分析报告实质上是一种沟通与交流的形式，其主要目的在于将分析结果、可行性建议以及其他有价值的信息传递给管理人员。它需要对数据进行适当的包装，让阅读者能对结果做出正确的理解与判断，并可以根据其结论做出决策。

（一）撰写数据分析报告的原则

撰写数据分析报告应遵循以下原则。

1. 规范性原则

数据分析报告中要使用业内公认的名词术语，标准统一，前后一致。

2. 重要性原则

数据分析报告要体现数据分析的重点，在各项数据分析中，应该重点选取关键指标，科学专业地进行分析。针对同一类问题，分析结果也应当按照问题重要性来分级阐述。

3. 真实性原则

数据分析报告的编制过程一定要力求真实，基础数据必须真实完整，分析过程必须科学严谨，分析结果阐述要合理、全面、实事求是。

（二）数据分析报告的结构

1. 标题页

标题也就是数据分析报告的题目，在较为正规的数据分析报告中，标题会单独作为一页。数据分析报告的标题往往会有副标题，副标题既要表现分析主题，还要简洁明了。例如《2023 年××公司社群爆品销量下滑的数据分析报告》，这个报告的标题包含了以下内容：

（1）介绍分析报告背景。背景主要包括公司名、行业类别、时间等信息，如标题中的“2023 年、××公司、社群”，精准限定了数据分析报告的适用环境。

（2）概括主要内容。如标题中的“爆品、销量”，概括出该数据分析报告的研究对象。

（3）给报告定性。如标题中的“下滑、数据分析”，就是给数据分析报告定性。

2. 目录页

目录可以帮助阅读数据分析报告的人快速了解报告整体结构，快速找到所需内容，因此，要在目录中列出报告主要章节的名称。如果是在 Word 中撰写报告，还要在章节名称后面加上对应的页码，对于比较重要的二级目录，也可以将其列出来。所以，目录也就相当于数据分析大纲，它可以体现出报告的分析思路。

3. 前言页

前言是数据分析报告的重要组成部分，它主要包括分析背景、分析目的和分析思路三个方面，可以结合以下问题进行思考：为什么要开展此次数据分析？主要分析什么内容？数据分析报告要展示给谁看？通过此次分析能解决什么问题？此次分析要达到何种目的？

如何开展此次分析？分析到什么程度？

前言的写作一定要经过深思熟虑，前言内容是否正确，对最终数据分析报告是否能解决社群问题、能否给社群运营者提供有效参考起着决定性作用。

4. 报告正文

正文是数据分析报告的主体，也是数据分析报告最主要的部分，它负责系统全面地呈现分析过程和结果。正文部分通过展开论题，对论点进行分析论证，表达报告撰写者的见解和研究成果的核心，因此正文占了大部分的篇幅。

撰写报告正文时，应根据之前分析思路中确定的分析内容，利用各种数据分析方法，一步一步地展开分析，通过图表及文字相结合的方式，形成报告正文，方便读者理解。报告正文具有以下几个特点：（1）是报告最长的部分；（2）包含所有数据分析事实和观点；（3）通过数据图表和相关文字相结合的方式分析；（4）各部分具有逻辑关系。

5. 结论

在报告的最后，撰写者需要根据对数据的分析得出结论，并提出建议，它起着画龙点睛的作用，是整篇分析报告的总结。好的结尾可以帮助读者加深认识、明确主旨，引发读者思考。

结论是根据数据分析得出的结果，通常以综述性的文字进行表述。它不是分析结果的简单重复，而是结合社群实际业务情况，经过综合分析形成的总体论点。结论应去粗取精、由表及里地提炼出共同的、本质的规律，它与正文紧密衔接，应做到首尾呼应，措辞严谨、准确。

6. 建议

建议是根据结论对社群运营问题提出的解决方法，其主要关注点在于保持优势和改进劣势等方面。需要注意的是，必须结合社群的具体业务才能得出切实可行的建议。

7. 附录

附录也是数据分析报告的一个重要组成部分。一般来说，附录提供了正文中涉及而未详细阐述的资料，从而向读者提供了一条深入了解数据分析报告的途径。它主要包括报告中涉及的专业名词解释、计算方法、重要原始数据等内容。

（三）数据分析报告的可视化表达

目前市面上有许多数据可视化的专业软件，如 Tableau、QlikView、ECharts，但实际上，合理地运用 Excel 便能较好地满足日常工作中对数据展示的需求。

图表是数据可视化的常用手段，数据分析报告中常用的有漏斗图、树图、热力图、关系图、词云、桑基图、日历图等，有时还会将两种图表组合使用。

（1）漏斗图：漏斗图适用于业务流程比较规范、周期长、环节多的流程分析，通过漏斗各环节业务数据的比较，能够直观地发现和说明问题所在。

（2）（矩形）树图：一种有效实现层次结构可视化的图表结构，适用于表示类似文件目录结构的数据集。

（3）热力图：以特殊高亮的形式显示访客热衷的页面区域和访客所在的地理区域的图示，它基于 GIS 坐标绘制而成，用于显示人或物品的相对密度。

（4）关系图：基于 3D 空间中的点-线组合，再加以颜色、粗细等维度的修饰，适用于表征各节点之间的关系。

（5）词云：各种关键词的集合，往往以字体的不同大小或颜色代表对应词的不同频次。

（6）桑基图：一种由一定宽度的曲线集合表示的图表，适用于展现分类维度间的相关性，以流的形式呈现共享同一类别的元素数量，比如展示特定群体的人数分布等。

（7）日历图：顾名思义，是以日历为基本维度对单元格加以修饰的图表。

素养园地

“数”读党的二十大报告

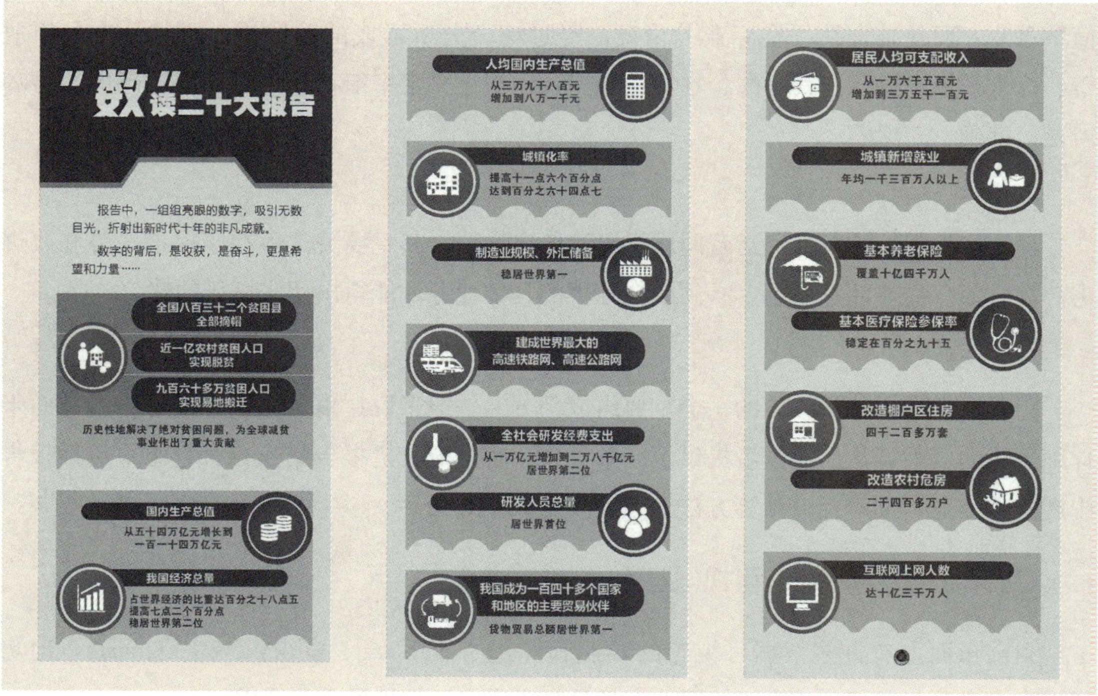

案例分享

母婴品牌的私域运营体系

母婴行业是最适合向私域转型的行业之一，该行业的消费群体具有明显的分享、聚集属性，同时该行业的产品SKU丰富，既有高客单价的产品，也有高复购属性的产品，品牌可以通过搭建一套合理的组合式产品体系，在私域里拉升客单价，实现利润率的成倍增长。本案例介绍的飞鹤正是抓住了母婴赛道的这一显著特征，积极推进社群搭建，以社群作为私域营销主阵地，从而取得了私域营销的成功。

扫码阅读全文

资料来源：黄河懂私域．飞鹤私域有多牛？潜伏100多天，终于被我发现了．(2022-07-20)[2023-12-20]. https://www.yunliebian.com/yingxiao/thread-46900-1-1.html.

职业技能训练

一、快闪群转化实践

1. 实训背景

通过快闪群转化实践，进一步掌握社群转化的流程，训练学生社群成员分工、选品、控场、转化的能力。

2. 实训任务

(1) 全班学生自愿分组，每组2～4人，小组长安排好成员分工。

(2) 在3天内完成快闪群的组建、销售流程。

3. 实训步骤

(1) 准备3～5款快闪群销售的产品，如是自营产品，产品要上架到小程序商店中。

(2) 对新建快闪群进行转化实践，请提前一天利用各大平台（比如发朋友圈等）引流，群内成员不少于100人。

(3) 设置好快闪群的二维码、群自动欢迎话术、群回复话术、群公告、群管理规则等。

(4) 按照快闪群的发售流程进行实践。

(5) 将小组的快闪群实践成果做成一个简单的PPT，上传到智慧职教平台，PPT内容要包含具体步骤（每个步骤有截图）＋群成员名＋实践总结。

二、撰写社群运营方案

撰写一份社群运营方案，可参考以下大纲：

××公司社群运营方案

（1）社群定位，包括：社群定位市场分析、社群的名字、社群目标分析、社群目标人群分析、社群“四感”的表现分析。

（2）社群团队：社群团队搭建、社群成员分工。

（3）用户运营：社群第一批用户引流方法、运营期间持续引流的渠道和方法。

（4）社群活跃：至少两种活跃社群用户的活动及简单流程。

（5）社群变现：社群变现的具体方法。

（6）社群活动：策划一场线下活动，写出嘉宾、场地、活动简单流程、费用预算等。

项目评价

职业素养、自我认知与评价表

班级：		姓名：	学号：	
项目六　社群营销转化				
评价项目		评价标准	分值	得分
考勤（10%）		不无故迟到、早退、旷课	10	
工作准备（20%）	预习知识	能预习项目知识，形成思维导图	10	
	社群工具	能准备微信、创客贴等社群工具	10	
工作过程（45%）	营销转化方式	能够知晓社群营销转化的方式	10	
	付费运营策略	能够提出社群的各种付费运营策略	10	
	数据化运营	能够通过数据化运营实现社群变现	10	
	营销转化工具	能够策划与实施社群团购、直播等活动	15	
职业素养（25%）	团队互助	具备团队协作、团队互助意识，小组能够共同完成各项社群运营任务	10	
	理解能力及实践能力	具备较强的理解能力及实践能力，能够结合案例分析社群营销转化的原因、过程、方法等	10	
	遵守商业道德和法律法规	在营销过程中遵守商业道德和法律法规，保障消费者的权益不受损害，不进行误导性营销	5	
合计				
综合评价	自评（20%）	小组互评（30%）	教师评价（50%）	综合得分

参考文献

[1] 唐艳．农产品社群营销 [M]．广州：广东科技出版社，2021.

[2] 秋叶，秦阳，陈慧敏．社群营销：方法、技巧与实践 [M]．2 版．北京：机械工业出版社，2016.

[3] 骆芳，秦云霞．新媒体文案策划与写作：从入门到精通（微课版）[M]．北京：人民邮电出版社，2019.

[4] 赵雨，刘敏．社群营销（微课版）[M]．北京：人民邮电出版社，2020.

[5] 秦阳，秋叶．社群营销与运营 [M]．北京：人民邮电出版社，2017.

[6] 陈金恩．社群营销 [M]．石家庄：花山文艺出版社，2020.

[7] 黑马程序员．社群营销运营实战 [M]．北京：清华大学出版社，2020.

[8] 林海．新媒体营销 [M]．北京：高等教育出版社，2019.

[9] 尹基跃．可复制的私域流量 [M]．北京：机械工业出版社，2020.

[10] 黑马程序员．数据分析思维与可视化 [M]．北京：清华大学出版社，2019.

[11] 野生的独孤菌．卧底 100 个微信群后，我总结了微信社群卖课的 8 个套路 [EB/OL]．(2019-12-05) [2023-12-20]．https://baijiahao.baidu.com/s?id=1652048984185467795&wfr=spider&for=pc.

[12] 晏涛三寿．5 000 字解析，从 0 到 1 搭建私域社群的 5 个关键点 [EB/OL]．(2021-11-02) [2023-12-20]．https://baijiahao.baidu.com/s?id=1715283470405483930&wfr=spider&for=pc.